Cover and Title pages: Nathan Love

www.mheonline.com/lecturamaravillas

Copyright © 2014 McGraw-Hill Education

All rights reserved. No part of this publication may be reproduced or distributed in any form or by any means, or stored in a database or retrieval system, without the prior written consent of McGraw-Hill Education, including, but not limited to, network storage or transmission, or broadcast for distance learning.

Send all inquiries to:
McGraw-Hill Education
Two Penn Plaza
New York, New York 10121

ISBN: 978-0-02-126464-3
MHID: 0-02-126464-3

Printed in the United States of America.

2 3 4 5 6 7 8 9 DOW 18 17 16 15 14

A

McGraw-Hill Lectura Maravillas

 **Lectura / Artes del lenguaje**

Autores

Jana Echevarria

Gilberto D. Soto

Teresa Mlawer

Josefina V. Tinajero

Mc Graw Hill Education

Bothell, WA • Chicago, IL • Columbus, OH • New York, NY

UNIDAD 1

LA GRAN IDEA
Piénsalo bien

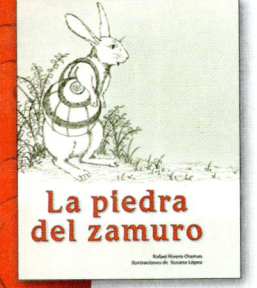

SEMANA 1   IDEAS INGENIOSAS   ESTUDIOS SOCIALES

La piedra del zamuro Cuento folclórico 10
   Rafael Rivero Oramas; ilustraciones de Susana López

Tomás y sus hijos Fábula 32

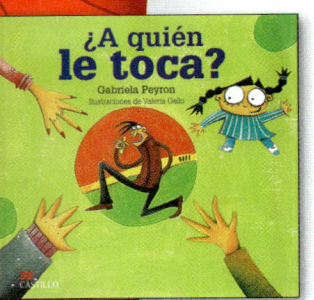

SEMANA 2   PIENSA EN LOS DEMÁS   ESTUDIOS SOCIALES

¿A quién le toca? Ficción realista 36
   Gabriela Peyron; ilustraciones de Valeria Gallo

Denuncia el acoso escolar Texto expositivo 52

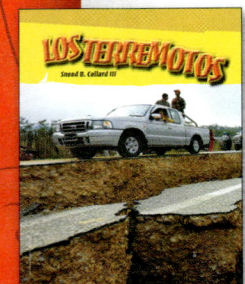

SEMANA 3   TOMA ACCIÓN   CIENCIAS

Los terremotos Texto expositivo 56
   Sneed B. Collard III

Los tornados Texto expositivo 68

SEMANA 4   IDEAS EN MOVIMIENTO   CIENCIAS

Un curso relámpago sobre fuerzas y movimiento con Max Axioma Supercientífico Narrativa de no ficción 70
   Emily Sohn; ilustrado por Steve Erwin y Charles Barnett III

El proyecto del Buzón Espacial Ciencia ficción 88

SEMANA 5   TIME FOR KIDS   ESTUDIOS SOCIALES

Niños emprendedores Artículo persuasivo 92

Cómo empezar un negocio exitoso Texto con instrucciones 96

 ¡Conéctate!   http://connected.mcgraw-hill.com/

UNIDAD 2

LA GRAN IDEA
Animales fabulosos

SEMANA 1 LECCIONES LITERARIAS ESTUDIOS SOCIALES

El lorito pelón Ficción realista 98
  Hilda Perera; ilustrado por Gustavo Rodríguez
El zorro y la cabra Fábula 114

SEMANA 2 ANIMALES EN LA FICCIÓN ESTUDIOS SOCIALES

El águila real Fábula 116
  versión de Silvia Dubovoy; ilustrado por Paz Rodero
El misterio del concierto bajo la luna Misterio 128

SEMANA 3 CONEXIONES NATURALES CIENCIAS

El regreso de los búfalos Narrativa de no ficción 132
  Jean Craighead George; ilustraciones de Wendell Minor
Energía en el ecosistema Texto expositivo 150

SEMANA 4 ADAPTACIONES CIENCIAS

Arañas Texto expositivo 154
  Nic Bishop
Anansi y los pájaros Cuento de embusteros 172

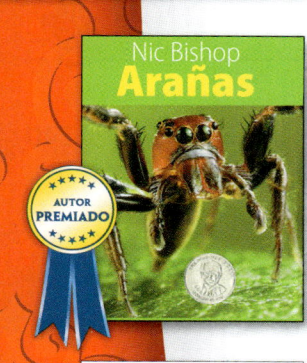

SEMANA 5 ANIMALES POR TODAS PARTES ESTUDIOS SOCIALES

**"El canto de la cigarra", "El ave marina",
"Barrilete"** Poesía 174
  Alexis Romay, Leopoldo Lugones, Claudia Lars
"Mi caballo cerrero", "Receta para dormir" Poesía 178
  Laia Cortés, Yolanda Reyes

 ¡Conéctate! http://connected.mcgraw-hill.com/

UNIDAD 3

LA GRAN IDEA

¡Así se hace!

SEMANA 1 AMISTAD ESTUDIOS SOCIALES

Una zarigüeya en mi mochila Fantasía 180
Erika Marcela Zepeda Montañez; ilustraciones de Juan Gedovius

La niña y el chenoo Leyenda 198

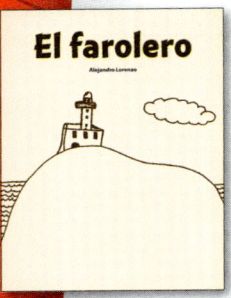

SEMANA 2 AYUDA A LOS DEMÁS ESTUDIOS SOCIALES

El farolero Fantasía 200
Alejandro Lorenzo

La participación en el servicio comunitario Texto expositivo 214

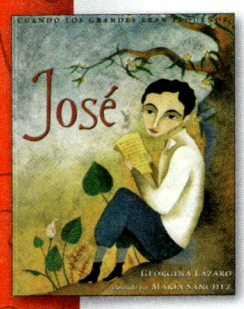

SEMANA 3 LIBERTAD Y JUSTICIA ESTUDIOS SOCIALES

José Biografía 218
Georgina Lázaro; ilustrado por María Sánchez

Cómo se mantiene la libertad en familia Autobiografía 236
Nora Davis Day

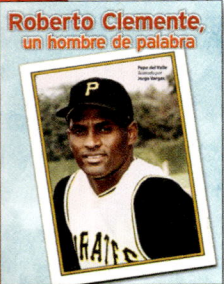

SEMANA 4 PALABRAS PODEROSAS ESTUDIOS SOCIALES

Roberto Clemente, un hombre de palabra Biografía 240
Pepe del Valle; ilustrado por Jorge Vargas

Un nuevo nacimiento de la libertad Discurso 262

SEMANA 5 TIME FOR KIDS CIENCIAS

Una nueva variedad de maíz Artículo persuasivo 264
La elegida de la parcela Texto con instrucciones 268

 ¡Conéctate! http://connected.mcgraw-hill.com/

UNIDAD 4

LA GRAN IDEA
¿Realidad o ficción?

SEMANA 1 NUESTRO GOBIERNO ESTUDIOS SOCIALES

Mira cómo son las elecciones Narrativa de no ficción 270
Susan E. Goodman; ilustrado por Elwood H. Smith

El nacimiento de la democracia estadounidense Texto expositivo 284

SEMANA 2 LIDERAZGO ESTUDIOS SOCIALES

LaRue para alcalde Fantasía 288
Mark Teague

Un gobierno más local Texto expositivo 310

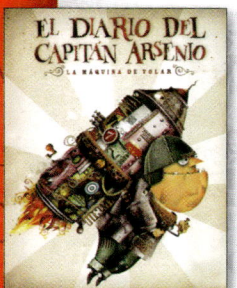

SEMANA 3 GRANDES LOGROS CIENCIAS

El diario del Capitán Arsenio Fantasía 314
Pablo Bernasconi

3... 2... 1... ¡Resultados indirectos! Texto expositivo 334

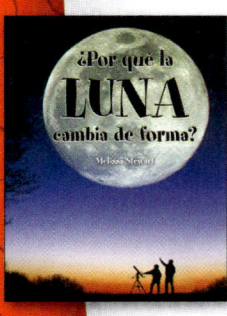

SEMANA 4 MARAVILLAS EN EL CIELO CIENCIAS

¿Por qué la Luna cambia de forma? Texto expositivo 338
Melissa Stewart

Cómo surgieron Mitos 354

SEMANA 5 LOGROS ESTUDIOS SOCIALES

Fragmentos de "Proverbios y cantares", "La clave del éxito" Poesía 358
Antonio Machado, Alexis Romay

"Plan de trabajo", "Canción del niño y la mar" Poesía 362
Antonio Orlando Rodríguez, Graciela Genta

¡Conéctate! http://connected.mcgraw-hill.com/

UNIDAD 5

LA GRAN IDEA

Para entender mejor

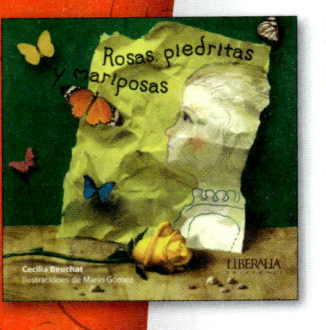

SEMANA 1 HACER ALGO REALIDAD ESTUDIOS SOCIALES

Rosas, piedritas y mariposas Fantasía..................364
Cecilia Beuchat; ilustraciones de Mario Gómez

¿Qué pasaría si te sucediera a ti? Ficción realista............380

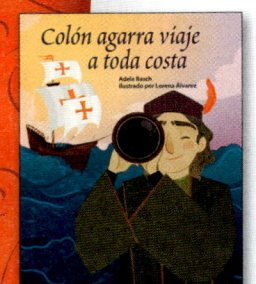

SEMANA 2 LA MUDANZA ESTUDIOS SOCIALES

Colón agarra viaje a toda costa Obra de teatro.........384
Adela Basch; ilustrado por Lorena Álvarez

El Valle del Sol Cuento exagerado....................404
Marcela Romero Calderón

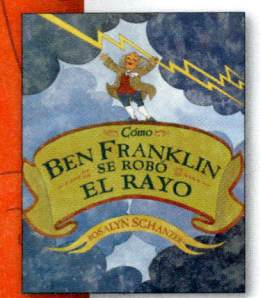

SEMANA 3 INVENTOS CIENCIAS

Cómo Ben Franklin se robó el rayo Biografía..........408
Rosalyn Schanzer

El sueño que salva la aldea de los gnomos Cuento de hadas..426
Yan Martínez

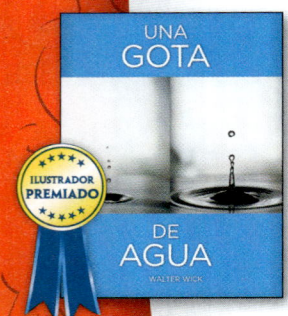

SEMANA 4 MIRA DE CERCA CIENCIAS

Una gota de agua Texto expositivo.......................430
Walter Wick

La increíble poción de encogimiento Fantasía..............450

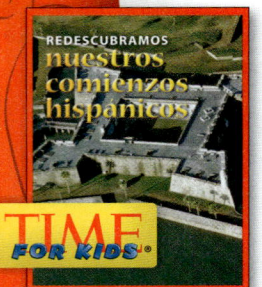

SEMANA 5 TIME FOR KIDS ESTUDIOS SOCIALES

Redescubramos nuestros comienzos hispánicos Artículo informativo................454

Los misterios de la historia Artículo informativo...............458

¡Conéctate! http://connected.mcgraw-hill.com/

8

UNIDAD 6

LA GRAN IDEA

Pasado, presente y futuro

SEMANA 1 VIEJO Y NUEVO ESTUDIOS SOCIALES

Bemberecua Fantasía 460
  Honorio Robledo
Indígenas americanos: ayer y hoy Texto expositivo 476

SEMANA 2 NOTAS DEL PASADO ESTUDIOS SOCIALES

El árbol del tiempo Texto expositivo 480
  Armando Leñero Otero; ilustraciones de Ixchel Estrada
Para que no olvides que eres maorí Ficción histórica 498
  Yolanda Martínez

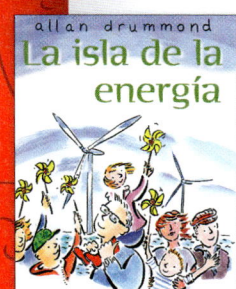

SEMANA 3 RECURSOS CIENCIAS

La isla de la energía Narrativa de no ficción 502
  Allan Drummond
Del fuego y el agua Mitos 522

SEMANA 4 CUESTIONES DE DINERO ESTUDIOS SOCIALES

El panorama general de la economía Texto expositivo .526
  David A. Adler
La buena suerte del molinero Cuento folclórico 538

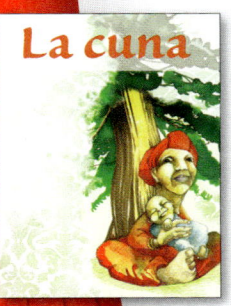

SEMANA 5 ENCONTRAR MI LUGAR ESTUDIOS SOCIALES

"La cuna", "Bonita lección" Poesía 540
  Juana de Ibarbourou, Carlos Ossorio y Gallardo
"Nuestro idioma", "El cedro" Poesía 544
  Bonifacio Byrne, Mario Bravo

Glosario 546

CCSS **Género** • Cuento folclórico

La piedra del zamuro

Rafael Rivero Oramas
Ilustraciones de Susana López

Pregunta esencial

¿De dónde vienen las buenas ideas?

Lee y descubre cómo un conejo logra vencer a animales más fuertes.

¡Conéctate!

Una tarde, Tío Zorro estuvo a punto de atrapar a Tío Conejo. Fue en el pozo, mientras Tío Conejo bebía, tranquilo, sin saber que Tío Zorro lo miraba agazapado entre las matas. De repente, Tío Zorro dio un gran salto para caer justo sobre él, pero Tío Conejo alcanzó a oírlo y escapó.

Corrió monte adentro con Tío Zorro pegado atrás. Brincando de una mata a otra, logró despistarlo. Ya fatigado, se tendió en una gramita húmeda a descansar. Miraba los helechos y las grandes mariposas azules mientras el corazón se le aquietaba. En eso, una ramita crujió. Tío Conejo se enderezó atento. Ya iba a correr cuando vio a Tío Morrocoy.

—Pero si es usted, Tío Morrocoy —dijo Tío Conejo—. ¡Qué susto me ha dado!

—¿Y de quién escapas hoy, Tío Conejo? —preguntó con su voz seca Tío Morrocoy.

—Ahorita, de Tío Zorro; ayer, de Tío Tigre; antes de ayer, de Tío León y, la semana pasada, de Tío Gavilán. ¿Qué le parece?

—Resígnate, Tío Conejo. Esa es la suerte de nosotros, los pequeños —dijo tranquilo el morrocoy.

—Ah, sí, para usted es fácil decirlo. Con ese tremendo **carapacho** que carga —dijo Tío Conejo—, nadie se atreve a meterle el diente. Ni tampoco al cachicamo ni al puercoespín. Todos tienen con qué defenderse: Tío Venado y Tío Toro tienen sus cuernos, y las aves tienen sus alas. Y, míreme a mí, yo no tengo nada.

—¿Y tus veloces piernas, Tío Conejo? ¿No crees que son tus mejores armas? —le preguntó Tío Morrocoy.

—Es verdad —dijo Tío Conejo—. Pero no me bastan mis piernas. Yo quisiera algo más. ¡Cómo me gustaría pelear con los animales más feroces y ganarles siempre!

—Para eso necesitarías la piedra del zamuro, Tío Conejo. Los animales de la selva dicen que es el mejor **amuleto** contra el peligro y que da poderes mágicos a quien la posee. Pero es muy difícil conseguirla. Solo se encuentra en el nido del Rey Zamuro.

Desde ese día, Tío Conejo solo pensó en la piedra del zamuro. ¡Qué bueno sería ser **invencible** y poderoso! ¡Qué bueno sería!

Pasó el tiempo, terminaron las lluvias y llegó el verano. Una mañana, Tío Conejo vio volando muy alto en el cielo a un gran pájaro de amplias alas y hermosos colores. ¡Era el Rey Zamuro! Volaba sin esfuerzo hacia las montañas azules que se veían en el **horizonte**. "¡Seguro que allí está su nido!", pensó Tío Conejo y corrió veloz, siguiéndolo.

Corrió mucho, mucho, hasta que llegó, jadeando, al pie de las **empinadas** montañas. Desde allí vio cómo el Rey Zamuro se remontaba aún más para **desaparecer** por una grieta del picacho más alto, allá, casi entre las nubes.

AHORA COMPRUEBA

Hacer predicciones ¿Por qué Tío Conejo persigue al Rey Zamuro? Usa pistas en el texto para hacer una predicción.

Tío Conejo tomó aliento y comenzó a trepar. Por fin llegó junto al nido y sin pararse a descansar le contó al Rey Zamuro por qué quería la piedra mágica.

—La piedra está aquí, en mi nido —graznó el Rey Zamuro—. Pero no puedo dártela ahora. Primero tienes que cumplir cuatro pruebas.

Tío Conejo estaba feliz y dijo: "Mande usted, Tío Rey Zamuro. Yo haré lo que me diga".

—Pon atención —dijo el rey—. Te entregaré la piedra cuando me hayas traído lo siguiente: un colmillo de caimán, una culebra sabanera, un pelo de las barbas del león y algunas lágrimas de tigre.

Tío Conejo bajó de la montaña y esa noche durmió contento.

A la mañana siguiente, cogió su cuatro y un garrote y se fue a la orilla del río. Allí se puso a cantar:

*Un colmillo de caimán
busco de cualquier manera
y también una culebra
que llaman la sabanera.*

*Busco lágrimas de tigre
y, aunque haya complicación,
yo conseguiré un pelito
de las barbas de Tío León.*

Tío Sapo dormitaba entre los juncos de la orilla y al escuchar el cuatro y la canción se despabiló. Dando salticos se acercó a Tío Conejo para hacer la segunda voz. Juntos cantaron y bailaron y, luego, Tío Sapo cogió el cuatro para tocar unas coplas.

Apenas con la punta del hocico asomada sobre la superficie del río, Tío Caimán dormía. El ruido que hacían los músicos le hizo despertar de mal humor.

Lentamente se fue acercando a los cantores. Tío Conejo lo miraba con un ojo. Tío Caimán avanzaba. Traía la inmensa boca abierta. Cuando calculó que lo tenía a buena distancia, Tío Conejo le dio un solo golpe con el garrote. Un enorme colmillo saltó por el aire. Tío Conejo lo agarró al vuelo y con tres brincos se alejó.

Al otro día, Tío Conejo preparó un tapón bien ajustado para su tapara encabullada y salió a buscar a la culebra sabanera. La encontró tomando el sol junto a unos bejucos y la saludó: "Hola, Tía Culebra. Justamente de usted estaban hablando unos animales, allí cerca de la laguna".

—¿Y qué decían? —dijo la culebra desenrollándose.

—Pues… no eran cosas muy buenas.

—¿Cómo va a ser? —silbó la sabanera—. Dime qué decían esos chismosos —y miró a Tío Conejo con sus ojos amarillos.

Tío Conejo se volteó para no verla y le dijo: "Pues… decían que usted no es capaz de deslizarse por una grieta pequeña ni de pasar por un agujero estrecho. Que usted no es siquiera capaz de meterse en una tapara de boca ancha".

—¿Eso decían? —silbó Tía Culebra—. Animales estúpidos. Dame acá tu tapara y ve tú mismo, Tío Conejo.

Y en un segundo, la culebra sabanera se metió en la tapara encabullada. De un salto, Tío Conejo le ajustó el tapón y cargó con tapara y culebra.

De regreso a su casa se topó con Tío León. Se le veía contento, con la barriga llena, y Tío Conejo se atrevió a saludarlo: "Hola, Tío León. Qué bien se le ve".

El león sonrió satisfecho y a Tío Conejo se le ocurrió una idea. Se acercó y se le quedó mirando fijamente.

—No puede ser —dijo—. No puede ser que usted tenga en su barba un pelo gris como los del Tío Burro. ¡Qué mal se ve todo un león con un pelo de burro!

Tío León gruñó: "¿Y a qué esperas, Tío Conejo? Arráncamelo de una vez".

Y Tío Conejo hizo enseguida lo que Tío León le ordenaba.

> **AHORA COMPRUEBA**
>
> **Confirmar o revisar predicciones** ¿Crees que Tío Conejo necesita la piedra del Rey Zamuro para vencer a los animales más grandes? Usa el texto y las ilustraciones para revisar tu predicción anterior.

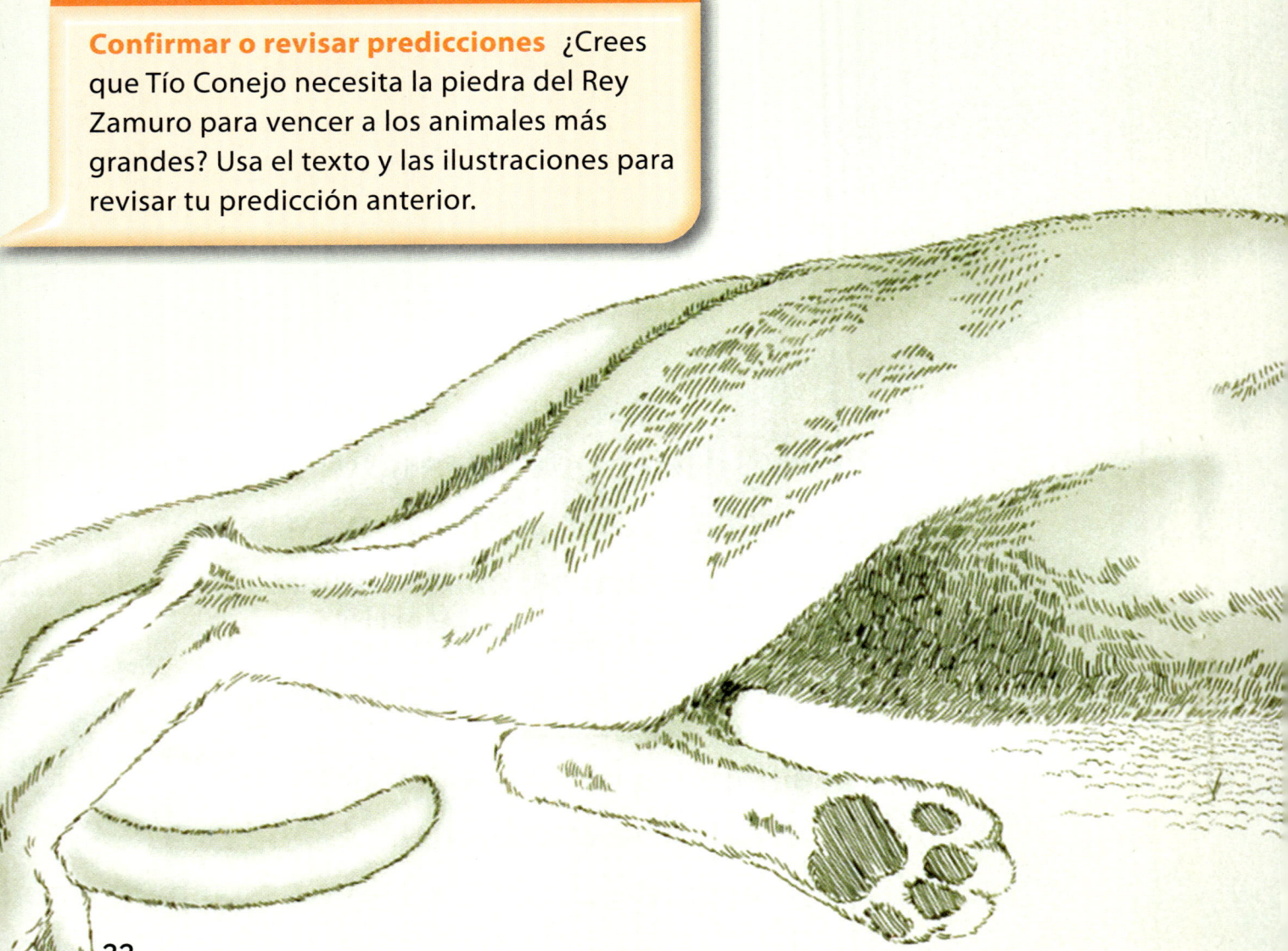

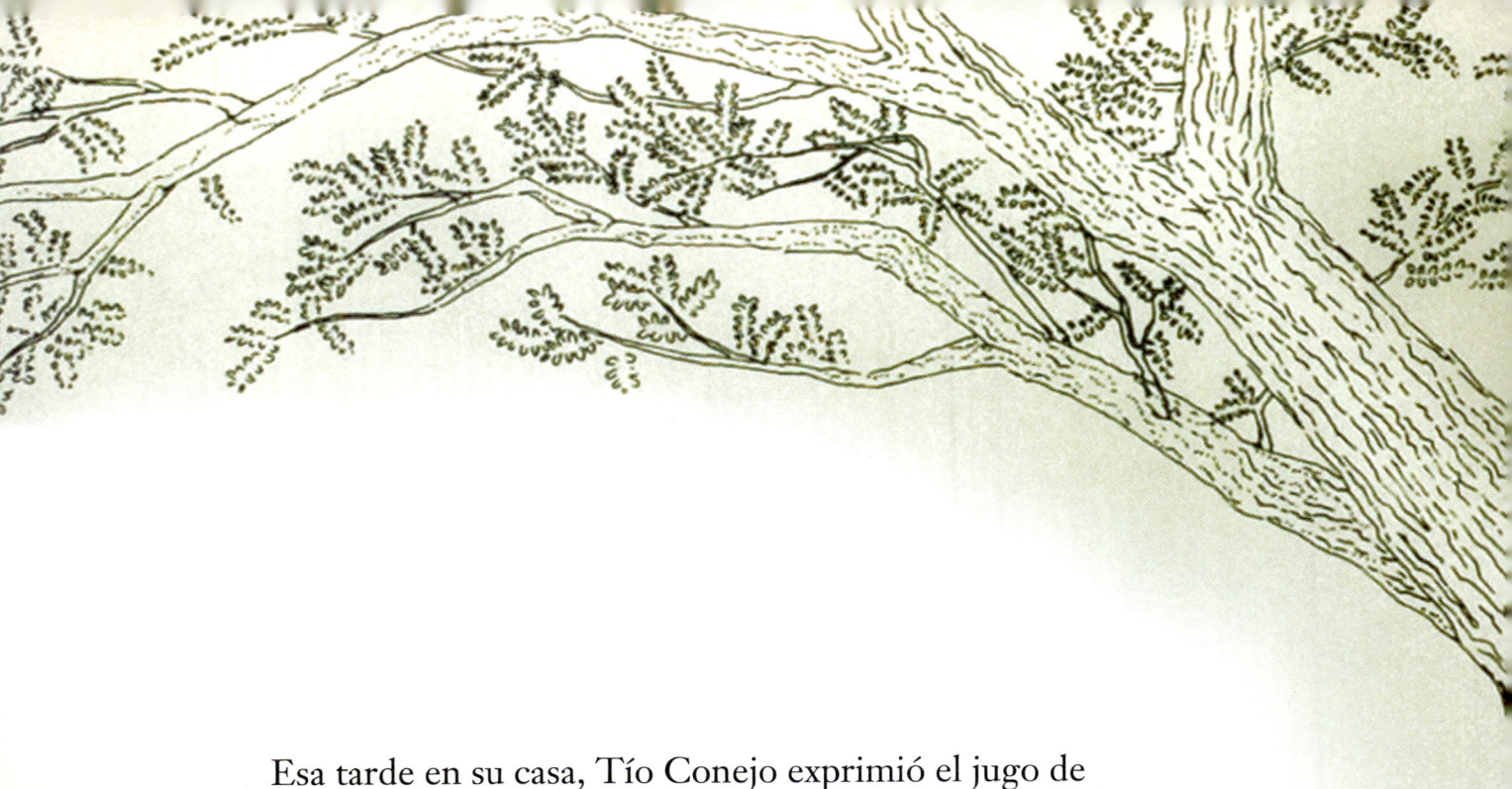

Esa tarde en su casa, Tío Conejo exprimió el jugo de varios limones en una taparita. "Ya tengo colmillo, culebra y pelito. Solo me faltan las lágrimas de Tío Tigrito", canturreaba.

Muy temprano al día siguiente se fue camino de la casa de Tío Tigre. Cerca de allí se encaramó a un samán y se puso a esperar. Al rato, pasó Tío Tigre todavía soñoliento, pero con mucha hambre. Tío Conejo habló duro desde el árbol: "¡Qué sabroso está este paují! ¿No quiere compartir mi desayuno, Tío Tigre?".

—¿Compartir? Nada de eso. Paují y conejo serán mi desayuno —rugió Tío Tigre y trepó al samán.

—Por aquí —gritó Tío Conejo desde arriba.

Tío Tigre miró las ramas altas del samán y, en ese mismo instante, Tío Conejo le lanzó a los ojos el jugo de limón.

Tío Tigre rugió y lloró. Por su nariz rodaron unas enormes lagrimotas. Tío Conejo tuvo tiempo de ir a lavar la taparita al río y recoger de regreso diez lágrimas de tigre.

Al día siguiente, se presentó al nido del Rey Zamuro.

—Aquí están los cuatro encargos que me hizo —dijo Tío Conejo.

El Rey Zamuro examinó con cuidado el colmillo del caimán, la culebra sabanera, el pelito del león y las lágrimas del tigre. Y se quedó pensativo.

—Ahora me puede dar la piedra del zamuro —dijo Tío Conejo orgulloso.

—Sí, ahora puedo dártela —dijo el Rey Zamuro, y con el pico le alargó una piedra redonda y blanca.

Tío Conejo la tocó. Era lisa y fría y parecía brillar con la luz. Tío Conejo estaba feliz.

—Pero hay algo que tengo que decirte, Tío Conejo —graznó el Rey Zamuro—. Esa es una piedra de estas montañas que mis hijos y yo hemos alisado afilando en ella nuestros picos. Es una piedra cualquiera. No es una piedra mágica ni puede darte ningún poder.

Tío Conejo no podía creerlo. Se veía tan blanca y pulida. Tenía que haber un poder oculto en ese trozo de roca.

—El poder no está en la piedra —continuó el Rey Zamuro—, sino en ti mismo. Guárdala para que recuerdes que sin ella lograste cuatro cosas casi imposibles.

Tío Conejo bajó sin prisa de la montaña. Guardó la piedra del zamuro y cada vez que lo persigue Tío Tigre, toca su amuleto y se acuerda de sus cuatro hazañas.

Entonces el mundo le parece más luminoso y sus piernas más veloces.

AHORA COMPRUEBA

Confirmar predicciones ¿Cómo termina el cuento de Tío Conejo? Confirma tu predicción acerca de si Tío Conejo necesitaba en realidad la piedra del zamuro.

Conozcamos a los amigos del Tío Conejo

Rafael Rivero Oramas es uno de los escritores de literatura infantil más destacados de Latinoamérica.

Fundó varias revistas para niños y durante 30 años escribió y dirigió un programa de radio en el que narraba historias del folclore venezolano.

Bajo el nombre de Tío Nicolás, escribió maravillosas versiones de cuentos tradicionales reunidas en el libro *El mundo de Tío Conejo*. En estas divertidas aventuras casi siempre se aprende alguna lección.

La ilustradora **Susana López** busca la inspiración para sus ilustraciones en las cosas que la rodean en la vida diaria. Por eso, cuando ilustró su primer libro, *La piedra del zamuro*, decidió comprarse un conejo y familiarizarse con su personaje: el pícaro Tío Conejo.

Susana López también ha ilustrado otro cuento del Tío Nicolás: *Tío Caricari* y muchos otros cuentos de la tradición oral latinoamericana.

Propósito del autor

En "La piedra del zamuro", como es habitual en los cuentos folclóricos, hay una moraleja final. A veces los autores de ficción escriben para entretener. En otras ocasiones, lo hacen para transmitir una enseñanza. ¿Por qué crees que el autor escribió este cuento?

Respuesta a la lectura

Resumir

Con la ayuda del organizador gráfico de personaje, ambiente y trama, resume "La piedra del zamuro".

Evidencia en el texto

1. ¿Cómo sabes que "La piedra del zamuro" es un cuento folclórico? **GÉNERO**

2. ¿Por qué el ambiente en el que se desarrolla el cuento es importante? Crea una secuencia de los ambientes en el cuento. **SECUENCIA**

3. Cuando Tío Conejo ve a Tío Caimán nota que este trae "la inmensa boca abierta". ¿Cuál es un sinónimo de *inmensa*? Usa pistas en el contexto para explicar por qué conoces el significado de la palabra. **SINÓNIMOS**

4. Escribe acerca de cómo Tío Conejo cambia en el transcurso del cuento. **ESCRIBIR SOBRE LA LECTURA**

Haz conexiones

¿Cómo logró Tío Conejo vencer a animales más grandes y fuertes? **PREGUNTA ESENCIAL**

Los cuentos folclóricos por lo general incluyen personajes que encuentran ideas ingeniosas para resolver problemas. ¿Qué nos enseñan estos cuentos acerca de dónde provienen las buenas ideas? **EL TEXTO Y EL MUNDO**

Género · Fábula

Compara los textos
Lee y descubre cómo Tomás y María encontraron la idea que les resolvió el problema.

TOMÁS
Y SUS HIJOS

Tomás era un campesino muy laborioso. Sus viñedos daban las mejores uvas de todas las viñas en millas a la redonda. "Es el suelo, que ha sido labrado durante años", le decía a la gente que le preguntaba cuál era su secreto. En otras ocasiones, decía: "El sol de México no les da a las uvas otra opción que crecer grandes y jugosas".

Con el paso de los años, los cuentos de Tomás se volvieron más creativos. Pero Tomás sabía por qué sus uvas eran las mejores. Generaciones de trabajo arduo habían mantenido a la tierra fértil.

El trabajo arduo era algo que Tomás conocía bien. Pero sus hijos, Eduardo, Miguel y Luis, eran los tres jóvenes más holgazanes en todo México.

Mientras sus padres labraban la tierra bajo el sol caliente de la tarde, los muchachos dormían. Cuando el sol comenzaba a ponerse, los hermanos se levantaban. Iban dando tumbos a la cocina. Llenaban sus platos con huevos y tortillas. Al caer la noche, estaban completamente despiertos. Entonces salían rumbo al pueblo a cantar y bailar hasta la mañana.

A Tomás le preocupaba la tierra. ¿Qué pasaría cuando él y su esposa fueran demasiado viejos para trabajar? Sus hijos no mostraban ningún interés en las viñas. Una vez, Tomás les pidió a los muchachos que caminaran con él por el viñedo. Les volvió a contar cómo sus ancestros habían traído las parras de España.

—Estos viñedos cuentan la historia de nuestra familia —dijo Tomás. Pero él sabía que las palabras habían caído en saco roto. El éxito de la granja no era tan fascinante como la fiesta de la noche anterior.

Una tarde, bajo el árbol de las calabazas, Tomás le contó sus preocupaciones a María.

—¿Qué vamos a hacer? —preguntó Tomás—. Los viñedos morirán si los muchachos no aprenden a labrar la tierra.

María sabía que a los muchachos les gustaba disfrutar de la noche cálida bajo las estrellas. ¿Por qué iban a querer trabajar bajo un sol que rajaba las piedras?

—Debe haber una forma de hacerlos arar —dijo María—. Hagamos una **lluvia de ideas** para encontrar una que funcione.

Cada día, Tomás y María se sentaban a la sombra de un árbol de calabazas y conversaban sobre su problema. Un día, cuando ya les parecía que no les quedaban más ideas **originales** por pensar, se cayó una jícara del árbol. María recogió la jícara del piso y, dándole vueltas en sus manos, se acordó de algo que en el pasado había surtido efecto.

—¡Claro, Tomás! —dijo María—. Los muchachos necesitan una razón, un propósito para hacer las cosas. El año pasado, Luis no podía encontrar su tambor de jícara. Su cuarto estaba muy desordenado. Su ropa estaba tirada por todas partes. ¡No se podía encontrar la cama, y mucho menos un pequeño tambor de jícara! La única manera de encontrar su tambor era limpiando su cuarto.

—¿Y lo limpió? —preguntó Tomás.

María sonrió.

—Pues sí. Una vez que terminó de limpiar su cuarto, Luis encontró su gran tesoro bajo una pila de camisetas.

Tomás lo pensó un poco.

—María —dijo después de un rato—, ¿y si los muchachos piensan que hay un tesoro enterrado en el viñedo? ¿Crees que excavarían para encontrarlo?

—Creo que esa es la motivación que necesitan —dijo María.

Al día siguiente, Tomás les dijo a sus hijos que les iba a revelar un secreto. "Cuando nuestros ancestros trajeron las parras a esta tierra, también trajeron un gran tesoro. Creo que está enterrado en el viñedo. Durante años he arado la tierra para encontrarlo. Si lo encontramos, no me van a creer lo ricos que seremos". De inmediato sus hijos declararon que iban a ayudar a Tomás a encontrar el tesoro.

Transcurrieron muchas temporadas felices durante las cuales la familia excavaba junta en el viñedo. Los hijos estaban sorprendidos al ver uvas jugosas y grandes cada año. Más encantados aún estaban con la riqueza que la cosecha les había traído.

Un día, mucho tiempo después de que los hijos se habían hecho cargo del viñedo, Luis les preguntó a sus hermanos: "¿Ya encontramos el gran tesoro?".

Los tres hermanos comenzaron a reírse. Se habían olvidado de que excavaban en busca de un tesoro. Aun así, su trabajo arduo les hizo entender que su viñedo era un tesoro.

Moraleja: El mejor tesoro es el que uno se labra con su propio esfuerzo.

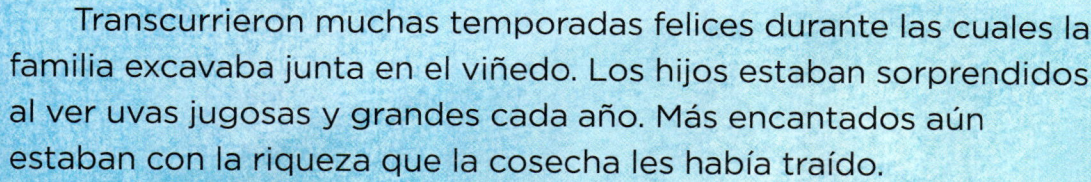

Haz conexiones

¿Cómo encontraron Tomás y María una idea que les resolvió el problema?
PREGUNTA ESENCIAL

Compara las maneras en que los personajes encuentran las ideas. **EL TEXTO Y OTROS TEXTOS**

CCSS Género • Ficción realista

¿A quién le toca?

Gabriela Peyron
Ilustraciones de Valeria Gallo

Pregunta esencial

¿Cómo afectan tus acciones a los demás?

Lee y descubre cómo las acciones de un peatón afectan a los demás.

¡Conéctate!

A las siete en punto de la mañana, Nicanor se despierta, se estira y se levanta de la cama.

A las siete en punto, su vecino Juan ya está despachando bolillos en la panadería.

A las siete, Rosita barre la entrada de su casa. También a las siete, Elvira se prepara para ir a la escuela.

Estas cuatro personas hacen cosas distintas, a la misma hora, en la misma calle, en el mismo barrio, en una misma ciudad, en un mismo país, en un mismo planeta.

Las personas tenemos muchas cosas en común, pero somos diferentes. Todos somos seres humanos, pero nuestros cuerpos, formas de actuar y de pensar son únicos.

Además compartimos muchas cosas con otras personas: por ejemplo, los parques y la casa.

Por eso, aunque somos diferentes, para vivir en sociedad, tomamos en cuenta a los demás y no hacemos sólo lo que nos viene en gana.

Por esto mismo, luego de levantarse de la cama, Nicanor va de puntitas al baño, procurando no hacer ruido, pues en su casa, los demás están todavía durmiendo.

Al llegar a la panadería, Juan saluda a sus **compañeros** antes de comenzar su jornada de trabajo.

Rosita espera a que pase la gente que va por la calle, antes de barrer la **banqueta**, para no ensuciarle los pies.

Y Elvira, cuando baja las escaleras, ayuda a una señora que viene cargando a un bebé y trae unos paquetes.

Unos minutos antes de las siete, ha pasado alguien por la calle donde viven Juan, Nicanor, Elvira y Rosita.

Ese alguien va comiendo un plátano.

Como el plátano está muy maduro, ya no se lo termina. Mira para un lado y otro, y como no ve ningún **basurero**, simplemente tira el plátano en la banqueta.

El plátano a medio terminar queda embarrado en el suelo.

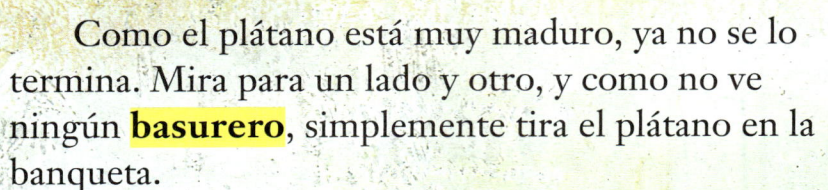

Aquí viene Juan. Antes de llegar al punto donde está el plátano embarrado, cruza la calle rumbo a la panadería. ¡Qué suerte! ¡Se salvó!

Poco después, Nicanor pasa apenas a unos centímetros del plátano. Lo ve y lo evita, aunque no se le ocurre quitarlo de allí. Lleva prisa por llegar a su trabajo.

> **AHORA COMPRUEBA**
>
> **Hacer predicciones** ¿Crees que alguien resbalará con la cáscara del plátano? ¿Quién? Usa pistas en el texto para hacer una predicción.

Aquí viene Elvira, muy quitada de la pena. Está a sólo tres pasos del plátano y va derechito hacia él.

Su zapato está a punto de dar el tercer paso.

—Buenos días, Rosita —saluda Elvira a su vecina que está al otro lado de la calle.

Rosita vio cuando alguien tiró el plátano y le pareció que estaba muy mal, pero pensó que no le correspondía a ella barrerlo.

Elvira con una sonrisa de oreja a oreja y con la mano en el aire, da el tercer paso, pisa el plátano, se resbala y cae. En seguida Rosita suelta la escoba y corre para ayudar a su vecina.

Elvira llora. Por la caída y por la rabia que le da ver su pantalón lleno de tierra, y su cuaderno de geografía flotando en un **charco**.

Si ese plátano **aplastado** no hubiera estado allí tirado, ahorita mismo Elvira se estaría subiendo al autobús e iría **sonriente** con su pantalón tan limpio como cuando se lo puso antes de salir.

AHORA COMPRUEBA

Confirmar predicciones ¿Por qué se cayó Elvira? Confirma o revisa tu predicción anterior.

Además, no estaría a punto de recibir un regaño por parte del maestro de deportes y no se habría arruinado su cuaderno. Sólo que alguien simplemente no pensó en las demás personas.

Si pudieras regresar en el tiempo, a las siete de la mañana de ese día fatídico para Elvira, ¿qué cambiarías en esta historia?

AHORA COMPRUEBA

Hacer predicciones Si no se hubiera caído, ¿cómo habría sido la mañana de Elvira? Haz una predicción de cuán diferente pudo haber sido su día sin el resbalón.

Gabriela y Valeria nos enseñan una lección

Gabriela Peyron nació en Ciudad de México en 1955. Después de dirigir un taller de animación a la lectura, se dedicó a la literatura infantil. Ha sido maestra de literatura y redacción, bibliotecaria, traductora y promotora de lectura. Además, ha obtenido varios premios, como el que otorga la Feria Internacional del Libro Infantil y Juvenil y el premio de cuento Juan de la Cabada. En sus ratos libres le gusta jugar béisbol y dedicarle tiempo a su perro Ziggy.

Valeria Gallo es una diseñadora mexicana nacida en 1973. Aunque empezó escribiendo cuentos y poemas, se enfocó en la ilustración, animación y creación de personajes, principalmente para el público infantil. Desde que nació su hijo, dedica gran parte de su tiempo a leer con él, y el resto lo pasa ilustrando libros infantiles. Se inspira en la idea de que hay belleza donde usualmente no la vemos.

Propósito de la autora

En el cuento ¿*A quién le toca?*, los personajes viven situaciones reales: tienen que despertarse temprano para ir a la escuela o al trabajo, tienen familia, vecinos, preocupaciones. ¡Y tienen que ser responsables de sus actos! ¿Por qué piensas que la autora escribió este cuento?

Respuesta a la lectura

Resumir

Usa detalles de *¿A quién le toca?* para resumir lo que sucede en el cuento. La tabla de problema y solución puede servirte de ayuda.

Evidencia en el texto

1. ¿Cómo sabes que *¿A quién le toca?* es un cuento de ficción realista? **GÉNERO**

2. ¿Cuál es el problema principal del cuento? ¿Cuál hubiera sido la mejor solución a este problema? Usa evidencias en el texto para sustentar tu respuesta. **PROBLEMA Y SOLUCIÓN**

3. En la página 46, se describe a "Elvira con una sonrisa de oreja a oreja". Explica qué quiere decir la autora con esta expresión. Usa claves de contexto que te ayuden a entender su significado. **MODISMOS**

4. Escribe acerca de las razones por las que los personajes no solucionaron el problema. **ESCRIBIR SOBRE LA LECTURA**

Haz conexiones

¿Cómo afectó a los demás el hombre que tiró la cáscara de plátano a la banqueta? **PREGUNTA ESENCIAL**

Los personajes de los cuentos de ficción realista viven experiencias de la vida real. El accidente que le ocurre a Elvira en *¿A quién le toca?* podría pasarnos a nosotros si no pensamos en la forma en que nuestras acciones afectan a los demás. Habla con un compañero o una compañera acerca de cómo encontraste la solución a un problema. **EL TEXTO Y EL MUNDO**

CCSS Género • Texto expositivo

Compara los textos
Lee y descubre cómo las personas hacen frente al acoso escolar.

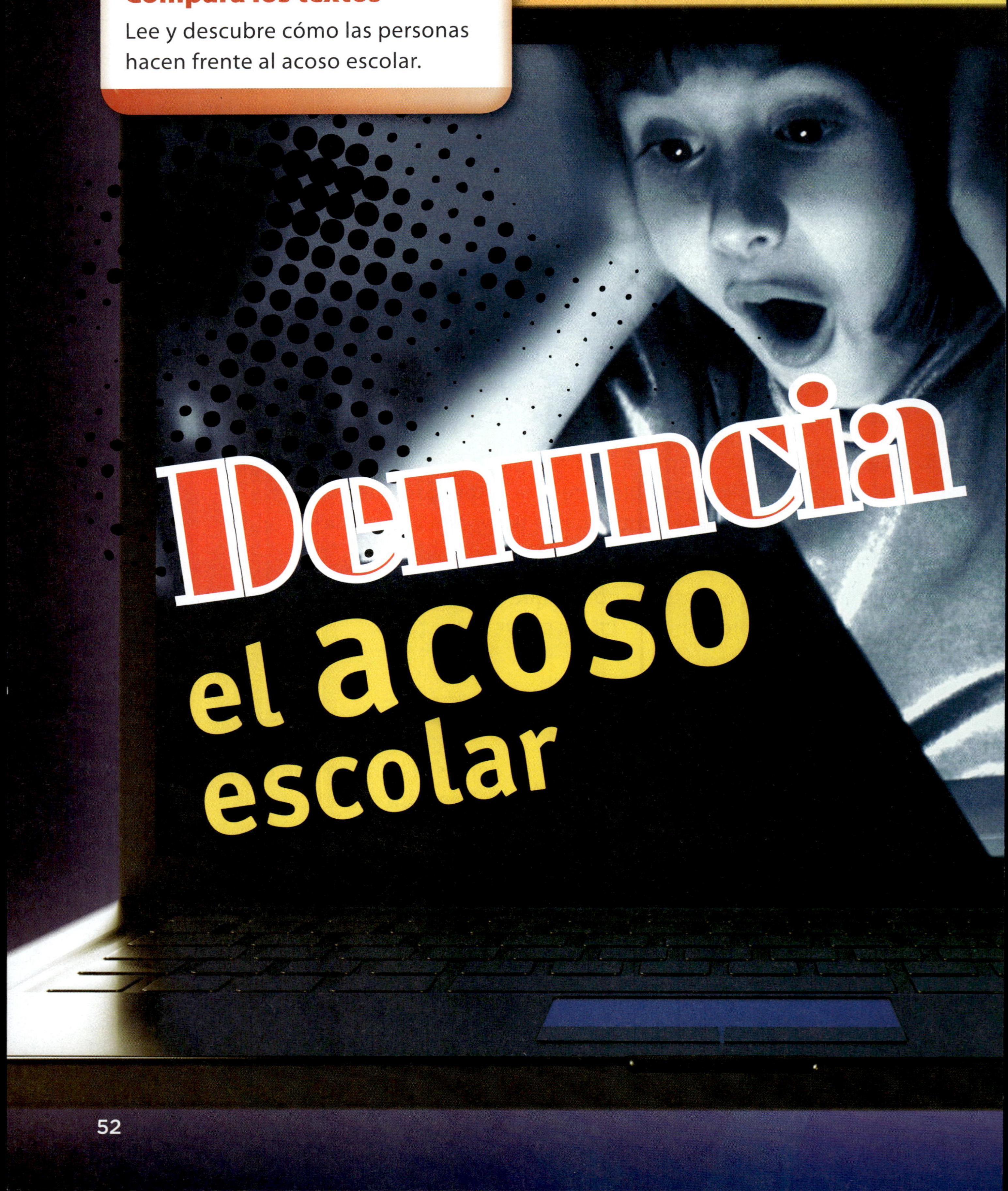

Denuncia el acoso escolar

Las víctimas del acoso escolar con frecuencia se sienten impotentes o incapaces de resolver su problema.

Plantear el problema

Uno de los problemas más serios que afrontan los estudiantes hoy en día es el *bullying,* o acoso escolar. El acoso escolar ocurre cuando una persona se comporta de forma agresiva para herir a los demás a propósito. Debido a que los actos de acoso escolar por lo general suceden una y otra vez, las víctimas se sienten impotentes. El poder de un agresor radica en que es mayor, más grande o más fuerte. Además parece tener más amigos o recursos que la persona maltratada.

El acoso escolar se presenta de muchas maneras. Burlarse de alguien o ponerle apodos es una forma de acoso escolar. Otras formas incluyen difundir historias que no son ciertas sobre una persona. Algunos agresores hieren a las personas al ignorarlas o excluirlas. También pueden herir a sus víctimas empujándolas, golpeándolas o pateándolas. El acoso puede ocurrir en cualquier lugar, incluso en el ciberespacio. Las víctimas pueden ser atacadas en internet, por correo electrónico o teléfono celular.

Los estudiantes deben informar cualquier signo de acoso escolar a un adulto en quien confíen.

¿Cómo pueden los estudiantes evitar que el acoso escolar se convierta en un problema? Lo más importante que pueden hacer es contarle a un adulto de confianza que son maltratados. Deben usar la misma estrategia si ven que alguien más es acosado. Ignorar a los agresores, llegar a un acuerdo con ellos o usar el humor son posibles maneras de anular su poder. Participar en programas contra el acoso escolar también puede ayudar a resolver este problema.

Las comunidades se manifiestan

Nueva Hampshire aprobó una ley para detener a los agresores. La ley establece que se debe entrenar a todo el personal de las escuelas para saber cómo se manifiesta el acoso escolar y aprender a reconocer sus signos. También declara que las personas deben denunciar cualquier acoso. El estado espera que la ley cree escuelas libres de acoso escolar.

En Midland, Texas, la policía lleva este mensaje a las escuelas. Los oficiales de policía les dicen a los estudiantes que el acoso escolar puede ser un delito. Quieren que los agresores sepan que son responsables de lo que hacen. Esto quiere decir que si los atrapan serán castigados. Los oficiales invitan a los estudiantes que han sido víctimas de acoso o que lo han visto a que informen de inmediato. Les dicen que cualquier persona puede decidir dejar de ser un agresor.

A la izquierda, Julia Kordon habla con estudiantes sobre cómo cuidarse del acoso en internet.

La actriz de televisión Lauren Potter denuncia el acoso a estudiantes con necesidades especiales.

Los jóvenes denuncian

Julia Kordon de Phoenix, Arizona, da su mensaje a los estudiantes. Cuando tenía 13 años, comenzó el grupo Se Acabó el Acoso Escolar. Julia desea que las escuelas sean seguras y divertidas. Viaja por el estado para hablar con los jóvenes. Les cuenta cómo las palabras hirientes pueden bajar la autoestima. Pide a los estudiantes que compartan sus historias en internet. Quiere que las personas defiendan a otros.

La actriz Lauren Potter se dirige a los legisladores. Ella denuncia el acoso a estudiantes con necesidades especiales. Lauren nació con síndrome de Down. Como no lucía como sus compañeros, se burlaban de ella y la insultaban cuando era niña. Aspira a que se creen leyes que protejan a la gente de los agresores.

Aprender a denunciar

Es importante que las personas de todo el mundo reconozcan y denuncien todas las formas de acoso escolar. Todos tienen derecho a sentirse seguros y a ser tratados con respeto. Así mismo, cada uno es responsable de tratar a los demás con respeto. Informa todo lo que pueda interferir con la convivencia en un ambiente seguro.

Di no al acoso escolar

¿? Haz conexiones

¿Cómo hacen frente las personas al acoso escolar? **PREGUNTA ESENCIAL**

¿De qué maneras las acciones marcan la diferencia? **EL TEXTO Y OTROS TEXTOS**

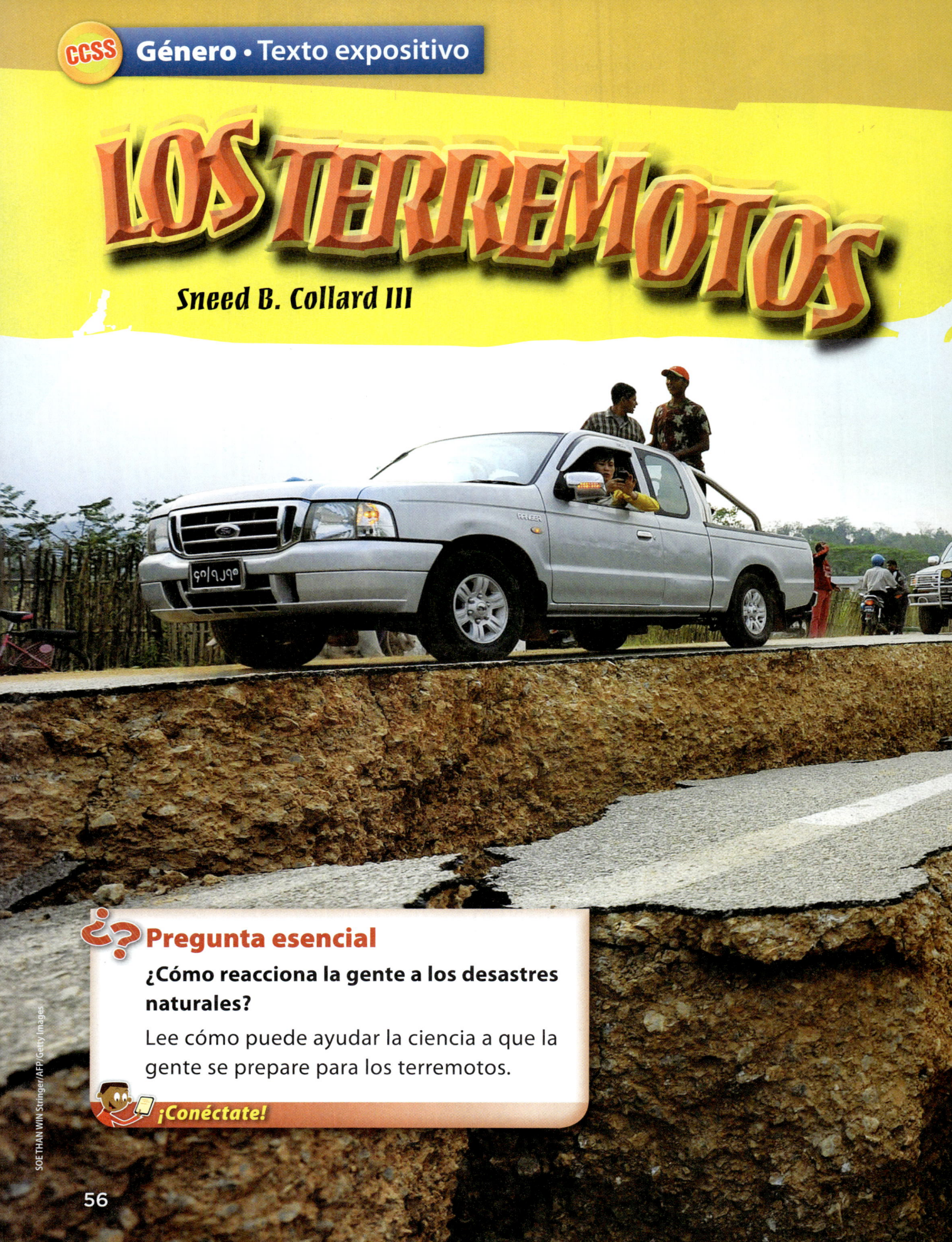

Género • Texto expositivo

LOS TERREMOTOS

Sneed B. Collard III

¿? Pregunta esencial

¿Cómo reacciona la gente a los desastres naturales?

Lee cómo puede ayudar la ciencia a que la gente se prepare para los terremotos.

¡Conéctate!

Un planeta que se desplaza

Queremos creer que el suelo que está bajo nuestros pies es firme y seguro. Las personas que han sentido temblar la tierra piensan de otro modo. Ellas han sobrevivido a un terremoto.

La corteza terrestre se parece más a un rompecabezas que a una esfera sólida. Al igual que un rompecabezas, la corteza se divide en diferentes piezas que encajan. Estas piezas se llaman placas. Las placas de la Tierra flotan sobre una capa que está inmediatamente debajo de la corteza, llamada manto superior. El manto superior es roca sólida, pero se comporta como un gel espeso. El calor que emana del fondo de la Tierra atraviesa la roca y hace que esta gire lentamente y fluya.

Habitantes de Birmania inspeccionan grandes grietas en una carretera luego de que un terremoto azotara la región.

La doctora Inés Cifuentes es sismóloga: una persona que estudia los terremotos. Le gusta comparar el movimiento de las placas de la Tierra con leche hirviendo. "Cuando hierves leche", afirma, "obtienes esa pequeña capa superficial de crema que se mueve y baila. Eso es lo que ocurre en la Tierra, solo que la corteza terrestre es mucho más dura que la capa de crema".

Cuando el manto "hierve", empuja y jala las placas que están sobre él. "En los extremos de estas placas es donde ocurren la mayoría de los terremotos", explica.

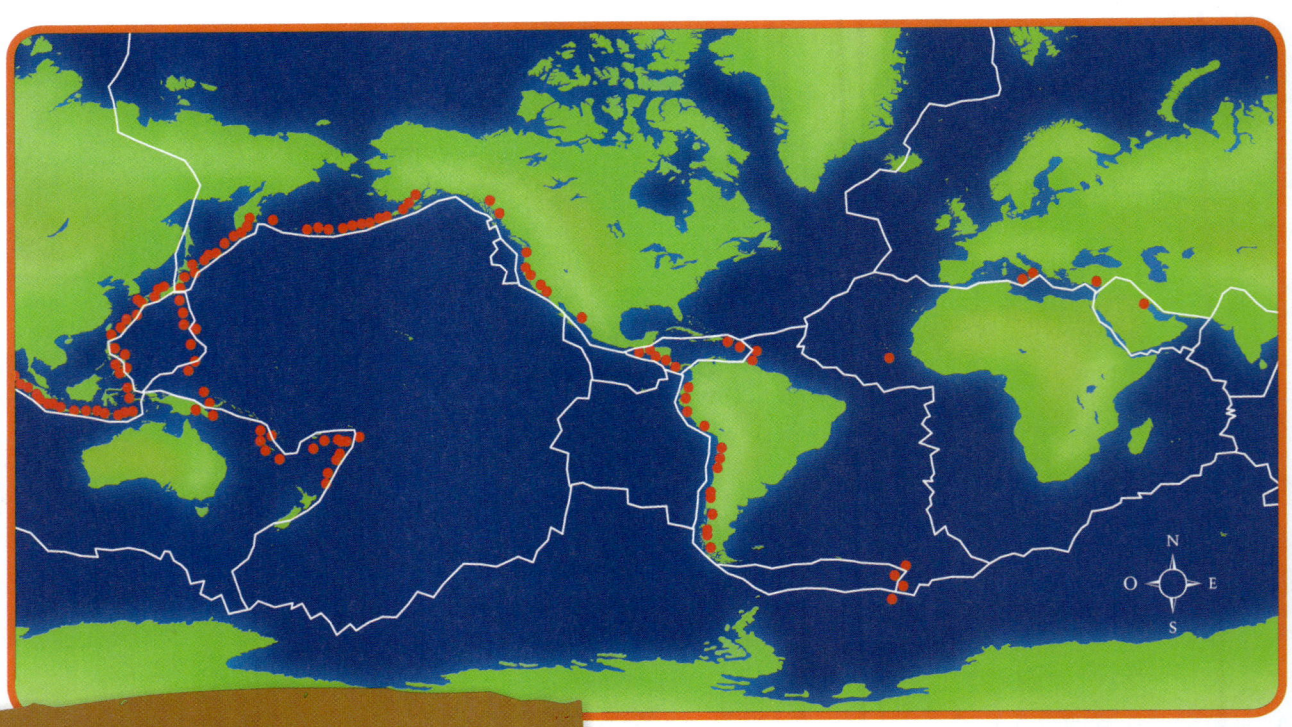

Las líneas blancas del mapa muestran las placas de la superficie terrestre. Los puntos rojos muestran dónde han ocurrido terremotos.

Unas personas miran una enorme grieta en una calle de Valdivia, a causa del terremoto de 1960 en Chile.

El terremoto más fuerte del mundo: un relato de primera mano

La doctora Inés Cifuentes se convirtió en sismóloga por una buena razón: su familia y ella experimentaron el terremoto más fuerte de la historia. Se trata del terremoto que sacudió a Chile en 1960. La doctora Cifuentes explica: "En abril de 1960, mi familia se mudó a Santiago de Chile. Solo unas pocas semanas más tarde, el 21 de mayo, nos despertó una fuerte sacudida. Treinta y tres horas después un gran terremoto golpeó el sur del país, y con él, un enorme *tsunami*. Aproximadamente un año después viajamos al extremo norte de la zona donde ocurrió el terremoto. Allí vimos que la tierra de hecho se había levantado más o menos un metro. Vi estos cambios enormes y ¡me impresionó que la tierra pudiera hacer eso! Después, cuando era estudiante de posgrado, quise saber qué fuerza había tenido ese terremoto, cuánto había durado, y si lo había precedido un terremoto "lento". Trabajé en este problema durante cuatro años. Pude calcular que el mayor terremoto registrado tuvo una magnitud de 9.5. También confirmé que 15 minutos antes del terremoto principal había ocurrido un precursor. Estoy muy orgullosa de este trabajo".

¿De quién es la falla?

Las placas de la Tierra chocan entre sí, se separan y se deslizan una contra la otra. Dondequiera que lo hagan, producen grietas en la corteza terrestre. Los sismólogos llaman fallas a estas grietas. Por lo general, los bloques de roca que están a cada lado de la falla simplemente se mantienen unidos. Sin embargo, cuando se acumula suficiente presión, los dos lados de la falla se pueden desplazar, o deslizar, de repente. Este movimiento repentino libera ondas de energía que viajan por la tierra. Nosotros las sentimos como terremotos.

La mayoría de las fallas no se deslizan ni causan terremotos. No obstante, en todo el mundo las fallas activas ocasionan cientos de terremotos a diario. La mayoría de ellos son demasiado leves para que los sintamos. Pero de vez en cuando, la Tierra desencadena uno enorme.

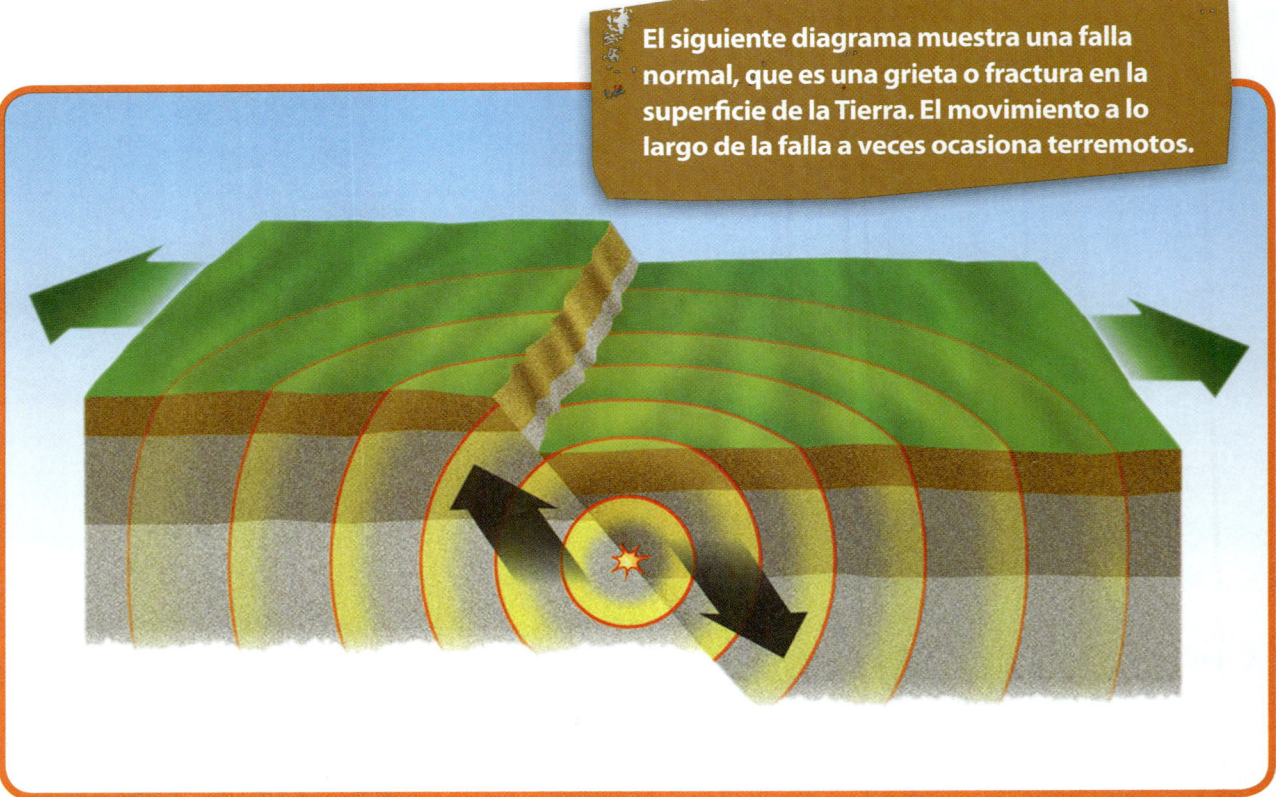

El siguiente diagrama muestra una falla normal, que es una grieta o fractura en la superficie de la Tierra. El movimiento a lo largo de la falla a veces ocasiona terremotos.

Cómo se miden los terremotos

Los sismólogos registran los terremotos con máquinas llamadas sismógrafos. Estos miden la sacudida o movimiento del suelo. Después de un terremoto, los científicos leen sus sismógrafos. A partir de sus lecturas, calculan la intensidad o magnitud de un terremoto. Las escalas de magnitud están diseñadas para que cada número entero sea diez veces mayor que el número anterior. Por ejemplo, un terremoto de magnitud 7.0 es diez veces mayor que uno de magnitud 6.0.

Aproximadamente una vez al año suceden terremotos enormes, los cuales tienen una magnitud de 8.0 o mayor. Solo ocurren en fallas muy grandes y pueden ocasionar una **destrucción grave**.

La doctora Cifuentes explica: "El único lugar en que se puede presentar un terremoto como el de 2011 en Japón es donde una placa se desliza por debajo de otra. Este es el único lugar donde hay una falla suficientemente larga y ancha para liberar ese tipo de energía".

Los sismólogos dieron al terremoto de 2011 en Japón una magnitud de 9.0, el cuarto más fuerte registrado. Ellos creen que el terremoto ocurrió sobre una falla de más de 150 millas (250 kilómetros) de longitud. Sacudió a Japón entre tres y cinco minutos, y fue tan fuerte que **alteró** la geografía del país. Sorprendentemente, no fue la sacudida del suelo la que produjo los mayores daños. Una enorme ola resultó ser mucho más destructiva.

Los sismógrafos ayudan a los científicos a determinar la magnitud o intensidad de un terremoto.

AHORA COMPRUEBA

Volver a leer ¿Cómo miden los científicos los terremotos? Vuelve a leer para verificar si entendiste.

La zona de desastre en Kesennuma, Japón, 2011, 100 días después del enorme terremoto y el *tsunami*.

El terror del *tsunami*

Cuando ocurre un terremoto bajo el océano, por lo general mueve una cantidad **considerable** de agua por encima de él. Esto crea una ola que se desplaza rápidamente llamada *tsunami*. Mar adentro, la ola puede tener solo unos cuantos pies de altura. Sin embargo, al acercarse a la orilla, se puede convertir en un monstruo que lanza agua hacia el interior a lo largo de millas.

Los *tsunamis* recorren miles de millas. En 1960, el terremoto más fuerte registrado en el mundo golpeó a Chile. Produjo olas de hasta 82 pies (25 metros) de altura sobre la costa. El *tsunami* también se desplazó por el océano Pacífico a una velocidad superior a 150 millas por hora. Golpeó las costas de Hawái, Japón, Alaska y otros lugares. Cientos de personas se ahogaron.

El terremoto de 2011 en Japón produjo olas de *tsunami* de más de 30 pies (10 metros) de altura. El terremoto en el océano Índico ocurrido en 2004 en el sudeste asiático produjo *tsunamis* de más de 50 pies (15 metros). Estas olas sepultaron ciudades y costas enteras; arrasaron viviendas, autos y personas.

Japón, el sudeste asiático y Chile ya habían experimentado terremotos y *tsunamis* muy poderosos. ¿Por qué tantas personas no estaban preparadas?

Cómo se predicen los terremotos

Los sismólogos son muy buenos para medir los terremotos, pero aún no pueden predecirlos.

"Hubo una época", explica la doctora Cifuentes, "en que los científicos creyeron que la predicción de los terremotos estaba a la vuelta de la esquina; que pronto iban a poder predecirlos. Sin embargo, hoy está claro que no está a la vuelta de la esquina. De hecho, algunos han renunciado totalmente a predecir terremotos".

Una razón por la cual los terremotos son **impredecibles** es que los científicos no pueden reunir suficiente información para entender dónde y cuándo ocurrirá el siguiente terremoto. Aunque han instalado instrumentos especiales en muchas zonas sísmicas, los terremotos siguen tomándonos por sorpresa. Por ejemplo, los científicos creían que el siguiente gran terremoto de Japón ocurriría en el extremo sur, más cerca de Tokio. Pero por el contrario, golpeó el extremo norte.

Un poderoso *tsunami* obligó a las personas a huir hacia el techo de una torre de control en un aeropuerto inundado.

Prepararse para los terremotos

Aunque los terremotos no se pueden predecir, podemos prepararnos para cuando sucedan. Muchos científicos ayudan a que la información esté **disponible** para que las personas se puedan preparar y reaccionar. Esto es particularmente importante cerca de las zonas costeras.

"Si la sacudida se prolonga más de treinta segundos", dice la doctora Cifuentes, "es muy sencillo. Aléjate del océano y ve a terrenos altos. Tienes entre quince y veinte minutos para llegar a un terreno más alto".

Cómo están construidas las ciudades también influye en el número de personas que sobreviven a un terremoto. En muchos países, hay leyes especiales de construcción. Los edificios deben ser fuertes y flexibles, para que no **colapsen**. Pero en otros países los edificios suelen estar mal construidos. El terremoto de 2010 en Haití, por ejemplo, mató entre 46,000 y 316,000 personas. A diferencia del de Japón, muchas de ellas murieron porque colapsaron los edificios y cayeron escombros.

Pero los terremotos no solo destruyen. También crean. "Ayudan a formar montañas, costas y otros paisajes", dice la doctora Cifuentes. Vale la pena recordar esto mientras aprendemos a predecir los terremotos y a sobrevivirlos.

Se están construyendo ductos como este para proteger los alambres, cables y tuberías subterráneas en caso de un terremoto.

Qué hacer durante un terremoto

Si estás dentro

- Arrójate al suelo y gatea bajo un mueble sólido y resistente hasta que la sacudida cese.
- Aléjate de los vidrios, las ventanas, las puertas y los muros, y de cualquier cosa que se pueda caer, como una lámpara de techo o un ventilador.
- Quédate en la cama si estás allí cuando ocurra el terremoto. Cúbrete la cabeza con una almohada. Aléjate de la cama solo si hay una lámpara pesada o un ventilador encima de ti.
- Refúgiate bajo el marco de una puerta solo si sus bases son sólidas.
- Permanece dentro hasta que la sacudida cese y sea seguro salir.
- No uses el ascensor.

Si estás fuera

- Aléjate de los edificios, semáforos y cables de servicios públicos.
- Evita todos los espacios donde caen escombros, como vidrio.
- Cuando estés en un espacio abierto, quédate allí hasta que la sacudida cese.

AHORA COMPRUEBA

Volver a leer ¿Cómo puedes protegerte si estás dentro durante un terremoto? Vuelve a leer para verificar si entendiste.

Los estudiantes toman conciencia sobre los terremotos participando en un simulacro nacional de terremoto.

Aprendamos sobre ciencia con este autor

Sneed B. Collard III cree que las personas pueden encontrar ciencia dondequiera que miren. Sus padres fueron biólogos, por lo cual Sneed estuvo expuesto a la ciencia todos los días mientras crecía. Ha escrito más de 40 libros de ciencia para niños, muchos de ellos inspirados en su propia vida e intereses, ¡incluyendo a su perro, que puede atrapar *frisbees*! En la actualidad vive en Montana y disfruta escribir acerca del Oeste estadounidense y su belleza natural.

Propósito del autor

Sneed B. Collard III informa a los lectores por medio de sus entrevistas a científicos. ¿Aprendiste sobre los terremotos al leer el texto acerca de la Dra. Inés Cifuentes?

Respuesta a la lectura

Resumir

Resume lo que aprendiste de los terremotos. La información de tu diagrama de Venn puede ayudarte.

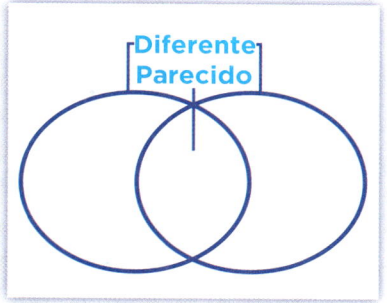

Evidencia en el texto

1. ¿Cómo puedes determinar que "Los terremotos" es un texto expositivo? **GÉNERO**

2. ¿En qué se parecen y en qué se diferencian el movimiento de las placas de la Tierra y la leche hirviendo? Usa detalles de la selección para sustentar tu respuesta. **COMPARAR Y CONTRASTAR**

3. ¿Cuál es el significado de *placas* en la página 57? Usa claves de contexto como ayuda para encontrar la definición correcta. **PALABRAS CON SIGNIFICADOS MÚLTIPLES**

4. Escribe sobre el impacto de los terremotos de 2010 y de 2011 en Haití y Japón. Compara y contrasta la destrucción y las consecuencias de los terremotos.
ESCRIBIR SOBRE LA LECTURA

 Haz conexiones

¿Cómo puede ayudar la ciencia a que las personas se preparen para los terremotos? **PREGUNTA ESENCIAL**

¿Por qué las personas deberían tomar en serio las alertas de *tsunami*?
EL TEXTO Y EL MUNDO

Género • Texto expositivo

Compara los textos
Lee y descubre qué hacer si se presenta un tornado.

Los Tornados

Cuando una masa de aire caliente choca con una masa de aire frío, el resultado puede ser una peligrosa fuerza de la naturaleza que avanza con rapidez: un tornado. Un tornado es una fuerte tormenta de viento que golpea la tierra. El viento crea una nube giratoria en forma de embudo que se extiende hasta el suelo. A medida que se mueve, levanta los escombros y objetos que encuentra en su camino.

Los tornados son un proceso natural, especialmente en áreas llanas, como el centro de Estados Unidos. Sin embargo, también son **impredecibles**. Pueden causar **destrucción** en un lado de la calle, pero dejar el otro intacto.

Puedes saber que se aproxima un tornado si ves una nube en forma de embudo. Otros signos de alerta son los sonidos. Un tornado que se acerca suena como un tren que se mueve con rapidez. También puede sonar como una cascada o como el viento que entra con violencia por las ventanas abiertas de un auto que va a gran velocidad.

Aun después de que un tornado ha pasado, quedan muchos **riesgos**. Evita pisar vidrios, objetos puntiagudos y especialmente cables de electricidad caídos. Aléjate de edificaciones muy dañadas que puedan **colapsar**. Es importante considerar los tornados como una **crisis grave**, ya que las alertas pueden llegar de repente y dejarte sin mucho tiempo para actuar.

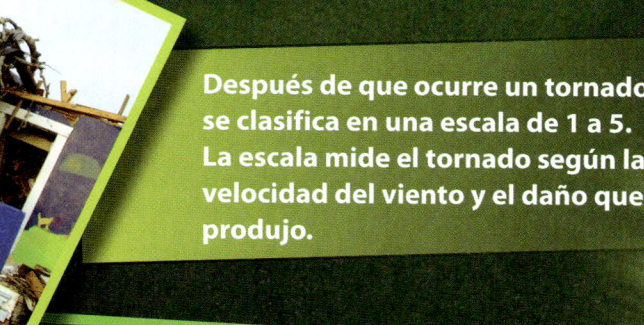

Después de que ocurre un tornado, se clasifica en una escala de 1 a 5. La escala mide el tornado según la velocidad del viento y el daño que produjo.

Medidas de seguridad en caso de un tornado

- Cuando oigas o veas una alerta de tornado en internet, en la radio o la televisión, refúgiate de inmediato.
- Si estás en una edificación con sótano, ve allí rápidamente. Métete debajo de un objeto grande y resistente, como un banco de trabajo o una mesa.
- Si estás en una edificación sin sótano, ve al piso más bajo. Busca una habitación central, lejos de las ventanas. Agáchate en el piso. Cúbrete la cabeza con las manos.
- Evita permanecer en un auto durante un tornado. Si es posible, entra a una edificación cuando se acerque un tornado.

Haz conexiones

¿Qué deben hacer las personas si se presenta un tornado? **PREGUNTA ESENCIAL**

¿En qué se parecen los tornados a otros desastres naturales? **EL TEXTO Y OTROS TEXTOS**

Género • Narrativa de no ficción

Pregunta esencial

¿Cómo puede ayudarte la ciencia a entender cómo funcionan las cosas?

Lee cómo las fuerzas y el movimiento afectan nuestras vidas.

¡Conéctate!

UN CURSO RELÁMPAGO SOBRE FUERZAS Y MOVIMIENTO

CON MAX AXIOMA SUPERCIENTÍFICO

Conozcamos a Max

Nombre verdadero: Maximiliano J. Axioma
Ciudad natal: Seattle, Washington
Estatura: 6' 1"   **Peso:** 192 lb
Ojos: Marrón   **Pelo:** No

Capacidades superiores: Superinteligencia, capacidad para encogerse hasta el tamaño de un átomo; sus gafas de sol le dan visión de rayos X; su bata de laboratorio le permite viajar a través del tiempo y del espacio.

Origen: Desde su nacimiento, Max Axioma parecía destinado a la grandeza. Su madre, una bióloga marina, le enseñó los misterios del mar. Su padre, un físico nuclear y guardabosques voluntario, instruyó a Max sobre las maravillas de la Tierra y el cielo.

Un día, en una caminata en la naturaleza, un rayo megacargado alcanzó a Max con gran furia. Cuando despertó, Max descubrió una nueva energía y se dispuso a aprender lo que más pudiera sobre ciencia. Viajó a través del mundo obteniendo títulos en todos los aspectos del campo. Cuando regresó, estaba listo para compartir su conocimiento y nueva **identidad** con el mundo. Él se había convertido en Max Axioma, el supercientífico.

Emily Sohn
ILUSTRADO POR **Steve Erwin y Charles Barnett III**

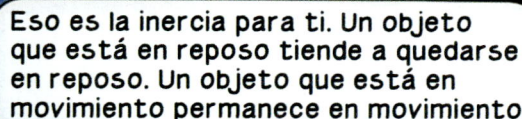

Isaac Newton

Isaac Newton (1643–1727) fue la primera persona en darse cuenta de que ciertas leyes de la naturaleza explicaban todo el movimiento en la Tierra y en el espacio. También fue el primero en explicar la idea de la gravedad.

AHORA COMPRUEBA

Volver a leer ¿Por qué un objeto en movimiento necesita una fuerza para cambiar de dirección, ir más despacio o detenerse? Vuelve a leer para verificar que entendiste.

Eso es la inercia para ti. Un objeto que está en reposo tiende a quedarse en reposo. Un objeto que está en movimiento permanece en movimiento.

Esa es la primera ley de Newton sobre el movimiento. Un objeto que está quieto necesita una fuerza para moverse.

Del mismo modo, un objeto en movimiento necesita una fuerza para cambiar su dirección, ir más despacio o detenerse.

Por ejemplo, la inercia hace que ese cochecito continúe rodando...

¡Uyy!

...hasta que venga otra fuerza y lo detenga.

¡Ayyy!

¡Para curar tu inercia, solo necesitas un empujoncito!

Anímate. ¡Vamos a montar en la montaña rusa!

¡Pongámonos en movimiento!

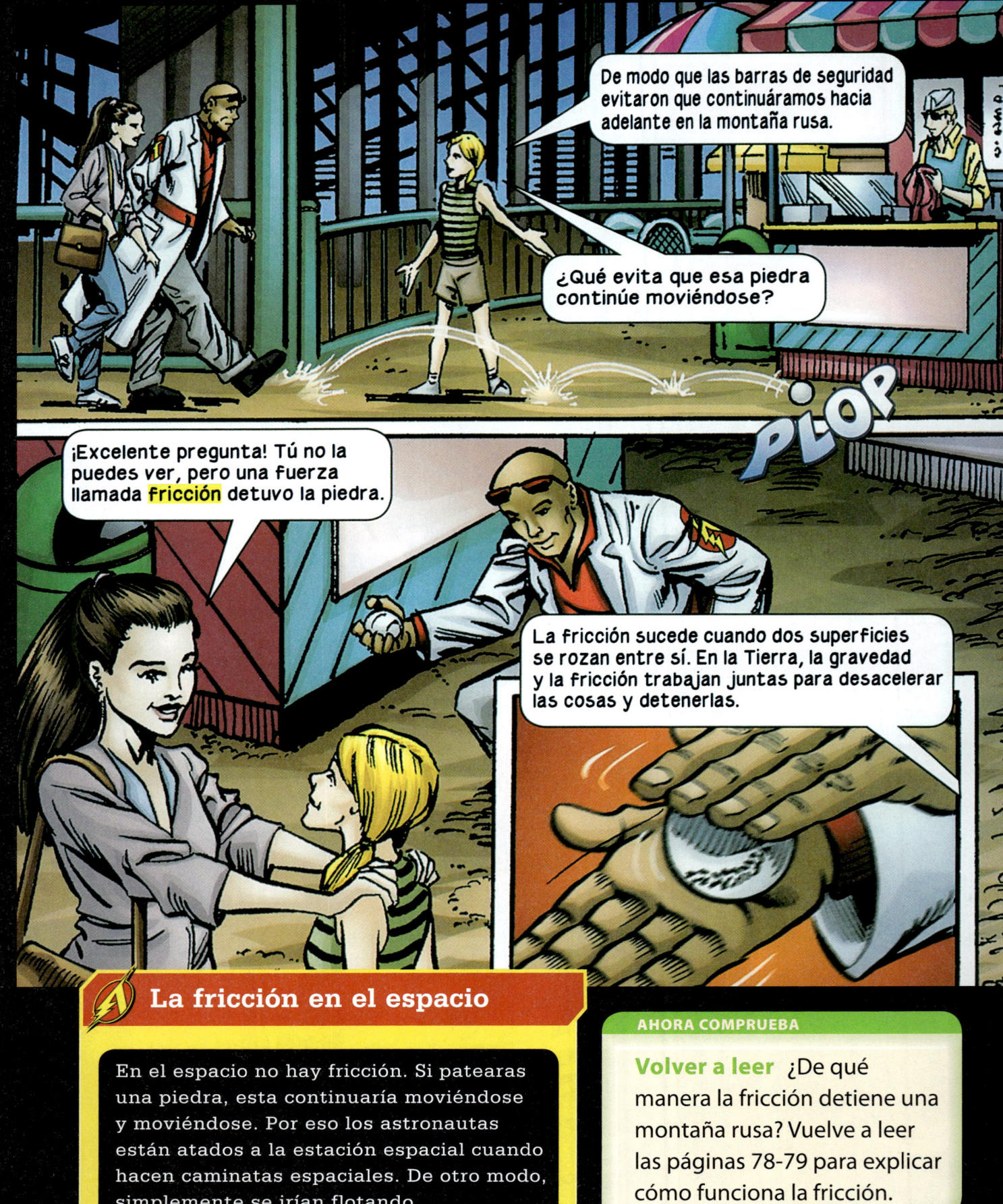

¿Qué es masa, tío Max?

La masa es la cantidad de materia que tiene un objeto. La bola de bolos tiene más materia que la pelota de tenis y por eso es más pesada.

Piénsalo. ¿Con cuál pelota sería más fácil hacer malabarismo, Nico?

Atracción gravitacional

El peso es diferente de la masa. El peso se determina por la atracción gravitacional sobre un objeto. Cada planeta en nuestro sistema solar tiene una atracción gravitacional diferente. Si viajaras a cada uno de los sitios de abajo, tu masa siempre sería la misma, pero tu peso sería diferente. Ahora, multiplica tu peso por el número que se muestra debajo de cada planeta para saber cuánto pesarías allí. Si pesas 100 libras en la Tierra, podrías pesar 38 libras en Marte y 236 libras en Júpiter.

VENUS .88

MARTE .38

JÚPITER 2.36

SATURNO .92

NEPTUNO 1.13

Un paseo con los "supercientíficos"

EMILY SOHN vive en Minneapolis (Minnesota). Escribe principalmente sobre ciencia y medicina para niños y adultos. Emily estudió ciencia en la escuela. Incluso pasó algunas estaciones siguiendo leones marinos y focas para conocerlos mejor. Cuando no está escribiendo y aprendiendo sobre ciencia, le encanta escalar y correr triatlones.

STEVE ERWIN es artista de cómics. Al comienzo de su carrera, Steve contribuyó con su arte a muchas series de cómics de superhéroes, incluidos *Batman regresa* y *Superman: El hombre de acero*. Por sus logros en el campo de los cómics, fue incluido en el Salón de la Fama de los Caricaturistas de Oklahoma.

Propósito de la autora

"Un curso relámpago sobre fuerzas y movimiento con Max Axioma, Supercientífico" es un texto informativo en forma de novela gráfica. Esto significa que la información se presenta de manera gráfica, o con palabras e imágenes que nos cuentan un relato, muy parecido a un libro de cómics. ¿Por qué la autora eligió enseñar conceptos científicos en un formato de novela gráfica?

Respuesta a la lectura

Resumir
Resume lo que aprendiste sobre las fuerzas y el movimiento. La información de la tabla de causa y efecto puede ayudarte.

Causa	→	Efecto
	→	
	→	
	→	
	→	

Evidencia en el texto

1. ¿Cómo sabes que "Un curso relámpago sobre fuerzas y movimiento con Max Axioma, Supercientífico" es un texto narrativo de no ficción? **GÉNERO**

2. ¿Por qué un objeto en el espacio se movería eternamente? Sustenta tu respuesta con detalles del texto. **CAUSA Y EFECTO**

3. ¿Cuál es el significado de *arriban* en la página 79? Usa claves de contexto como ayuda para descubrir su significado. **DEFINICIONES Y REAFIRMACIONES**

4. Escribe por qué el peso de una persona sería diferente en Júpiter o en la Tierra. Sustenta tu respuesta con detalles del texto. **ESCRIBIR SOBRE LA LECTURA**

Haz conexiones

¿Cómo te afectan las fuerzas y el movimiento? **PREGUNTA ESENCIAL**

¿De qué manera es útil que las personas entiendan sobre la gravedad? **EL TEXTO Y EL MUNDO**

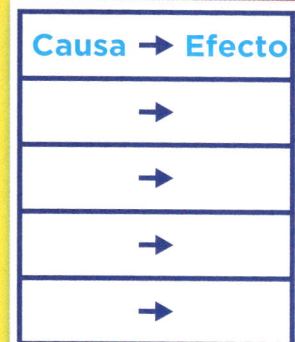

Género • Ciencia ficción

Compara los textos
Lee cómo dos robots futuristas utilizan la ciencia para resolver un problema.

El proyecto del Buzón Espacial

El decimotercer sol de la Galaxia X subía en el cielo color naranja cuando el Dr. Tanque y su asistente, Brillo, llegaron al trabajo.

—Buenos días —dijo Brillo mientras se ponía su bata de laboratorio—. ¡Hoy es el día! ¡Lo siento en mi batería!

—Brillo, nosotros no sentimos. Somos robots, ¿lo recuerdas? —dijo sonriendo el Dr. Tanque.

—¡Me pilló, Dr. Tanque! Pero, en serio, creo que hoy resolveremos el problema de esta tonta máquina —la risa robótica de Brillo sonó como canicas dentro de una lata.

La tonta máquina, llamada Buzón Espacial, permanecía en el centro del laboratorio y parecía una taquilla.

—Esperemos que así sea, Brillo. Abandonaremos este proyecto si no tenemos éxito pronto.

Durante meses, los robots habían intentado viajar a la Tierra en el Buzón Espacial. Viajar al planeta Crito no era difícil, aunque estaba al doble de distancia. Podían aterrizar en Grolón en un suspiro. Cuando viajaron a Vicentín, ¡regresaron incluso diez minutos antes de haberse ido!

¿Pero a la Tierra? Cada vez que intentaban aterrizar en ese extraño planeta únicamente lograban aproximarse.

—Es hora de repasar la lista matutina —dijo el Dr. Tanque.

—Listo —respondió Brillo.

—¿Inercia? —preguntó el Dr. Tanque.

—Verificada —dijo Brillo—. Está en reposo, sin duda.

—Espléndido. Apliquemos fuerza para moverlo —replicó el Dr. Tanque. Ambos empujaron el Buzón Espacial, que se deslizó fácilmente.

—Ahora usa fuerza para detenerlo —dijo el Dr. Tanque.

Brillo alzó entonces su enorme mano de robot y detuvo de inmediato el corredizo Buzón Espacial.

—Hagamos un viaje de prueba de ida y regreso a Clíper —dijo el Dr. Tanque. Los dos entraron al Buzón Espacial y se abrocharon los cinturones.

—Acelera a empuje de curvatura por cinco destellos —dijo el Dr. Tanque.

A medida que el Buzón Espacial aumentaba la velocidad, los cinturones de seguridad mantenían sujetos a los robots en su lugar.

Lance Lekander

Casi de inmediato, el Buzón Espacial se posó sobre un polvoriento planeta púrpura. Brillo quería una bebida helada púrpura de la tienda 7-0-12, pero el Dr. Tanque le explicó que sencillamente no tenían tiempo. En cinco destellos estuvieron de regreso en el laboratorio.

—No tenemos problemas llegando a Clíper, ¡pero es imposible aterrizar en la Tierra! —dijo el contrariado Dr. Tanque—. ¡Es ridículo!

—Vamos —lo consoló Brillo—. Rendirse no es la alternativa.

El Dr. Tanque no pudo evitar sonreírle a su siempre jovial asistente. Ahora se arrepentía de no haberle permitido tomar el refresco en Clíper.

—Tienes toda la razón —dijo el Dr. Tanque—. Intentemos llegar a la Tierra nuevamente.

Una vez se pusieron el cinturón, Brillo comenzó a **acelerar** a empuje de curvatura siete destellos, luego doce. El universo era una masa distorsionada de colores. Sus dientes cromados rechinaban mientras atravesaban las galaxias como un bólido, hasta que al fin aterrizaron con un ruido sordo. Ambos miraron por la ventana.

—¡Caramba! —gritó contrariado el Dr. Tanque—. ¡Ha ocurrido otra vez! Jamás lograremos bajar hasta allá.

Brillo miró hacia abajo. Allá abajo estaba la Tierra, pero el Buzón Espacial, que había quedado atascado en los numerosos brazos de una enorme estructura verde y marrón, yacía al menos a quince pies de distancia.

—¿Por qué no logramos llegar? —gritó el Dr. Tanque.

—¡Yu-ju! ¡Arriba! —se escuchó una voz desde abajo.

Los robots se miraron atónitos. ¡Algo estaba tratando de comunicarse con ellos!

—¡Yu-ju! —llamó nuevamente la voz.

—Tal vez "yu-ju" signifique hola —dijo Brillo—. ¡Intentemos comunicarnos!

Brillo se asomó por la ventana y respondió: "¡Yu-ju!".

—¿Puedo hacer una **averiguación**? —dijo la criatura terrestre.

—¿Una averiguación? —preguntó Brillo.

—Una pregunta. ¿Puedo hacer una pregunta?

—Desde luego —respondió el Dr. Tanque—. Y después nosotros le haremos una pregunta a usted.

—De acuerdo —dijo la criatura—. ¿Ustedes querían aterrizar en un árbol?

—¡Árbol! —dijo Brillo—. ¡Qué nombre tan cómico para esta extraña cosa!

—Su árbol impide que aterricemos en su planeta —dijo el Dr. Tanque—. ¿Hay algo que podamos hacer al respecto?

La criatura asintió con la cabeza.

—Creo que la gravedad puede ser la solución. Intenten mecerse un poco hacia delante y hacia atrás. Apenas comiencen a caer, estoy seguro de que llegarán hasta abajo.

Los robots se miraron incrédulos, pero comenzaron a correr de un lado a otro hasta que el Buzón Espacial comenzó a moverse. Luego, este se deslizó hacia abajo. De hecho, cayó bastante rápido.

—¡Sí! —gritó el Dr. Tanque—. ¡Al fin logramos aterrizar en la Tierra!

Para tener pruebas de su aterrizaje exitoso, los robots se tomaron fotografías con la criatura terrícola, cuyo nombre resultó ser Martín. Los robots remendaron el Buzón Espacial con una cinta adhesiva especial y pronto quedó listo para regresar a casa. Antes de abandonar la Tierra, el Dr. Tanque le compró a Brillo una deliciosa bebida helada verde para el viaje de regreso.

Amigo terrícola Martín

Haz conexiones

¿De qué manera ayudó la ciencia a los robots a resolver su problema? **PREGUNTA ESENCIAL**

¿Cuáles son algunas de las maneras en que la ciencia puede ayudarnos a responder preguntas y resolver problemas? **EL TEXTO Y OTROS TEXTOS**

Niños emprendedores

Género • Artículo persuasivo

Pregunta esencial
¿Cómo comenzar un negocio puede ayudar a los demás?

Lee cómo los niños empresarios están marcando la diferencia.

¡Conéctate!

Comenzar un negocio es un gran **proyecto**. Por esa razón, estos jóvenes empresarios que ayudan a los demás son muy asombrosos.

Hayleigh Scott ha usado ayudas auditivas desde que tenía 18 meses. Esconderlas detrás de su pelo se había convertido en **rutina**. Pero, a los 5 años, decidió que quería sentirse orgullosa de ellas. Así que comenzó a dibujar sus ideas para hacer dijes que parecieran aretes. Los dijes colgarían de sus ayudas auditivas y se destacarían. Su madre la ayudó a llevar sus dibujos a la realidad. Su idea de realzar las ayudas auditivas puso en marcha una nueva **empresa**.

A los 8 años, Hayleigh comenzó un negocio con la ayuda de su familia, incluida su hermana gemela. Ahora vende más de 50 dijes de diferentes estilos. Incluso tiene patentes de sus creaciones.

Joshua Williams tiene un mensaje para los niños: "Nunca se es muy joven para marcar la diferencia". Como director de *Joshua's Heart Foundation,* Joshua es uno de los presidentes más jóvenes del mundo. Su organización se propone ayudar a erradicar el hambre en Miami, Florida. El **compasivo** grupo recolecta y distribuye comida a los necesitados. Los negocios locales contribuyen con alimentos y ayuda.

El trabajo de Joshua incluye un programa de ayuda alimentaria que ayuda a los niños con hambre. También planea comenzar una huerta comunitaria. De ese modo, dice, "las personas obtienen más alimentos frescos".

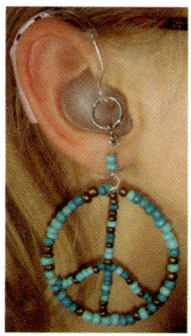  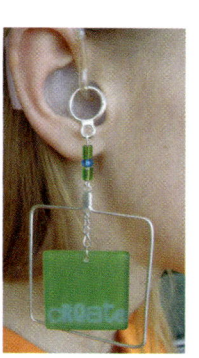

AHORA COMPRUEBA

Volver a leer ¿Por qué quería Hayleigh que sus dijes se destacaran? Vuelve a leer para verificar si entendiste.

El negocio de plantas de Anna ayuda al medioambiente.

Anna Azevedo es una apasionada por el medioambiente. A los 10 años, se dio cuenta de que la mayoría de los vasos de vidrio no se podían reciclar. Así que encontró un modo amigable con la naturaleza de reutilizar los vasos viejos. Sprout, el negocio en ciernes de Anna, vende "plantas en un vaso".

Anna concibió su **innovadora** idea con base en la biología. "Las plantas básicamente trabajan para uno. Purifican el aire y eliminan todo lo malo", dice. ¿Su **proceso**? Recolecta vasos, cultiva las plantas en su patio y prepara el fertilizante. Luego, transfiere las plantas, la arena y la tierra a los vasos para crear un producto ecológico. Anna vende las plantas en su página web.

Cecilia Cassini es una joven diseñadora **excepcional** que confecciona ropa para niños y adolescentes. Para su sexto cumpleaños, pidió una máquina de coser. Como quería hacer su propia ropa, tomó dos lecciones de costura. Dice que luego simplemente comenzó a coser y no se ha detenido desde entonces.

"Comencé haciendo ropa para mi hermana y sus amigas y se corrió la voz", le dijo a TIME For Kids. Una amiga de su mamá, gerente de una tienda, la ayudó a comenzar su negocio. Su sueño es que su ropa se venda en tiendas alrededor del mundo. Sin embargo, Cecilia sabe que en la vida hay más que solo ropa bonita. También dona vestidos para recoger **fondos** para caridad. Después de todo, la moda cambia, pero ayudar a los demás nunca pasará de moda.

Cecilia suele donar vestidos hechos por ella con el fin de recoger fondos para caridad.

Los niños cuentan

Si crees que no tienes dinero suficiente para marcar una diferencia, piensa de nuevo. ¡Puedes marcar una diferencia trabajando con otros! Por medio de un programa llamado Penny Harvest, los estudiantes recolectan monedas de su familia y amigos. La recolección de monedas suma grandes donaciones para obras de caridad. La gráfica de barras de la derecha muestra la cantidad total de dinero que Penny Harvest recaudó en los últimos cinco años.

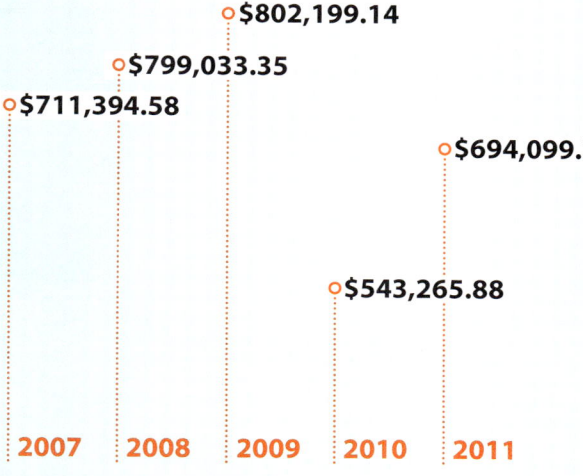

Fondos anuales recaudados por Penny Harvest

- 2007: $711,394.58
- 2008: $799,033.35
- 2009: $802,199.14
- 2010: $543,265.88
- 2011: $694,099.70

Desde su inicio en 1991, los estudiantes han donado más de 8.1 millones a Penny Harvest. El dinero se usa para crear subvenciones para las organizaciones comunitarias.

Respuesta a la lectura

1. ¿Cómo sabes que "Niños emprendedores" es un artículo persuasivo? Sustenta tu respuesta con detalles del texto. **GÉNERO**

2. ¿Qué impulsó a Anna Azevedo a comenzar su negocio? **IDEA PRINCIPAL Y DETALLES CLAVE**

3. ¿Cuál es la definición de *empresarios* en la página 93? Di cómo conocer el sufijo te ayudó a descifrar el significado. **SUFIJOS**

4. ¿Cuáles son algunas formas en que los empresarios jóvenes pueden ayudar a las personas de todo el mundo? **EL TEXTO Y EL MUNDO**

CCSS Género • Texto con instrucciones

Compara los textos
Lee y entérate de los pasos que debes seguir para empezar un negocio.

Cómo empezar un negocio exitoso

Convertirse en empresario es un trabajo duro. Pero si eres una persona dedicada y tienes excelentes habilidades organizativas, puede ser gratificante. A veces, ¡una idea pequeña se puede convertir en un negocio muy exitoso! Neale S. Godfrey, autora de *Ultimate Kids' Money Book*, nos brinda estos consejos para empezar un negocio próspero.

Paso 1 Tener una idea **innovadora**.

Supongamos que te gustan los perros, tienes tiempo libre y eres **compasivo** con las personas ocupadas. ¿Por qué no comenzar un servicio de paseo de perros?

Paso 2 Averiguar si tu negocio tiene posibilidades de éxito.

Piensa en preguntas y haz un estudio de mercado. Pregúntales a los clientes potenciales sobre sus gustos y necesidades. Averigua cuánto estarían dispuestos a pagar por tus servicios. Sus respuestas te ayudarán a decidir si debes seguir con tu plan. Además, investiga sobre la competencia. Si ya hay otro servicio de paseo de perros en tu vecindario, tu negocio tiene menores probabilidades de tener éxito.

Paso 3 Elaborar un plan de negocios y un presupuesto.

Un plan de negocios detallado dice qué tipo de producto se venderá, cómo se venderá, quiénes serán los clientes y cuánto costará comenzar. Un presupuesto esboza tus finanzas en detalle.

Paso 4 Contactar a los consumidores potenciales.

Busca a cualquier persona que pudiera necesitarte. Luego, establece un horario de trabajo para ti. Por último, ¡comienza a pasear perros!

Paso 5 Llevar las cuentas de tu negocio.

Cuando tu negocio esté en marcha, observa cómo va. Si hay dinero después de pagar los gastos, tienes ganancias. Ahora, ¡puedes considerarte un empresario exitoso!

¿? Haz conexiones

¿Qué pasos puedes seguir para comenzar un nuevo negocio?
PREGUNTA ESENCIAL

¿Cómo puede un empresario ser exitoso? **EL TEXTO Y OTROS TEXTOS**

CCSS Género • Ficción realista

El lorito pelón

Hilda Perera
ilustrado por **Gustavo Rodríguez**

Pregunta esencial

¿Cuáles son algunos de los mensajes en los cuentos de animales?

Lee cómo un lorito transmite un mensaje a sus dueños.

¡Conéctate!

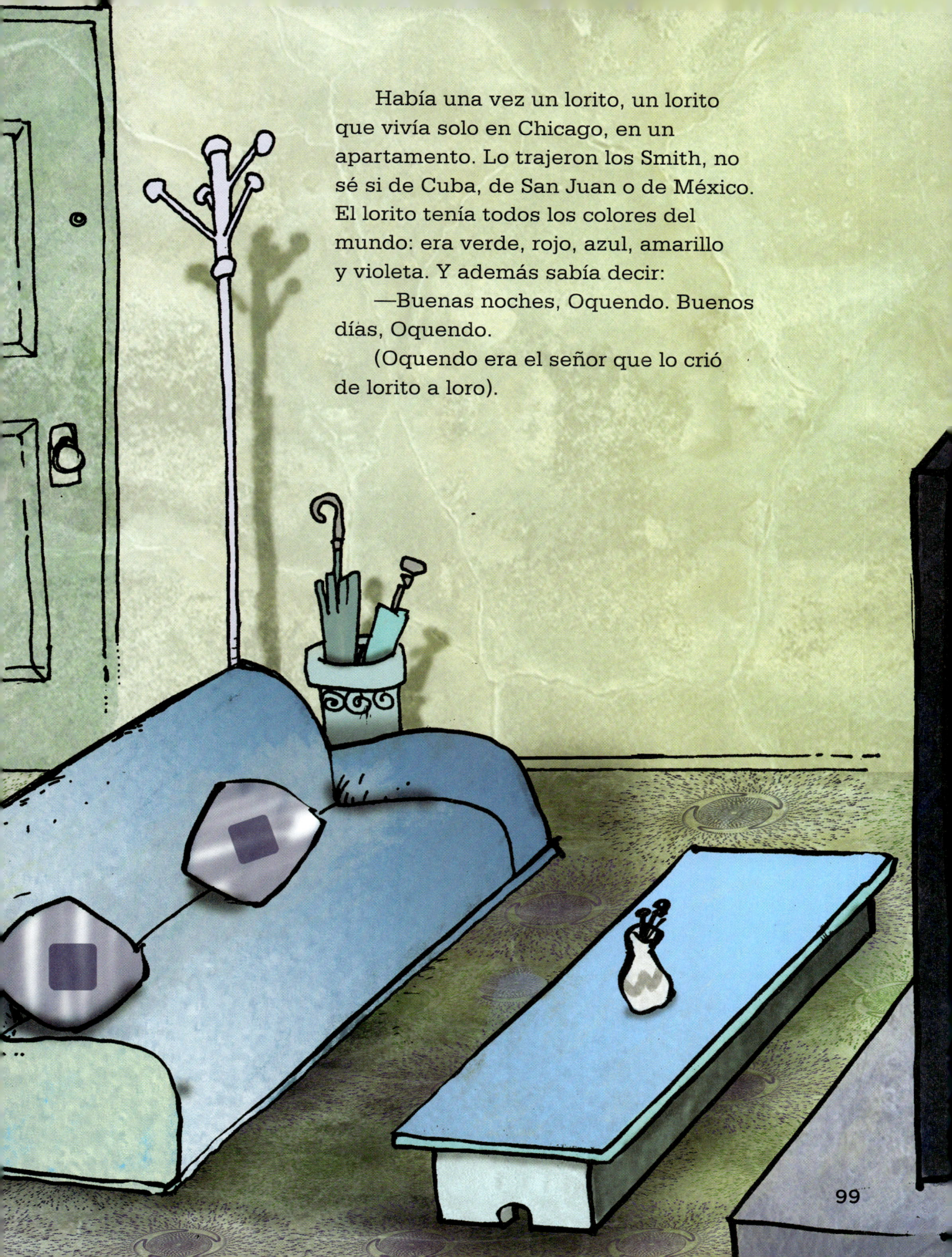

Había una vez un lorito, un lorito que vivía solo en Chicago, en un apartamento. Lo trajeron los Smith, no sé si de Cuba, de San Juan o de México. El lorito tenía todos los colores del mundo: era verde, rojo, azul, amarillo y violeta. Y además sabía decir:

—Buenas noches, Oquendo. Buenos días, Oquendo.

(Oquendo era el señor que lo crió de lorito a loro).

Ya el viaje no le gustó ni **pizca**. Y todo lo miraba con su ojito redondo y negro. Tampoco le gustó el edificio gris. Ni las alfombras grises. Ni la lluvia, ni la nieve.

Y no es que fuera un loro pesado; es que a los loros les gusta el aire, la yerba verde, el sol.

Los Smith no se daban cuenta. Estaban felices con su lorito, que parecía un **adorno** y que además decía:

—Buenas noches, Oquendo. Buenos días, Oquendo.

Pero, el lorito estaba cada vez más triste. Y no sabía qué hacer. Un día, trató de huir. Tomó impulso, agitó las alas y ¡paf!, por poco se mata al chocar con el cristal de la ventana.

Peor. Los Smith decidieron ponerlo en una jaula. Si hubiera podido, el loro les habría explicado:

—¡Me siento tan solo! Ustedes son unos viejitos muy **simpáticos**. ¡Pero no son loros, ni lo serán nunca!

> **AHORA COMPRUEBA**
>
> **Hacer y responder preguntas** ¿Por qué los Smith ponen al lorito dentro de una jaula? Vuelve a leer para encontrar la respuesta.

¡Buenos días, Oquendo!

¡Buenos días, Oquendo!

Abría la boca, tomaba aire, batía las alas. Y todo lo que lograba decir era:

—¡Buenos días, Oquendo!

Eso sí, cada vez con acento más triste. Porque veía visitas, muebles y lluvia y nieve. Pero ¡ni árbol, ni loro, ni sol! ¡Y soñaba tanto con tener su señora lora y sus hijos loritos! Toda la noche y el día, con una lágrima escondida en su ojito negro repetía:

—¡Buenas noches, Oquendo!

Entonces, como no sabía qué hacer ni podía explicarles, tomó la decisión. Todos los días él mismo se arrancaba una pluma.

Al principio, los Smith no le dieron importancia. Y eso que se quitó la pluma azul. Pero, al otro día, se quitó la amarilla. Y luego, la verde. Y luego, la roja.

La señora Smith decía:

—¿Qué te pasa, mi lorito lindo?

Y el lorito respondía con todo lo que sabía decir:

—Buenas noches, Oquendo.

Así pasaron días y días. Cada día, el lorito se quitaba una pluma. Cuando ya estaba un cuarto **pelón**, dijeron los Smith:

—¡Nuestro loro está enfermo!

Cuando estaba medio pelón, se preocuparon mucho. Y hasta la señora Smith, por abrigarlo, le tejió un abriguito.

Cuando estuvo todo pelón, se fueron al zoológico a buscar consejo. Allí, el señor que cuidaba los pájaros sabía mucho de loros.

—¿Qué tiene nuestro lorito? —preguntaron.

—¡Este loro está enfermo!

—¿De frío? —preguntaron los Smith.

—No. De soledad.

—¡Pero si nos pasamos el día cuidándolo!

—Queridos amigos, imaginen que a uno de nosotros lo llevan a un país de loros. Todo de loros. Donde no hubiera una sola persona. ¿Cómo nos sentiríamos?

—¡Pobrecito lorito! —comprendió la señora Smith.

Al día siguiente, le escribieron a Oquendo que les mandara, en caja, por correo aéreo, una lorita. La lorita más linda, más verde, azul, roja y amarilla que pudiera encontrar.

Al mes, estaba el lorito pelado con su abriguito, cuando sonó la puerta. Llegó el mensajero. Trajo la cajita. La señora Smith la abrió sonriendo. Puso la lorita en la jaula. El loro no quería creer lo que veía. Pensó que era un sueño.

Pero la lorita abofó las plumas y dijo:
—¡Buenos días, Oquendo!
El lorito respondió:
—¡Buenos días!
Toda la noche estuvieron hablando en loro. (El loro es un idioma muy difícil, mezcla de canto, palabra y gruñido). Y hablaron de árboles, de verde, de sol y de yerba.

AHORA COMPRUEBA

Hacer y responder preguntas
¿Por qué los Smith decidieron traer a una lorita a su apartamento de Chicago? Vuelve a leer para encontrar la respuesta.

Y al otro día, al lorito le nació una pluma roja. Y al otro, una verde. Y al otro, una azul. Y volvió a ser otra vez el pájaro espléndido de todos colores.

Todo estuvo muy bien por un tiempo. El lorito, la señora lora, y los viejitos Smith, locos de tanto oír:

—Buenos días, Oquendo.

Pero un día amaneció un huevo en el nido. La lorita estaba muy sentada sobre él, calentándolo.

Y parece que los dos, el lorito y la lorita, se pusieron de acuerdo en que su hijito loro no naciera en la jaula. No sin sol. ¡Sin siquiera poder recordarlo!

Al otro día los Smith se alarmaron. El lorito le quitaba a la lora una pluma verde. Y la lorita al loro, una pluma azul. Y al día siguiente, él a ella, una pluma roja. Y ella a él, una amarilla.

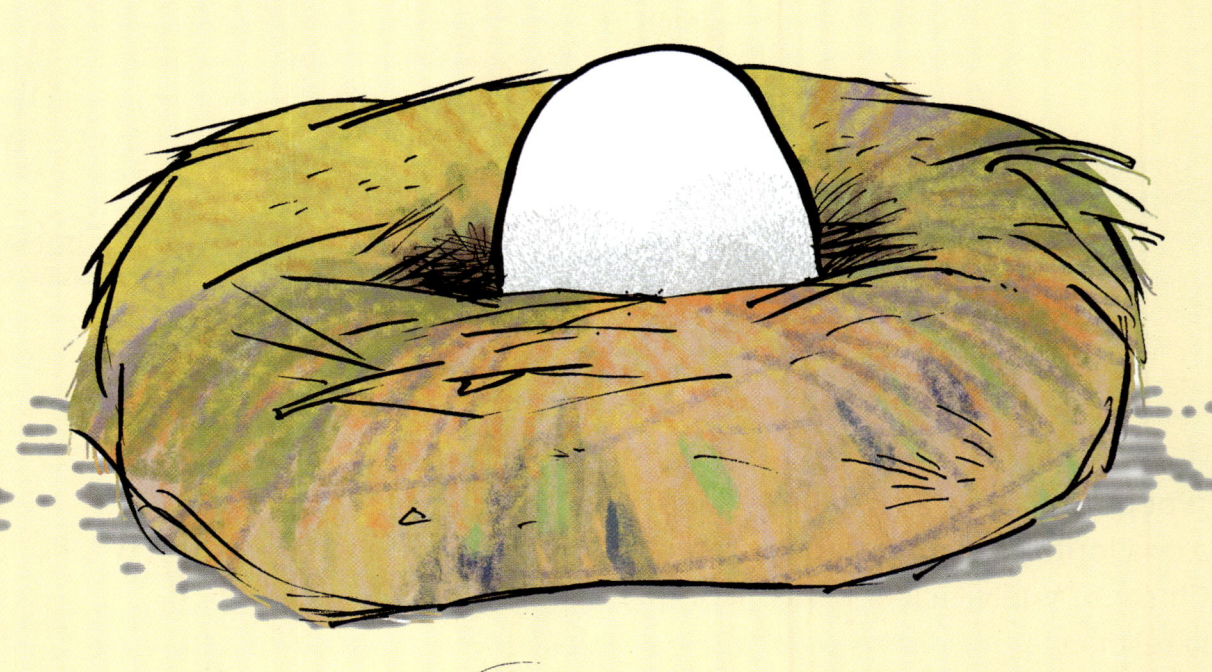

Pero esta vez no llegaron a quedarse pelones. Porque no más ver el señor Smith lo que pasaba, habló con la señora Smith. Y los dos también se pusieron de acuerdo. Y le escribieron a Oquendo que allá iban los loros. Que nunca más volviera a venderlos. ¡Que les buscara el árbol más alto, más libre, más verde!

Oquendo contestó que muy bien. Por correo, los Smith mandaron una cajita, con un loro **multicolor**. Y la señora lora. Y el hijito lorito.

Y allá están, en Puerto Rico, vivos y contentos, en el árbol más alto, más **soleado** y más verde.

AHORA COMPRUEBA

Volver a leer ¿Por qué están tan contentos los loros? Vuelve a leer para encontrar la respuesta.

La autora y el ilustrador a vuelo de pájaro

Cuando tenía 12 años, **Hilda Perera** y su familia se mudaron de casa. Esta experiencia le impactó y la motivó a comenzar a escribir. A los 17 años publicó su primer libro para público infantil titulado *Cuentos de Apolo*.

Su país de origen es Cuba. Nació en La Habana en el año 1930 y en la década de los 60 se fue a vivir a Estados Unidos. Ha dedicado su vida entera a escribir. En el año 1975 obtuvo, en España, el prestigioso premio de literatura infantil "Lazarillo" con su libro *Cuentos para chicos y grandes*.

Hilda piensa que a través de sus escritos puede llegar a sensibilizar a los niños sobre su realidad de una manera juguetona, pero invitándolos a reflexionar sobre el mundo en el que vivimos.

Gustavo Rodríguez empezó a dibujar de niño en La Habana. Comenzó a publicar historietas, ilustraciones y caricaturas bajo el seudónimo de "Garrincha" en 1986.

En 2005 se fue de Cuba definitivamente para asentarse en Estados Unidos. Actualmente colabora de manera fija con *El Nuevo Herald*, *Cubaencuentro* y *Martí Noticias*.

Propósito de la autora

En el cuento *El lorito pelón*, la autora se inspira en un loro enjaulado que vive fuera de su hábitat. ¿Crees que escribió este cuento para informar, para persuadir o para entretener? ¿En qué basas tu respuesta?

Respuesta a la lectura

Resumir

Básate en detalles de *El lorito pelón* para resumirlo. La información de tu tabla de tema te puede ayudar.

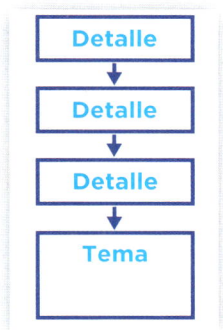

Evidencia en el texto

1. ¿Cómo sabes que *El lorito pelón* es ficción realista? Da ejemplos. **GÉNERO**

2. ¿Por qué el lorito se arrancaba las plumas? ¿Cómo le cambia esto la vida? **TEMA**

3. Busca la palabra *aéreo* en la página 106. Usa claves de contexto para entender el significado. Explica cómo la raíz de la palabra te ayudó. **RAÍCES DE PALABRAS**

4. Escribe acerca del mensaje que el lorito pelón les transmite al señor y a la señora Smith. **ESCRIBIR SOBRE LA LECTURA**

Haz conexiones

Comenta la forma en que el lorito pelón les transmite un mensaje a los Smith. **PREGUNTA ESENCIAL**

Los cuentos de ficción realista a veces tienen un mensaje central destinado a la gente que los lee. ¿Qué lección nos deja *El lorito pelón* acerca de la importancia de la libertad? **EL TEXTO Y EL MUNDO**

Género • Fábula

Compara los textos
Lee cómo una cabra aprende una lección importante.

El zorro y la cabra

Francisco el Zorro ya se había engullido un ratón, pero uno solo nunca era suficiente para llenar su estómago. Por esto, su codicia lo metió en problemas mientras cazaba al segundo ratón. No vio el viejo pozo y, después de dar vueltas, cayó en el agua fría y quedó hundido de patas a cabeza. Al mirar hacia arriba, Francisco vio un círculo de cielo azul y saltó lo más alto que pudo, pero no alcanzó el borde.

—¿Cómo saldré de aquí? —aullaba Francisco.

En ese momento, bajó por el pozo el eco de alguien que masticaba y Francisco vio a Gordo la Cabra en el borde de la entrada del pozo. Él sabía que Gordo haría cualquier cosa por agua y comida. Así que hizo ruidos fuertes como de sorbidos para atraer la atención de la vieja cabra.

—Esta agua está deliciosa —gritó el astuto zorro—. ¿No quieres un trago para calmar la sed?

Gordo había estado masticando espinas y maleza, y definitivamente necesitaba agua para pasar su comida.

—Seguro —dijo—, pero ¿cómo saldré después?

—Nos ayudaremos mutuamente —dijo Francisco con una sonrisa que mostraba todos sus dientes.

Gordo no estaba seguro de que Francisco estuviera siendo honesto, pero estaba muy sediento. Saltó adentro del pozo y cuando calmó su sed, miró hacia arriba.

—Ahora… ¿cómo saldremos de acá? —preguntó.

—Fácil —dijo Francisco—. Apoya tus patas delanteras en la pared, yo subiré por tu lomo y saltaré afuera del pozo. Luego buscaré ayuda para ti —dijo sonriendo—. De verdad.

—Está bien, pero regresa pronto —dijo Gordo mientras ponía sus cascos contra las piedras.

En un instante, Francisco subió al lomo de Gordo y luego trepó sobre sus cuernos para saltar afuera del pozo. Miró hacia abajo donde estaba la cabra y agitó la mano diciendo: "¿Nadie te dijo que debes mirar antes de saltar?". El zorro se reía entre dientes mientras se alejaba corriendo, dejando que Gordo encontrara su propia manera de salir del pozo.

Moraleja: Piensa bien antes de actuar.

Haz conexiones

¿Cuál es la lección que la cabra aprende en la fábula? **PREGUNTA ESENCIAL**

¿Qué lecciones podemos aprender de los personajes representados por animales? **EL TEXTO Y OTROS TEXTOS**

Género · Fábula

El águila real

Versión de **Silvia Dubovoy**
ilustrado por **Paz Rodero**

 **Pregunta esencial**

¿Cómo cambian los cuentos cuando los personajes son encarnados por animales?

Lee acerca de cómo un águila crece entre gallinas y las cosas que aprende con ellas.

 ¡Conéctate!

Una vez, un hombre que caminaba por una **vereda** encontró un huevo de águila. Lo levantó y buscó con la vista dónde podría encontrarse el nido.

Muy alto, por encima de la montaña más elevada, descubrió que volaba un águila real y pensó que seguro allí estaría el nido.

Pero la montaña era muy inclinada y resultaba imposible subir el huevo hasta allá.

Entonces, el hombre lo llevó a su granja y lo colocó en el nido de una gallina que estaba empollando. La gallina incubó al aguilucho y lo crió igual que a sus pollos.

AHORA COMPRUEBA

Hacer y responder preguntas ¿Qué va a aprender el aguilucho? Lee para encontrar la respuesta.

El águila real **imitaba** todo lo que hacían las gallinas: rascaba en la tierra buscando gusanos, lombrices e insectos; comía granos y hasta aprendió a cacarear y a sacudir las alas para volar unos cuantos metros, igual que las gallinas.

Pasaron muchos años y el águila se hizo vieja.

Un día, mientras buscaba lombrices, una sombra pasó por encima de ella.

El águila levantó la vista y divisó a muchísima altura algo que jamás había visto: un ave majestuosa ascendía dibujando grandes círculos en el cielo, y cuando hubo ganado altura, **planeó** entre las corrientes de aire con un vuelo **potente**, moviendo apenas las plumas de sus alas curvadas hacia arriba.

La vieja águila se preguntó con asombro qué podría ser aquello. Cuando al fin logró **despegar** los ojos de la prodigiosa ave, se acercó a una gallina y le consultó:

—Hermana, ¿qué es ese **portento** que vuela tan alto encima de nosotras?

La gallina volteó hacia arriba y respondió:

—Es un águila, la reina de las aves.

—Su forma de volar es maravillosa. ¿Por qué nosotras no podemos hacer lo mismo?

—Ni lo pienses, tú y yo jamás podremos volar así: somos simples aves de corral.

AHORA COMPRUEBA

Hacer y responder preguntas
¿Cuál es la reacción del águila ante la imagen del ave majestuosa? Vuelve a leer para encontrar la respuesta.

Y el águila, que se había criado con las gallinas, decidió no volver a pensar en la maravillosa aparición, aunque a veces, dormida, soñaba que extendía las alas, se elevaba y planeaba encima de los picos de las montañas más altas.

Pero nunca volvió a levantar la vista. Y murió creyendo que era una gallina de corral.

Moraleja: Quien no persigue sus sueños, nunca los hará realidad.

AHORA COMPRUEBA

Volver a leer ¿Por qué el águila pensaba que era una gallina? Vuelve a leer para comprobar que has entendido.

A volar por todo lo alto con la autora y la ilustradora

Cuando era niña, el juego favorito de **Silvia Dubovoy** era divertirse en el agua. Podía ser nadando, jugando con renacuajos o simplemente lanzando agua con una manguera. Cuando conoció el mar, quiso quedarse a vivir allí, así que se dedicó a escribir cuentos para niños en los que recreaba el mundo marino.

Ha trabajado en la escritura y narración de cuentos infantiles en los que promueve la lectura, y además escribe obras para adultos. Dentro de sus múltiples títulos profesionales, Silvia cuenta con una maestría en bibliotecología y un posgrado en educación audiovisual.

Paz Rodero nació en Salamanca (España), en 1957. Vive en un mundo fantástico de cuentos e incontables ilustraciones. Le encantan los proyectos que tienen que ver con la literatura infantil.

Además de su gusto por la literatura, estudió bellas artes en la Escuela de Artes y Oficios de Salamanca y en otras escuelas. De allí le llega la fascinación por recoger objetos inservibles para convertirlos en muebles y todo tipo de cosas maravillosas.

Propósito de la autora

En el cuento *El águila real*, los personajes creados por la autora tienen la capacidad de hablar como humanos. ¿Por qué la autora escribió esta fábula?

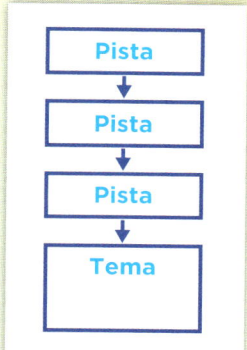

Respuesta a la lectura

Resumir

Usa los sucesos de *El águila real* para resumir el cuento. Incluir los detalles más importantes en la tabla de pistas puede servirte de ayuda.

Evidencia en el texto

1. ¿Cómo sabes que *El águila real* es una fábula? **GÉNERO**

2. ¿Por qué la vieja águila se sintió tan atraída por el vuelo del ave majestuosa que planeaba entre las corrientes de aire? **TEMA**

3. En la página 120 se menciona que "una sombra pasó por *encima* de ella". ¿Cuál es un sinónimo de *encima*? ¿Cuál es un antónimo de *encima*? Busca claves de contexto que estén cerca de la palabra para entender su significado. **ANTÓNIMOS**

4. ¿Qué acciones del águila te ayudan a comprender la moraleja del cuento? **ESCRIBIR SOBRE LA LECTURA**

Haz conexiones

¿Qué hubiera podido hacer el águila para cambiar el desenlace de la fábula? **PREGUNTA ESENCIAL**

¿Por qué las personas se sienten identificadas con los personajes encarnados por animales? **EL TEXTO Y EL MUNDO**

127

Género · Misterio

Compara los textos
Lee cómo una tortuga se encarga de resolver un misterio.

El misterio del concierto bajo la luna

Los últimos rayos de sol atravesaban el mar mientras Teo Tortuga, un detective mundialmente famoso, suspiraba de alivio. La jornada laboral por fin había terminado y el concierto bajo la luna comenzaría pronto. Había esperado esta noche durante meses, aunque le habría gustado que su amigo, Juan Medusa, lo hubiera acompañado. Después del concierto, Teo se iría a Florida para tomar un necesario descanso. Mientras empacaba, Ángela y Carlos irrumpieron en su oficina.

—¿Puedes creer que cancelaron el concierto bajo la luna? —preguntó Carlos Cangrejo, que, como era usual, estaba **malhumorado**.

—Cálmate, cálmate —lo corrigió Ángela Pez Ángel—. ¿Dónde están tus modales? ¡Ni siquiera saludaste! —ella sonrió con dulzura mientras Carlos ponía los ojos en blanco.

Teo estaba acostumbrado al comportamiento de este par, así que se volvió hacia Ángela y le preguntó:

—¿Cómo que cancelaron el concierto?

—Bueno —comenzó Ángela—. Paseábamos cerca del escenario cuando vimos que Serena ponía un letrero.

—¡Y casi me golpea con un tambor cuando le pregunté por qué se había suspendido el espectáculo! —interrumpió Carlos.

Teo levantó su gorra y su cuaderno, y sugirió que fueran al escenario del concierto.

A la entrada, los tres amigos se cruzaron con Óscar Pulpo, cuyos ojos nunca se apartaron del suelo del océano.

—Se suponía que yo iba a interpretar mi solo esta noche —balbuceó.

—Oh, qué tristeza —se burló Carlos—, ¡tú siempre tocas un solo!

Teo levantó una ceja por la mala **actitud** de Carlos, pero luego se volvió para hablar con Óscar.

—¿Por qué se canceló el concierto? —le preguntó.

—¡Porque se robaron nuestros instrumentos! —gritó Óscar—. Por favor, discúlpenme —y siguió caminando muy triste hacia la Cueva de las Sirenas.

Mientras tanto, Teo tomaba atenta nota de sus observaciones y conversaciones.

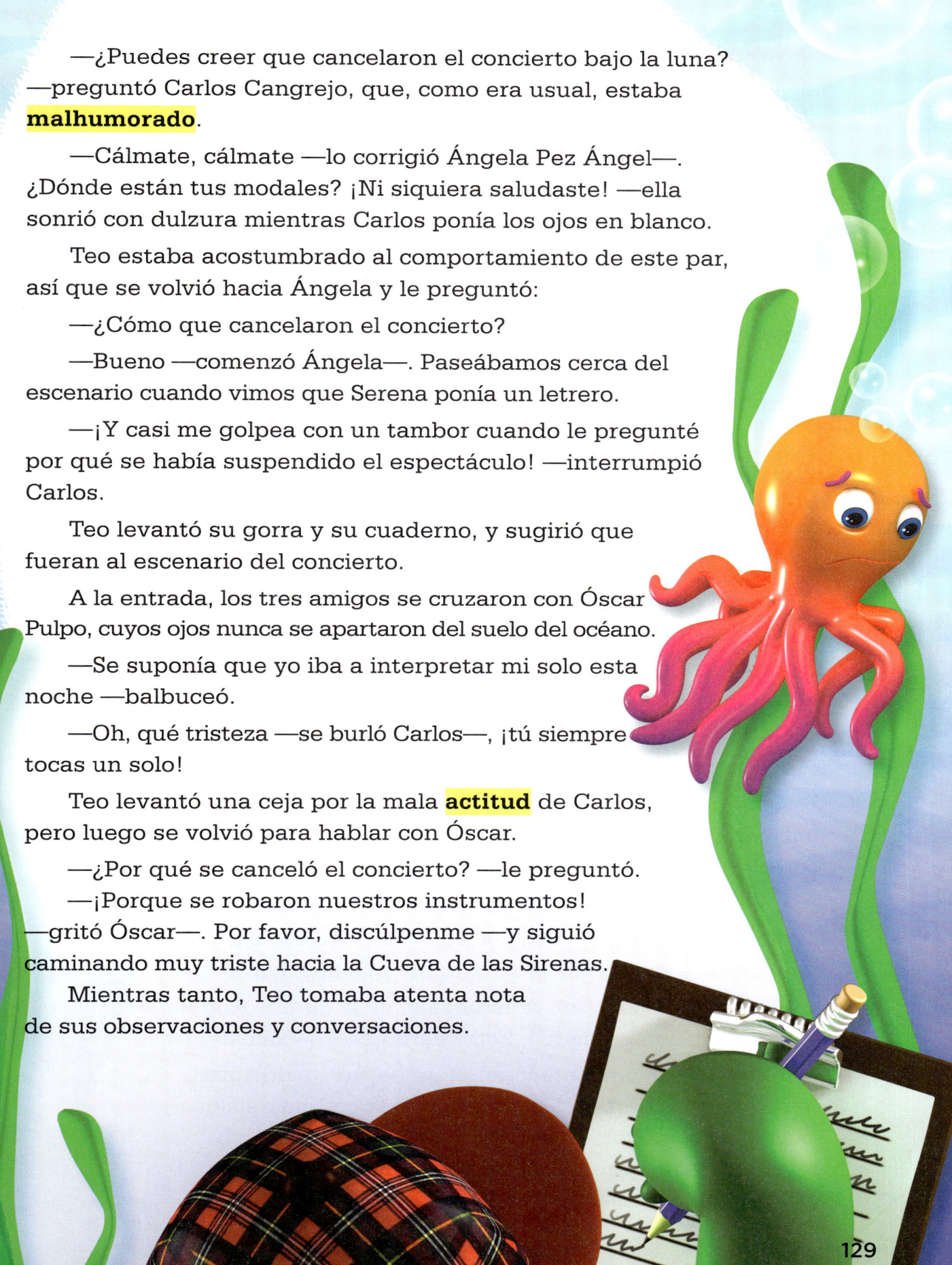

De repente, Serena Estrella de Mar se acercó con paso firme.

—¿Leyeron el letrero que decía: "El concierto se CANCELÓ"?

A Teo le parecieron fuertes estas palabras, en especial porque ella era la directora de la banda.

—Pero ¿por qué lo cancelaste? —preguntó Ángela.

—No tuve elección, ¡se robaron los instrumentos! —explicó Serena—. Óscar me contó el incidente.

—¿Por qué Óscar llegó aquí antes que tú? —preguntó Teo escribiendo en su cuaderno.

—Un invitado especial se ofreció a tocar durante el espectáculo, así que Óscar debía posponer su solo hasta el siguiente concierto. Al comienzo no lo tomó muy bien, pero luego se ofreció a montar el escenario.

Carlos observaba cómo Teo escribía la nueva información y se frotaba la barbilla.

—No hay nada más que decir. ¡Todo indica que Óscar tenía un motivo!

—Un buen detective jamás se apresura a sacar conclusiones —replicó Teo.

Sin otras pistas, Teo encabezó el grupo hacia la Cueva de las Sirenas. Allí, Serena tropezó con algo que Teo reconoció de inmediato.

—¿Es eso una baqueta de coral para tambor?

Serena se sonrojó y la levantó: "Oh… ¡sí, eso es! ¡Los bateristas se van a emocionar al saber que la encontramos!".

Cuando el eco de un tambor salió de la cueva, Ángela sonrió con incomodidad: "¿Escucharon eso? ¡Vamos!".

Teo se detuvo para recoger un papel arrugado antes de seguir a los demás. Mientras corría la cortina de algas, escuchó el coral golpeando los tambores con un ritmo **potente**. De repente, las luces se encendieron y todos gritaron: "¡Sorpresa, Teo!".

Teo no pudo evitar sonreír.

—Mis amigos, se han superado al crear este gran misterio. ¡Nunca imaginé que estuvieran planeando esta fiesta de despedida para mí! ¡Qué encantadora sorpresa!

Mientras el volumen de la música subía en la Cueva de las Sirenas, Teo leyó la nota arrugada: "¡Reúnan a todos en la Cueva de las Sirenas para la sorpresa de esta noche! ¡No olviden mis baquetas para tambor!, Juan 'El Músico' Medusa". Teo se rio entre dientes y metió la hoja en su cuaderno. No podía pensar en una mejor forma de pasar su última noche antes de emprender su próxima gran aventura.

Haz conexiones

¿Por qué razones Teo es buen detective? **PREGUNTA ESENCIAL**

¿De qué manera es similar el personaje de Teo a otros personajes de animales? **EL TEXTO Y OTROS TEXTOS**

CCSS Género • Narrativa de no ficción

¿? Pregunta esencial

¿Cómo están conectados todos los seres vivos?

Lee acerca de las relaciones entre el búfalo, los seres humanos y la tierra.

¡Conéctate!

El REGRESO de los BÚFALOS

Jean Craighead George • ilustraciones de Wendell Minor

Hace mucho tiempo nació un ternero de búfalo rojizo. Se tambaleó sobre sus patas y parpadeó. Una alondra voló hacia una brizna de pasto de seis pies y cantó tan dulcemente como una flauta de pan. Un grupo de perros de la pradera ladraba. Los pastos verdes y dorados de las llanuras se mecían como olas, de horizonte a horizonte. Ese día de mediados del siglo XIX, setenta y cinco millones de búfalos deambulaban por América del Norte. En poco más de cincuenta años, ya no habría casi ninguno.

¿Qué sucedió? La respuesta es una historia sobre los indígenas americanos, el búfalo y el pasto.

Los indígenas americanos

El día que el ternero nació, el aire estaba lleno de humo. Los indígenas que vivían en las llanuras habían prendido fuego a los pastos, como llevaban haciéndolo por miles de años. El fuego era bueno para la pradera. Tal vez al ternero le asustaban las llamas, pero estas evitaban que los árboles invadieran las praderas. Las cenizas del fuego daban nutrientes al suelo, lo cual hacía que el pasto que comían los búfalos fuera más lozano.

Al cuidar el pasto, los indígenas cuidaban al búfalo. A su vez, el búfalo cuidaba a los indígenas y las llanuras. Los búfalos eran el alimento de los indígenas, quienes también los usaban para construir sus hogares y elaborar prendas de vestir. El búfalo nunca comía demasiado pasto y sus pezuñas afiladas ayudaban a que el agua de lluvia penetrara en el suelo. Esto mantenía la pradera próspera.

El ternero rojizo aprendió a revolcarse en el polvo. Veía a los urogallos hacer alarde de sus exóticas plumas. Desde el Mississippi hasta las montañas Rocosas y desde el Golfo de México hasta Canadá, las manadas de búfalos pastaban en las Grandes Llanuras.

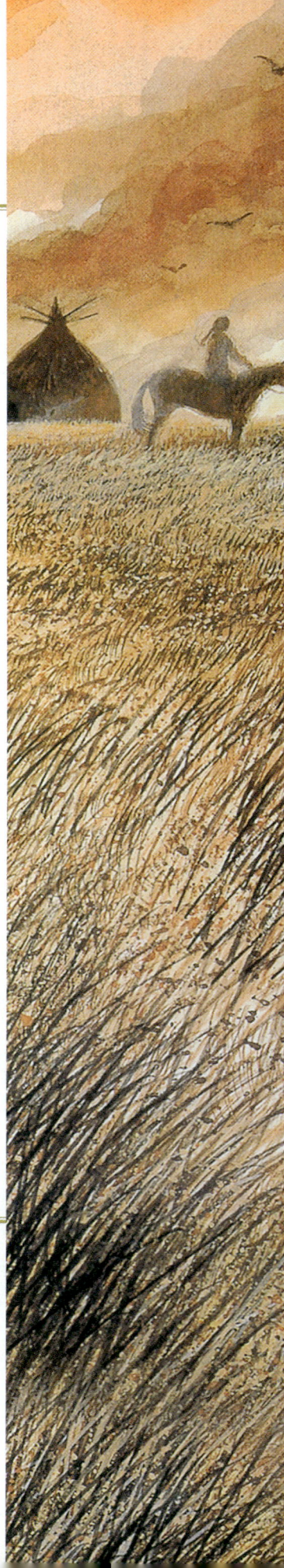

AHORA COMPRUEBA

Resumir ¿Por qué los indígenas prendían fuego a los pastos? Haz un resumen usando detalles del texto.

El búfalo

A mediados del siglo XIX, el cambio llegó a las llanuras. Primero fueron los cazadores blancos de pieles. Apilaban las hermosas pieles de búfalo en canoas puntiagudas y las vendían en el Este para obtener ganancias. Después vinieron los exploradores estadounidenses, quienes disparaban a muchos animales por diversión. Los búfalos son un blanco fácil para los cazadores porque son grandes y con frecuencia permanecen quietos.

Pero fueron los colonos del Este y el gobierno estadounidense quienes mataron a casi todas las manadas de búfalos. Después de la Guerra Civil, el gobierno compró grandes extensiones de tierra a los indígenas. Obligaron a muchos de ellos a ir a reservas y vendieron la tierra a los colonos. Familias de Europa y de la Costa Este se desplazaron hacia el Oeste para asentarse en la fértil tierra negra de la pradera.

Pero hubo problemas en las llanuras. El gobierno incumplió los tratados con los indígenas. Así que estos se defendieron y ganaron muchas batallas contra el ejército de Estados Unidos. Luego el gobierno encontró otra forma de derrotarlos. Animaba a los soldados y a los colonos a disparar a todos los búfalos que vieran, o a llevar manadas enteras a que se despeñaran por los acantilados. Sin el búfalo como fuente de alimento, abrigo y vestido, los indígenas no pudieron sobrevivir en las llanuras.

La mayoría de los últimos búfalos salvajes cayeron en el polvo y a causa de los disparos.

Como dijo el gran jefe siux Toro Sentado, quien venció al general George A. Custer en la batalla de Little Big Horn: "Un viento frío sopló en la pradera cuando el último búfalo cayó… un viento de muerte para mi pueblo".

Y, como descubrirían poco después los colonos, fue un viento de muerte para la pradera.

El pasto

Con la muerte del búfalo, las guerras indígenas terminaron. No obstante, los colonos afrontaron una nueva lucha: la batalla por los pastos. Durante millones de años, los pastos de la pradera se habían adaptado a las **sequías** frecuentes de las Grandes Llanuras al desarrollar raíces fuertes para conservar la humedad. Estas eran anchas y profundas y mantenían el suelo fértil. Las pezuñas afiladas del búfalo y el fuego de los indígenas habían ayudado a mantener los pastos saludables. Pero los nuevos colonos no entendieron la importancia del pasto.

Los primeros colonos eran rancheros y vaqueros, y llevaron cercas y ganado. Este no deambulaba, así que comía demasiado pasto dentro de sus cercas. Sus pezuñas planas apisonaron la tierra. El aire y el agua de lluvia dejaron de penetrar el suelo.

Los colonos que los siguieron querían cultivar la tierra, así que arrancaron el pasto y sembraron cultivos para vender. Inventaron arados de acero y tractores de vapor para conquistar la pradera y se dio inicio al "gran arado". Sembraron trigo, maíz y soya, que tienen raíces poco profundas y **frágiles**.

Al comienzo **crecieron** bajo el sol y las lluvias oportunas. Las nuevas vías férreas llevaban las cosechas a mercados distantes.

Ahora ni un búfalo se tambaleaba sobre sus patas. Las alondras que alguna vez comieron insectos ya no cantaban. Los perros de la pradera callaron. Sin el búfalo, sin los pastos y sin los indígenas que cuidaban la pradera, esta peligraba. Pronto los colonos sabrían por qué.

AHORA COMPRUEBA

Resumir ¿De qué manera el "gran arado" fue bueno y malo al comienzo?

La sequía llegó, al igual que antes. Millones de saltamontes azotaron las llanuras. Hace mucho tiempo, cuando la sequía llegaba y los saltamontes comían el pasto saludable, las plantas volvían a crecer. Sus fuertes raíces siempre sobrevivían. Pero cuando devoraron los frágiles cultivos, nada volvió a crecer.

De pronto, los saltamontes pusieron huevos y volaron. Los granjeros volvieron a sembrar sus cultivos sin saber que habían comenzado a destruir la pradera.

Cuando el búfalo vivía en la pradera, sus pezuñas afiladas ayudaban a que la lluvia llegara a la profundidad de la tierra, y las fuertes raíces del pasto conservaban la humedad. Ahora no quedaba humedad en el suelo. Los cultivos de los granjeros se marchitaron y murieron.

Entre 1930 y 1940, la tierra arada finalmente **se desmoronó** y quedó convertida en polvo. El viento erosionó la tierra levantando el polvo y formando terroríficas nubes negras. Las nubes producían lluvia con tierra. Los graneros, las granjas, las casas y los pueblos quedaron enterrados bajo el polvo. Las personas tosían, se ahogaban y se enfermaban. Muchos murieron.

Hambrientos y sin dinero, los granjeros de las llanuras y la gente de los pueblos empacaron sus pertenencias y vendieron su tierra sin valor al gobierno. El suelo de la pradera había desaparecido. La tierra ya no era fértil. Los granjeros subieron a sus carros viejos y partieron. El "gran arado" había sido un desastre. En algo más de cincuenta años, había destruido al búfalo, a los pastos protectores y a los indígenas que habían cuidado de ambos.

¿Qué se podía hacer para salvar la pradera?

El regreso de la pradera

A comienzos del siglo XX, los estadounidenses eligieron a un presidente que había sido cazador en las Grandes Llanuras. Él conocía y amaba la tierra y quería conservarla para las generaciones futuras. El presidente Theodore Roosevelt, quien era amante de la naturaleza, quería salvar especialmente al búfalo. Le tenía mucho aprecio al gran animal americano que pasta con su lomo encorvado y su denso pelaje. Entonces envió exploradores a buscar búfalos salvajes.

Los exploradores volvieron sin nada. Todos menos uno. Un naturalista llamado W. T. Hornaday buscó sin rendirse. Gracias al consejo de un indígena de la tribu crow, cabalgó hacia una pradera apartada en Montana, un lugar que había estado escondido del mundo. Allí, ante él, pastaban trescientos búfalos. Una pequeña ternera rojiza se tambaleaba sobre sus patas y parpadeaba. Una alondra voló hacia una brizna de pasto y cantó tan dulcemente como una flauta de pan.

Antes existían setenta y cinco millones de búfalos en las llanuras. Ahora quedaban trescientos en estado salvaje. Quienes entendían la tierra, empezando por Hornaday, sabían que debían salvar al búfalo. El Presidente prestó su ayuda.

Roosevelt estableció el Parque Nacional del Búfalo en Montana e hizo ilegal la caza de búfalos. Con el paso de los años, se reservó más tierra en los estados ubicados al oeste del país para las grandes manadas de pastoreo, las cuales empezaron a crecer.

Gracias a Roosevelt, la ternera rojiza de Montana jugueteó con otros terneros y se revolcó en el polvo. Su manada creció. Muchos fueron enviados a parques nacionales y refugios de vida silvestre que se habían establecido para darles comienzo a nuevas manadas.

A medida que las tormentas de polvo golpeaban granjas y ciudades, el gobierno trabajó para salvar la pradera. Se enseñó a los granjeros a sembrar en curvas, en lugar de en líneas rectas. El arado de curva de nivel ayudó a evitar que el viento se llevara la tierra. Los funcionarios del gobierno plantaron árboles con raíces profundas para mantener la humedad del suelo y romper el viento. Cuando las lluvias volvieron, los granjeros plantaron pasto entre los surcos curvos de maíz para sostener el suelo en su lugar. Los cultivos crecieron de nuevo.

Un día, una niña entró a su casa en Kansas ondeando una brizna de pasto de seis pies.

—¿Dónde encontraste eso? —le preguntó su padre—. Es pasto de búfalo. Ha estado **extinto** por años… o eso creíamos.

—En el patio de mi escuela —respondió ella.

—Esa tierra nunca fue arada —le dijo su padre.

Como muchas personas mayores que vivían en la pradera, él anhelaba ver los hermosos pastos otra vez.

—Tratemos de encontrar más de estos pastos nativos altos —dijo él—. Tal vez el pasto alto podría regresar a las llanuras.

Personas como el padre de la niña reunieron a niños, padres, botánicos, granjeros y comerciantes. Buscaron lugares donde el arado nunca había llegado: cementerios, las bases de antiguas vías férreas y cercas caídas. Allí encontraron pequeños brotes de los pastos nativos: tallo azul, gama, pajonal y pasto de búfalo. Los cultivaron y sembraron las semillas en granjas abandonadas y tierras públicas. Los pastos crecieron altos y elegantes.

Grupos que se dedican a proteger la naturaleza compraron treinta mil acres donde se habían cultivado pastos nativos. Esta reserva natural de Kansas se llama Reserva de la Pradera de Pastos Altos. Allí se liberaron trescientos búfalos.

Una mañana, no hace mucho, un universitario recién graduado galopaba por la reserva contando los búfalos para un censo. De pronto, detuvo su caballo. Un ternero rojizo se tambaleaba sobre sus patas y parpadeaba.

—Bienvenido, ternerito —dijo el joven indígena de la tribu wichita—. Eres el búfalo número doscientos mil ochenta y uno de Estados Unidos.

Una alondra voló hacia una brizna de pasto de seis pies y cantó tan dulcemente como una flauta de pan. Los búfalos habían regresado.

> **AHORA COMPRUEBA**
>
> **Hacer predicciones** ¿Qué puedes predecir acerca del futuro del búfalo? Usa el texto para sustentar tu respuesta.

LA AUTORA Y EL ILUSTRADOR QUE AMAN LA NATURALEZA

Jean Craighead George comenzó a escribir cuando estaba en tercer grado, y ha escrito desde entonces. De niña le gustaba acampar y hacer caminatas, y pronto se enamoró de las lecturas y la escritura sobre la naturaleza. ¡En total, ha escrito más de 100 libros! George opina que si algún joven quiere convertirse en escritor debe "leer, escribir y hablar con otras personas, escuchar sus ideas y sus problemas. Ser un buen oyente. Y el resto vendrá solo".

Wendell Minor creció en una granja en una llanura en Illinois, muy parecida a la descrita en "El regreso de los búfalos". Uno de sus primeros recuerdos es haber visto a un pájaro petirrojo alimentando a sus pichones afuera de la ventana de su clase y aunque debía estar leyendo, observar la naturaleza era más fascinante para él. Ahora ilustra escenas de la naturaleza en libros y espera que sus ilustraciones consigan que los jóvenes sigan leyendo en lugar de mirar hacia afuera por la ventana, al menos por un momento.

Propósito de la autora

¿La autora de "El regreso de los búfalos" escribió este relato principalmente para informar, entretener o persuadir? Usa detalles del texto para sustentar tu respuesta.

RESPUESTA A LA LECTURA

Resumir

Usa detalles importantes del texto para resumir "El regreso de los búfalos". La información de tu tabla de idea principal y detalles clave te puede ayudar.

Idea principal
Detalle
Detalle
Detalle

Evidencia en el texto

1. ¿Cómo sabes que "El regreso de los búfalos" es narrativa de no ficción? **GÉNERO**

2. ¿De qué trata principalmente la sección titulada "El pasto" de las páginas 138 a 141? Usa detalles para sustentar tu respuesta. **IDEA PRINCIPAL Y DETALLES CLAVE**

3. Vuelve a leer el primer párrafo de la página 145. ¿Qué significa *curva de nivel*? ¿De qué manera te pueden ayudar las claves en la oración a descubrir su significado? **CLAVES EN LA ORACIÓN**

4. Usa detalles de "El regreso de la pradera" de las páginas 142 a 146 para escribir cómo fue reintroducido el búfalo a las llanuras. **ESCRIBIR SOBRE LA LECTURA**

Haz conexiones

Comenta de qué manera están conectados los seres humanos, los búfalos y la tierra. **PREGUNTA ESENCIAL**

¿De qué manera se verían afectadas las personas si se sacaran ciertos animales del ecosistema? **EL TEXTO Y EL MUNDO**

CCSS Género · Texto expositivo

Compara los textos
Lee cómo el cárabo norteamericano forma parte de la cadena alimentaria del bosque.

Energía en el ecosistema

En la primavera, el clima de los bosques del este se calienta después del frío invierno. La luz del día dura más tiempo. A mediados de la estación, la energía del sol ha despertado los bosques. Los árboles echan brotes y salen hojas de ellos. Los pastos y helechos brotan del suelo y vuelven las aves cantoras. El lugar cobra vida con los sonidos. En la noche, el bosque resuena con el *auu-auu* del zorro rojo, el croar de las ranas primavera y las ranas toro. A menudo, se oye un llamado que suena como: "¡Cu-cu-rru-cu-cú! ¡Cu-cu-rru-cu-cú!".

"¡UH-UH! ¡UH-UH! ¡Uh-uh! ¡UH-UH! ¡Uh! ¡Ah-ah!".

Este es el llamado del cárabo norteamericano, el cazador nocturno del bosque. Desde su posición privilegiada en los robles y nogales, esta lechuza estudia el suelo del bosque. Abajo, a lo lejos, los campañoles y ratones comen pasto y larvas. Ellos no ven al cazador que los observa.

Los bosques vivos

Todas las plantas, animales y otros *organismos*, o seres vivos del bosque, dependen de los elementos inertes. El **ecosistema** de un bosque necesita un equilibrio de luz solar, humedad, temperatura y nutrientes del suelo. Cualquier **desequilibrio** en estos elementos inertes perjudicará al bosque. Por ejemplo, una **sequía**, o un largo período sin lluvia, matará las plantas. Sin plantas, los animales mueren.

En los bosques del este de Estados Unidos, la energía de la luz solar y los nutrientes del agua y la tierra permiten que las plantas crezcan. Estas conforman el primer eslabón de la cadena alimentaria del bosque. Una cadena alimentaria es el camino que la energía toma de un organismo a otro en forma de alimento. La energía solar fluye a través de esta cadena, y así une a todas las plantas y los animales de un ecosistema. Varios eslabones de la cadena conectan las plantas con la criatura que se posa en las copas de los árboles: el cárabo norteamericano. La energía que proviene de la alimentación de esta ave desempeña una función importante en los primeros eslabones de la cadena alimentaria. Pero ¿cómo?

Abajo: las capas de vegetación de un bosque producen alimento a partir de la energía solar y los nutrientes del suelo y el agua.

La cadena alimentaria del bosque

La cadena alimentaria del bosque comienza con los organismos que producen su propio alimento: los *productores*. Los pastos, los árboles y otras plantas son productores que sirven de alimento para los animales del bosque. Los organismos que no producen su propio alimento se conocen como *consumidores*. Cualquier animal que come plantas o productos vegetales es un consumidor. Algunos, como los conejos, son *herbívoros,* ya que solo se alimentan de plantas. Otros mamíferos, como los campañoles y los ratones, son *omnívoros*. Estos se alimentan tanto de plantas como de insectos, gusanos y larvas.

En el nivel más alto de la cadena alimentaria se encuentran los organismos que se alimentan de otros consumidores. En el bosque, las aves de rapiña como los búhos y las lechuzas ocupan este eslabón. Estas son *carnívoras*, lo que significa que solo comen otros animales. Como las lechuzas no producen su propio alimento, también son consumidoras en la cadena alimentaria.

Sol Fuente de energía

Hongos Descomponedores

Pasto Productor

Ratón Consumidor: Omnívoro

Búho Consumidor: Carnívoro

De regreso al ciclo

Los hongos cumplen una función diferente en la cadena alimentaria: son *descomponedores*. Los descomponedores reciclan los desechos o restos de plantas y animales en el ecosistema. La materia muerta se convierte en nutrientes del suelo que ayudan a las plantas a crecer. Con la luz solar y el agua, el ciclo comienza de nuevo.

Cuando una lechuza come un ratón o un campañol, digiere la carne y los órganos de esos animales. Sin embargo, no puede digerir el pelaje, los dientes ni los huesos. Estos se convierten en egagrópilas ovaladas que la lechuza regurgita después de cada comida. Estas bolas de pelo y hueso se encuentran con frecuencia en el suelo alrededor de los lugares de anidación. Sirven de alimento y refugio para polillas, escarabajos y hongos.

Si estás cerca de un bosque en la noche, escucha con atención. ¿Lo oyes? *"¡Cu-cu-rru-cu-cú, cu-cu-rru-cu-cú!"*.

Derecha: las egagrópilas son una fuente importante de alimento y refugio para algunos insectos y hongos. Las lechuzas no pueden digerir los huesos, los dientes ni el pelaje que las componen.

Haz conexiones

¿Cómo conecta una cadena alimentaria a todos los seres vivos? **PREGUNTA ESENCIAL**

¿En qué se parece un ecosistema de bosque a otros ecosistemas? **EL TEXTO Y OTROS TEXTOS**

CCSS Género • Texto expositivo

Pregunta esencial

¿Qué ayuda a un animal a subsistir?

Lee y aprende de qué manera se han adaptado las arañas para subsistir.

¡Conéctate!

Arañas

Nic Bishop

Algunas arañas son tan pequeñas como un grano de arena. La más grande, la tarántula Goliat, o pajarera, que habita en América del Sur, es tan grande como una de las páginas de este libro. Sin embargo, todas las arañas comparten características similares. Tienen ocho patas, colmillos, hilan seda y se alimentan de otros animales. Al comienzo puedes confundirlas con insectos, pero es fácil saber la diferencia. Los insectos tienen seis patas y las arañas tienen ocho, además, nunca tienen alas.

A la tarántula Goliat, o pajarera, le gusta permanecer cerca de su madriguera en el suelo de la selva tropical. Allí espera a que la presa se acerque lo suficiente para poder atraparla.

El cuerpo de una araña tiene dos partes principales.

La parte trasera se llama abdomen y contiene el corazón que bombea sangre azul clara (¡sí, azul!) y las hileras que producen la seda. El frente o la parte de la cabeza se llama cefalotórax. Allí están sus patas, ojos, colmillos, cerebro, estómago y dos brazos cortos, llamados pedipalpos, que usa para sostener a su **presa**.

La araña lince verde queda perfectamente **camuflada** cuando se esconde entre las hojas mientras espera para **abalanzarse** sobre un insecto. Se cree que las espinas largas y negras de sus patas le ayudan a atrapar a su presa.

Las arañas se alimentan de una manera inusual. No mastican y tragan el alimento como lo haces tú. Ellas lo beben. Primero, la araña le clava sus colmillos a la presa y le inyecta un líquido **venenoso** para que deje de moverse. Luego, **gotea** jugos digestivos sobre su comida. Esto convierte las vísceras del animal en una sopa, para poder sorberlas. Después, todo lo que queda de la presa son pedazos de piel vacíos y algunas alas.

AHORA COMPRUEBA

Resumir ¿Cómo se comen las arañas a su presa? Resume usando detalles del texto.

Esta araña viuda negra acaba de atrapar una avispa en su telaraña. Se alimentará una vez la haya envuelto en la seda de forma segura.

La mayoría de las arañas tienen ocho ojos que les permiten ver en varias direcciones al mismo tiempo. Pero una araña no ve tan claro como tú. **Normalmente sus ojos son muy pequeños y simples.** Las arañas notarán si algo se mueve cerca, pero por lo general no pueden distinguir muy bien las formas.

Algunas arañas no tienen ojos. Estas viven en lo profundo de las cuevas, donde está completamente oscuro todo el tiempo. Pero esto no les dificulta atrapar a sus presas, porque las arañas tienen otros sentidos extraordinarios en los cuales confiar.

La araña de quelíceros largos es una tejedora de telarañas. Recibe su nombre por los largos quelíceros que sostienen los dos colmillos delgados que puedes ver doblados en la parte inferior.

Una araña no tiene nariz ni orejas, al menos no como las tuyas. Aun así, tiene sentidos **extraordinarios** en todo su cuerpo. Mira de cerca y verás que esta araña está cubierta de pelos. Muchos de ellos sienten el tacto, las **vibraciones** y los sonidos. Los pelos de las patas de una araña sienten el sonido de un insecto mientras vuela.

Otros órganos que tienen en las patas huelen y saborean cosas solo caminando sobre ellas. Una araña incluso reconoce el sabor de su propia seda al tocarla.

Esta araña cazadora está perfectamente camuflada sobre una hoja del bosque tropical. Los pelos en su cuerpo y patas sentirán las vibraciones que produzcan las pisadas de un insecto que se aproxime.

La piel de la araña está compuesta de una sustancia dura llamada quitina. Es la armadura personal de la araña y su esqueleto. La araña no tiene huesos dentro de su cuerpo como soporte. Su piel dura es como un esqueleto que lleva puesto en el exterior y que protege y le da soporte a su cuerpo.

Esta piel dura no se estira, de manera que una araña debe mudar de piel de vez en cuando a medida que crece. **La araña encuentra un lugar seguro y después se sale de su piel vieja lentamente.** Esto puede tardar una hora y es muy estresante. La araña incluso debe mudar la piel que cubre sus ojos y el interior de su boca. Después, su nueva piel está húmeda y suave como masilla. Así, la araña descansa hasta que su nueva piel se seque y se endurezca.

AHORA COMPRUEBA

Resumir ¿Por qué las arañas necesitan buscar un lugar seguro para mudar de piel? Resume usando detalles del texto.

Una tarántula azul cobalto debe rodar sobre su dorso para mudar de piel. Así jala la piel vieja desde sus patas. Sus nuevos colmillos son blanco puro, pero se oscurecerán con el tiempo.

La seda es el secreto del éxito de las arañas. Ellas producen varios tipos de seda que pueden ser pegajosos, elásticos, fuertes o afelpados. Cada seda tiene un uso especial, como hacer sacos de huevos, atrapar presas, tejer telarañas o hacer cables resistentes que la araña arrastra a medida que camina o salta sobre ella.

Las hileras en el abdomen de la araña producen la seda. **Salen hilos líquidos de docenas de orificios diminutos y se solidifican a medida que la araña los jala.** La seda de la araña es una sustancia increíble: puede ser más fuerte que el acero y se puede estirar el doble de su longitud. Lo mejor de todo es que es reciclable. Una araña puede ingerir su seda cuando termina de usarla.

Una araña de jardín negra y amarilla usará sus patas para girar su presa a medida que la envuelve con la seda de sus hileras.

Las telarañas están hechas de seda. Algunas telarañas parecen papel de seda viejo que cuelga sobre los cercos. Otras cuelgan en marañas desordenadas en un rincón de tu garaje. Pero la más conocida es la telaraña orbital con su maravillosa espiral de hilos pegajosos. Una telaraña orbital grande puede tener más de 100 pies de hilo de seda y su construcción puede tardar alrededor de una hora.

La mayoría de las arañas construyen sus telarañas en la noche y trabajan con el tacto. Una vez que terminan, las arañas se ubican en el centro o en un borde y tocan la telaraña para poder sentir la vibración de un insecto que quede atrapado. Si la presa es una avispa peligrosa, la araña puede liberarla haciendo un corte. Si no, envuelve a su presa en seda y la muerde.

> **AHORA COMPRUEBA**
>
> **Volver a leer** ¿Por qué las arañas que tejen telarañas orbitales no quedan atrapadas en su propia red? Vuelve a leer el pie de foto para comprobar si entendiste.

Las arañas que tejen telarañas orbitales tienen pinzas especiales y sus patas no son pegajosas; de esta manera pueden caminar sobre su red sin quedar atrapadas.

El hombre araña

¡Un amante de la naturaleza!

Nic Bishop es un autor y fotógrafo de libros para niños sobre la naturaleza. ¡Y además le encantan las arañas de verdad! Lo que para algunas personas es horripilante y asqueroso, para Nic es absolutamente increíble y fascinante.

Nació en Inglaterra, pero ha vivido y viajado por todo el mundo. Algunos de sus viajes han sido para buscar las arañas más interesantes del planeta. En ocasiones, su esposa, que es bióloga, lo acompaña. Él busca arañas y otras criaturas para mostrarles a los niños lo que ofrece el mundo natural.

Nic incluso ha criado sus propias arañas en casa. Lo hace para tomarles fotos cuando mudan de piel o ponen huevos, por ejemplo, pues es difícil captar imágenes de ellas haciendo este tipo de cosas cuando están libres en la naturaleza. ¡La mayoría de las arañas de Nic permanecen en sus jaulas, pero unas pocas alborotadas han encontrado formas de escapar! Pero, no te preocupes, ¡Nic siempre ha podido encontrar y atrapar a las pequeñas fugitivas!

Propósito del autor

Nic Bishop acompaña sus textos con fotos y pies de foto dramáticos. ¿De qué manera estas características del texto te ayudan a comprender mejor el tema de las arañas?

Respuesta a la lectura

Resumir

Usa detalles importantes de *Arañas* para resumir de qué manera se han adaptado las arañas para poder subsistir. La información de tu tabla de idea principal y detalles clave te puede ayudar.

Idea principal
Detalle
Detalle
Detalle

Evidencia en el texto

1. Explica qué hace que *Arañas* sea un texto expositivo. **GÉNERO**

2. ¿Cuál es la idea principal del primer párrafo de la página 166? **IDEA PRINCIPAL Y DETALLES CLAVE**

3. ¿Qué significa la palabra *inusual* de la página 158? Explica de qué manera el prefijo *in-* te ayuda a determinar su significado. **PREFIJOS**

4. Usa detalles del texto para escribir acerca de lo que hace que la seda de la araña sea una "sustancia increíble". **ESCRIBIR SOBRE LA LECTURA**

 Haz conexiones

¿Cómo se han adaptado las arañas para subsistir? **PREGUNTA ESENCIAL**

Explica cómo las arañas de la selva tropical y las arañas del desierto podrían adaptarse de formas diferentes. **EL TEXTO Y EL MUNDO**

Género • Cuento de embusteros

Compara los textos

Lee de qué manera una araña aprende a usar su propia habilidad especial para salvarse.

ANANSI Y LOS PÁJAROS

Anansi adora los retos. Engañar a los comerciantes para quitarles sus riquezas y a los leones para que salgan de sus tronos son sus aventuras más emocionantes. Y hoy les demostrará a esos pájaros arrogantes que él puede volar junto a los mejores.

Le suplicó a cada pájaro que le diera una pluma para crear un par de alas, y luego comenzó a practicar su vuelo. Anansi quedaba muy bien **camuflado** en sus nuevas alas y lucía como un pájaro.

—¡Uuu huut! —lo reprendió el búho bajo la luna—. Una araña no está hecha para volar. ¿Por qué intentas ser algo que no eres?

—Ocúpate de lo tuyo, búho —respondió Anansi disgustado—. ¡Eres un **depredador**, así que vete a cazar ratones!

Anansi siguió a los pájaros a su fiesta en la cima de una montaña. Se servía mucha comida y empujaba a todos para obtener su parte. Cuando se sintió lleno, cayó en un profundo sueño.

Disgustados, los pájaros le quitaron las plumas de sus alas y después se fueron, todos excepto un cuervo. Cuando Anansi despertó, se dio cuenta de lo que había pasado y le rogó al cuervo que lo ayudara a bajar de la montaña.

—Por supuesto —respondió el cuervo con malicia, mientras lo empujaba por un acantilado.

—¡Ay! —gritó Anansi, que por su incapacidad de volar cayó impotente dando vueltas en el aire.

El viejo búho apareció frente a él y le preguntó:

—¿Por qué no escuchaste, Anansi? ¡No eres un pájaro!

—¡Por favor, ayúdame, búho! —le rogó Anansi.

—¡Mete la barriga! —le dijo el búho a Anansi.

Cuando lo hizo, salieron hilos de seda de detrás de él. El búho los cogió y los ató a una rama alta. Colgando de ellos, Anansi se dio cuenta de que el búho tenía razón. Desde ese día, continuó hilando telarañas en lugar de intentar ser algo que no era.

¿? Haz conexiones

¿Qué ayuda a Anansi a sobrevivir?
PREGUNTA ESENCIAL

En este cuento, Anansi descubrió que tenía una habilidad increíble. Comenta algunas otras adaptaciones de animales asombrosas. **EL TEXTO Y OTROS TEXTOS**

Género · Poesía

El canto de la cigarra

Cerca del lago, encima del abeto,
en el escaparate, en la azotea,
en la cocina o en la chimenea,
la cigarra repite aquel soneto

con su violín de despertar al día.
El canto la protege de un letargo
que parece volverse menos largo
siempre que lo convierte en melodía.

La solista improvisa acurrucada
en un arbusto leve y prematuro.
La soledad, a ratos, la entristece,

pero no le interrumpe su tonada,
pues sabe que la magia del futuro
es un caudal de música que crece.

Alexis Romay

Pregunta esencial

¿Cómo inspiran los animales a los escritores?

Lee y aprende cómo los poetas visualizan, de maneras creativas y descriptivas, las características y los hábitos de los animales.

¡Conéctate!

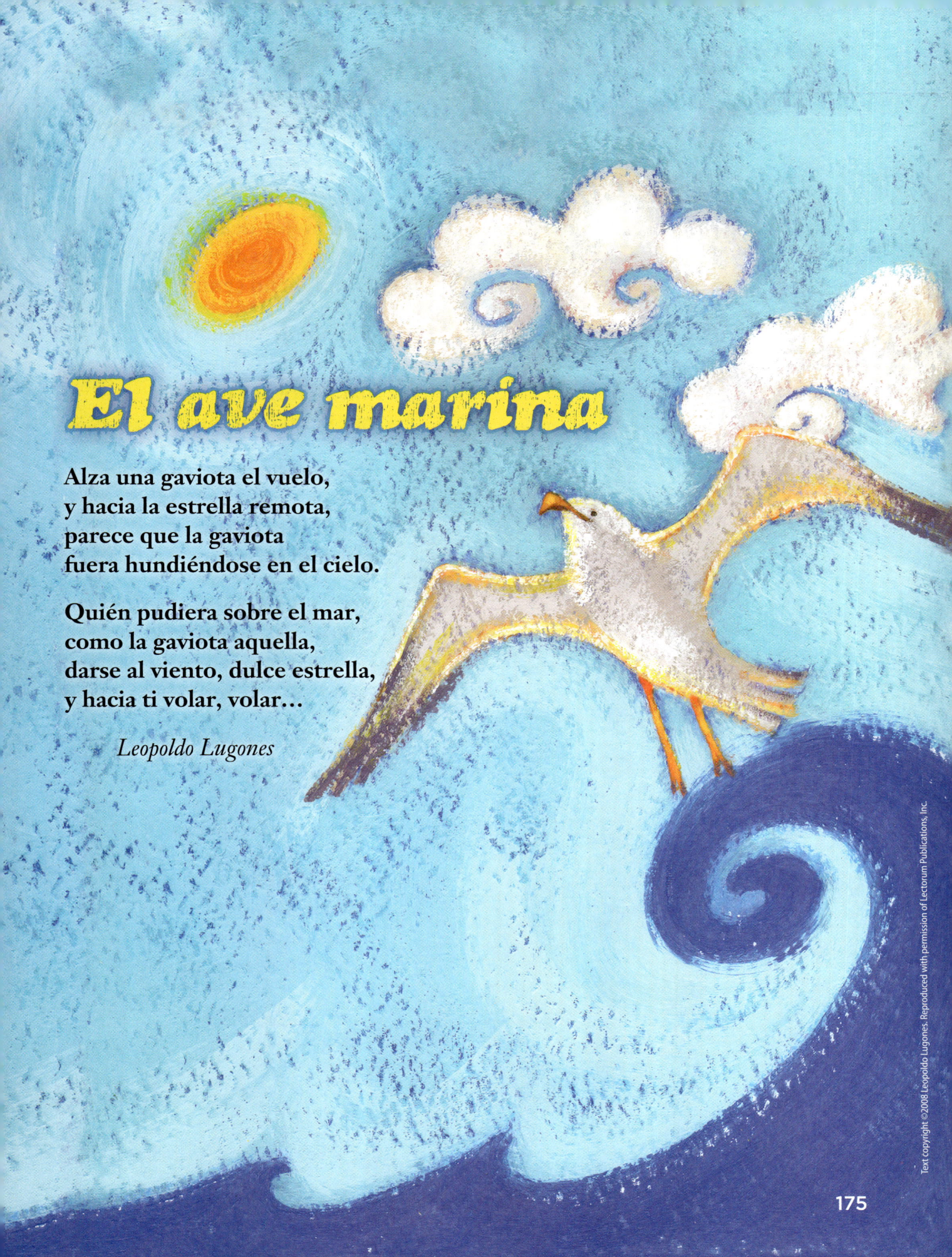

El ave marina

Alza una gaviota el vuelo,
y hacia la estrella remota,
parece que la gaviota
fuera hundiéndose en el cielo.

Quién pudiera sobre el mar,
como la gaviota aquella,
darse al viento, dulce estrella,
y hacia ti volar, volar…

Leopoldo Lugones

Barrilete

Alta flor de las nubes
—lo mejor del verano—
con su tallo de música
en mi mano sembrado.

Regalo de noviembre,
nuevo todos los años:
para adornar el día,
para jugar un rato.

Banderola de fiesta
que se escapa volando…
Pandereta que agitan
remolinos lejanos.

Pececillo del aire
obstinado en el salto;
pájaro que se enreda
en su cola de trapo.

Luna del mediodía
con cara de payaso;
señor del equilibrio,
bailarín del espacio.

Ala que inventa el niño
y se anuda a los brazos.
Mensaje a lo celeste.
Corazón del verano.

Claudia Lars

Respuesta a la lectura

Resumir

Busca los detalles del poema "Barrilete" y resúmelo. La tabla de punto de vista puede servirte de ayuda.

Detalles

↓

Punto de vista

Evidencia en el texto

1. ¿Qué tipo de poema es "El canto de la cigarra"? Explica por qué. **GÉNERO**

2. ¿Cuál es el patrón de rima que utiliza el poeta en la primera estrofa de "El ave marina"? **ELEMENTOS LITERARIOS**

3. La poeta usa varias metáforas para hacer comparaciones en "Barrilete". Identifica una comparación y explica por qué la poeta la usa. **LENGUAJE FIGURADO**

4. "El canto de la cigarra" describe las acciones de un insecto desde el punto de vista del autor. Comenta cuán diferente podría ser el poema si hubiera sido escrito desde el punto de vista de la cigarra. **ESCRIBIR SOBRE LA LECTURA**

Haz conexiones

¿En qué maneras estos animales inspiraron a los poetas? **PREGUNTA ESENCIAL**

¿Qué otros animales piensas que merecen sus propios poemas? ¿Por qué crees que inspirarían a los poetas? **EL TEXTO Y EL MUNDO**

Género • Poesía

Compara los textos

Lee y compara cómo dos poetas se inspiran en diferentes animales.

Mi caballo cerrero

Galopa en la arena,
en la montaña, sobre el agua...
Mi caballo cerrero
salta como un puma,
corre como un lince,
relincha de alegría
y escucha mis palabras.
Mi caballo cerrero existe
en mi imaginación,
y me lleva con él
donde siempre he querido ir.

Laia Cortés

Receta para dormir

Para que el sueño venga, se recomienda
cerrar los ojos, contar ovejas,
oír el canto de las estrellas,
comer manzana con mejorana
y tomar agua de toronjil,
sentir que el viento mece la cama,
tocar la almohada con la nariz.

Para que el sueño venga y se quede quieto
toda la noche, cerca de ti,
pídele al mundo que haga silencio,
dile que el sueño quiere dormir.
Shhhh…

Yolanda Reyes

Haz conexiones

¿Puede un caballo existir en la imaginación de una poeta? **PREGUNTA ESENCIAL**

Los poetas por lo general usan lenguaje descriptivo. Escribe sobre cómo las descripciones de los escritores te ayudaron a visualizar a los animales. **EL TEXTO Y OTROS TEXTOS**

Género · Fantasía

Una zarigüeya en mi mochila

Erika Marcela Zepeda Montañez
Ilustraciones de Juan Gedovius

Desde hace no mucho tiempo, una zarigüeya vive en mi mochila. Come poco: se contenta con algo de tortilla dura y un sorbo de leche caliente.

Pregunta esencial

¿Qué puedes hacer para que tus amigos se sientan bienvenidos?

Lee acerca de cómo una niña hace que una zarigüeya se sienta como en casa.

¡Conéctate!

Vive muy tranquila entre el diccionario y la bolsa del sándwich de la semana pasada.

No sé cómo llegó: la descubrí un día en clase de matemáticas, cuando quise sacar la regla para medir un cuadrado; ahí estaba, escondida detrás del libro de ciencias naturales.

Entonces me dio miedo y cerré la mochila con un lazo del zapato. Cuando llegué a la casa, saqué todo lo que traía.

Ella se agarró muy fuerte del forro, y por más que la sacudí, no quiso salir.

Dejé eso para más tarde, pero luego se me olvidó y ahí se quedó definitivamente.

Al principio no nos entendíamos muy bien: ella mordía mis lápices y yo olvidaba darle su tortilla dura.

Así estuvimos las dos: ella ofendida por mis olvidos y yo indignada por los mordiscos.

En venganza, un día se comió toda mi tarea de matemáticas.

Cuando llegué al escritorio de mi maestra le dije:

—La zarigüeya se comió mi tarea.

—¡Niña, solamente los perros se comen las tareas, estás castigada! —me contestó.

Pero ¿cómo iba yo a adivinar que a la zarigüeya le gustaban las fracciones?

Con el tiempo **me encariñé** con ella, le arreglé la segunda sección de la mochila y se comprometió a cuidar mis cosas en el recreo.

Por las noches, la dejo salir en mi cuarto.

Saca la punta de la nariz y se alarga hasta que su cola de anillos sale también.

Duerme bajo mi cama y me despierta por la mañana, ella sola entra a la mochila y chilla cuando no llego a tiempo a la escuela.

Si alguno de ustedes tuviera una zarigüeya en su poder, ahí en el fondo de su mochila, bajo la plastilina y los palitos de madera, y con ojos grandes de chapulín, ¿qué nombre le pondrían?

AHORA COMPRUEBA

Visualizar ¿Qué detalles te ayudan a visualizar la zarigüeya?

—¡Teresita! —dijo mi hermana.

"Pero qué nombre tan **ridículo** para una zarigüeya", pensé.

—¡Asesina! —dijo mi hermano.

"Pero, cuando mucho, muerde los lápices y le da miedo la oscuridad", consideré.

—¡Rata inmunda! —dijo mi vecino.

¡Basta ya!, mejor yo pienso en el nombre de mi zarigüeya y no le pregunto a nadie.

Entonces pensé y pensé, había muchos nombres posibles: Rufina, Pánfila, Lorenza, Kin-Kun-Kan o Marcelina, pero ninguno me convencía del todo.

Por eso decidí preguntarle cómo se quería llamar. Al fin y al cabo, ella cargaría con el nombre durante toda su vida de zarigüeya.

Cuando fui a preguntarle, roía un poco de pastel que mi mamá preparó para mi cumpleaños.

Llegué muy seria, me senté frente a ella y le dije:

—Señora zarigüeya, pensando en su futuro y en su **bienestar**, he decidido ponerle un nombre para distinguirla de todas las zarigüeyas de otras mochilas del mundo. ¿Qué nombre le gustaría a usted?

Pero ella ni me miró, siguió comiendo y comiendo las migajas del pastel, las fresas y el betún duro.

Por su mala educación decidí ponerle el nombre más feo del mundo.

—¡Te llamarás Ramona! —le grité.

Pero al parecer le gustó y ya no resultó un castigo.

Después de mucho planearlo, Ramona organizó una gran fiesta para **inaugurar** su casa: la mochila.

La limpiamos y salieron libros viejos, cuadernos **mohosos**, cucharas oxidadas, sacapuntas rotos, paraguas, floreros, un perro, una zarigüeya desconocida que se había colado, un cohete espacial, un pedazo de luna y una guitarra sin cuerdas.

Después la lavadora, con mucho jabón, se encargó de dejarla bien limpia.

Cuando estuvo reluciente, Ramona se instaló junto al cierre principal, para recibir a los invitados que llegarían en cualquier momento.

Todos fueron a su fiesta: la familia de las zarigüeyas inquilinas de la bolsa de mandado que está en la cocina, la zarigüeya del sótano, las ratas de la cañería y el castor de la pila de agua.

Toda la noche cantaron en mi mochila:

Una rata vieja que era planchadora...

—¡Silencio! —les gritaba desde mi cama.

... por planchar su falda se planchó la cola. Le quedó un rabito...

Entonces les lancé un zapato. Pero no pasó nada, hasta que mi mamá entró al cuarto con una escoba y golpeó la mochila.

En ese momento se acabó la fiesta. Salieron todos los invitados: las ratas haciendo **barullo** y robando lo que quedó de las tortillas duras de postre, otra zarigüeya mordisqueando las cortinas, y el castor mojado secándose con el ventilador.

Al final salió Ramona, algo golpeada, pero sin abandonar la idea de hacer otra fiesta para el próximo año.

AHORA COMPRUEBA

Visualizar ¿Qué le parece a la mamá de la protagonista la fiesta de la zarigüeya? ¿Qué palabras te ayudan a visualizar su reacción?

Esto de tener zarigüeyas escondidas en la mochila no deja nada bueno: me he metido en muchos problemas.

Se corrió por toda la escuela el chisme de que Ramona vivía en mi mochila; en cuanto Mariana se dio cuenta le dijo a Carmen, ella les contó a todos los del salón, y ellos les contaron hasta a los alumnos del turno de la tarde.

—¡Queremos ver a tu zarigüeya! —dijeron los de primero.

—¿Qué es lo que come? —preguntaron los de tercero.

—Trae acá esa zarigüeya —dijeron los de sexto.

Pero no alcanzaron a quitarme la mochila porque yo ya corría a casa.

Al día siguiente no se hablaba de otra cosa.

Nadie le hizo caso a la maestra Lupita cuando nos explicó los ciclos de la luna.

Nadie le hizo caso al maestro de educación física cuando nos mandó a hacer lagartijas.

Nadie le hizo caso a la *teacher* cuando nos enseñó los colores en inglés, y en el recreo nadie comió nada.

Todos me hacían preguntas sobre la llegada de Ramona a mi mochila, el tipo de comida o las caricaturas que le gustaban.

Algunos atrevidos le dieron panecitos, la acariciaban y hasta le llegaron a jalar la cola.

Y es que ninguno había visto una zarigüeya jamás en su vida, y no imaginaban cómo una podría llegar a vivir en su mochila.

Así se creó la moda del atrapazarigüeyas. Era un aparato de madera y metal que muchos ponían al pie de sus mochilas. Adentro metían un pedazo de queso, para atraer a las zarigüeyas de por ahí.

Pero ninguna fue atrapada, y es que los muy tontos creen que las zarigüeyas se dejan engañar tan fácil como los ratones.

Un día Ramona asomó la cabeza: le dio por querer conocer otras mochilas.

Se le metió la idea de que la mía no era la mejor, que Fulano sí le dejaría morder un poquito sus plumas, que Mengano le daría un trozo de jamón y que Zutanita le dejaría roer todo el diccionario.

Le dejé husmear en otras mochilas sin protestar.

"Ya regresará con la cola enroscada a buscar un rincón detrás del juego de geometría", pensé.

Y así fue, porque es cierto que en las mochilas de otros niños la trataron muy bien, pero con el tiempo les fastidió y la corrieron sin más consideración, así que acabó rodando por todo el salón de clases.

Para mi mala suerte, acabó dentro de uno de los cajones del escritorio de la maestra.

Ahí estaba la muy zonza, sin sospechar siquiera el regaño que nos esperaba.

Al descubrirla, la maestra Lucía dio un grito que se oyó en tres manzanas a la redonda.

—¡Una rata! —gritaba trepada en la silla más alta que encontró.

"'¿Una rata?', ¡por favor!, ¿que no pone atención a las clases de ciencias naturales? ¿Es que no sabe diferenciar una rata de una zarigüeya?", pensé.

Pero da lo mismo qué haya gritado, porque Don Pancho, el intendente de la escuela, corrió, armado de una buena escoba y dispuesto a todo... incluso a matar a la supuesta rata.

Ramona ni se inmutó con los gritos de la maestra Lucía. Muy tranquila bajó del cajón, husmeó un poco y entró derechito a mi mochila, sin más escalas ni distracciones.

Y ahí me dejó a mí, con los problemas: la maestra gritando, el intendente buscando y golpeando cualquier bulto gris que se encontrara, a mis compañeros muertos de la risa y a toda la escuela mirando por la ventana.

—¡Ha sido un error!, ninguna rata anda por ahí —exclamaba, pero nadie me hacía caso.

Finalmente todos se calmaron al ver que no había rata que perseguir y la maestra, por el susto, terminó demasiado cansada para seguir gritándonos.

Es un hecho definitivo: Ramona se queda a vivir para siempre en mi mochila. ¿Dónde la tratarían mejor que ahí?

AHORA COMPRUEBA

Hacer predicciones Haz una predicción acerca de si crees que la zarigüeya se va a mudar a otra mochila. Básate en detalles del cuento para respaldar tu predicción.

La autora y el ilustrador nos dejan entrar a sus mochilas

Erika Marcela Zepeda Montañez nació en Jalisco (México) en 1982. Estudió Letras Hispánicas en la Universidad de Guadalajara. Es autora de varios cuentos infantiles y, además, es integrante de un grupo de teatro mexicano llamado "La Ventana", en el que en varias ocasiones ha adaptado obras literarias a ese género.

"El niño es capaz de descubrir las trampas y acertijos que incluyes en la narración…", dice. Seguramente por pensar así recibió el premio de cuento infantil Juan de la Cabada por su cuento *Historias gallíniles o la extraordinaria historia de siete gallos que se treparon a un árbol* cuando todavía era estudiante universitaria, en el año 2004.

Desde niño **Juan Gedovius** supo que su mundo debía girar en torno al papel y el lápiz. De esta manera ha venido compartiendo sus descubrimientos fantásticos con niños y adultos que todavía tienen corazón de niños.

Le apasionan los dragones y es un defensor a capa y espada de todo lo que existe en el mundo de la fantasía y que solemos olvidar cuando nos convertimos en adultos. Para él, los niños son los mejores compañeros de su viaje a través del océano de la imaginación.

Nació en Ciudad de México, en el año 1974. Dentro de sus ilustraciones más destacadas se encuentran el cuento *También dragones* de Robert Munch y *Trucas*, que fue escrito e ilustrado por él mismo.

Propósito de la autora

A través de un personaje representado por una zarigüeya, la autora desarrolla un cuento. ¿Qué mensaje piensas que quiso transmitir?

Respuesta a la lectura

Resumir

Resume los sucesos más importantes del cuento *Una zarigüeya en mi mochila*. La tabla de punto de vista te puede servir de ayuda.

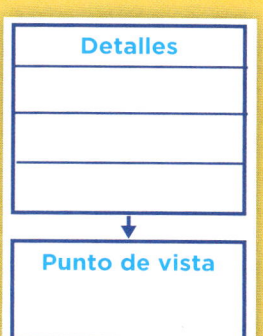

Evidencia en el texto

1. ¿Cómo sabes que *Una zarigüeya en mi mochila* es fantasía? Da ejemplos. **GÉNERO**

2. ¿La narradora es un personaje del cuento? Usa dos ejemplos del texto para hablar sobre su punto de vista. **PUNTO DE VISTA**

3. ¿Cuál es el significado de la palabra *indignada* en el segundo párrafo de la página 182? Utiliza las claves de contexto para entender el significado. **CLAVES EN EL PÁRRAFO**

4. Escribe acerca de cómo el punto de vista de este cuento te ayuda a entender cada personaje. **ESCRIBIR SOBRE LA LECTURA**

Haz conexiones

Comenta en qué forma la narradora logró que la zarigüeya se sintiera bienvenida en su mochila. **PREGUNTA ESENCIAL**

¿Por qué es importante que los recién llegados se sientan bienvenidos en una comunidad? **EL TEXTO Y EL MUNDO**

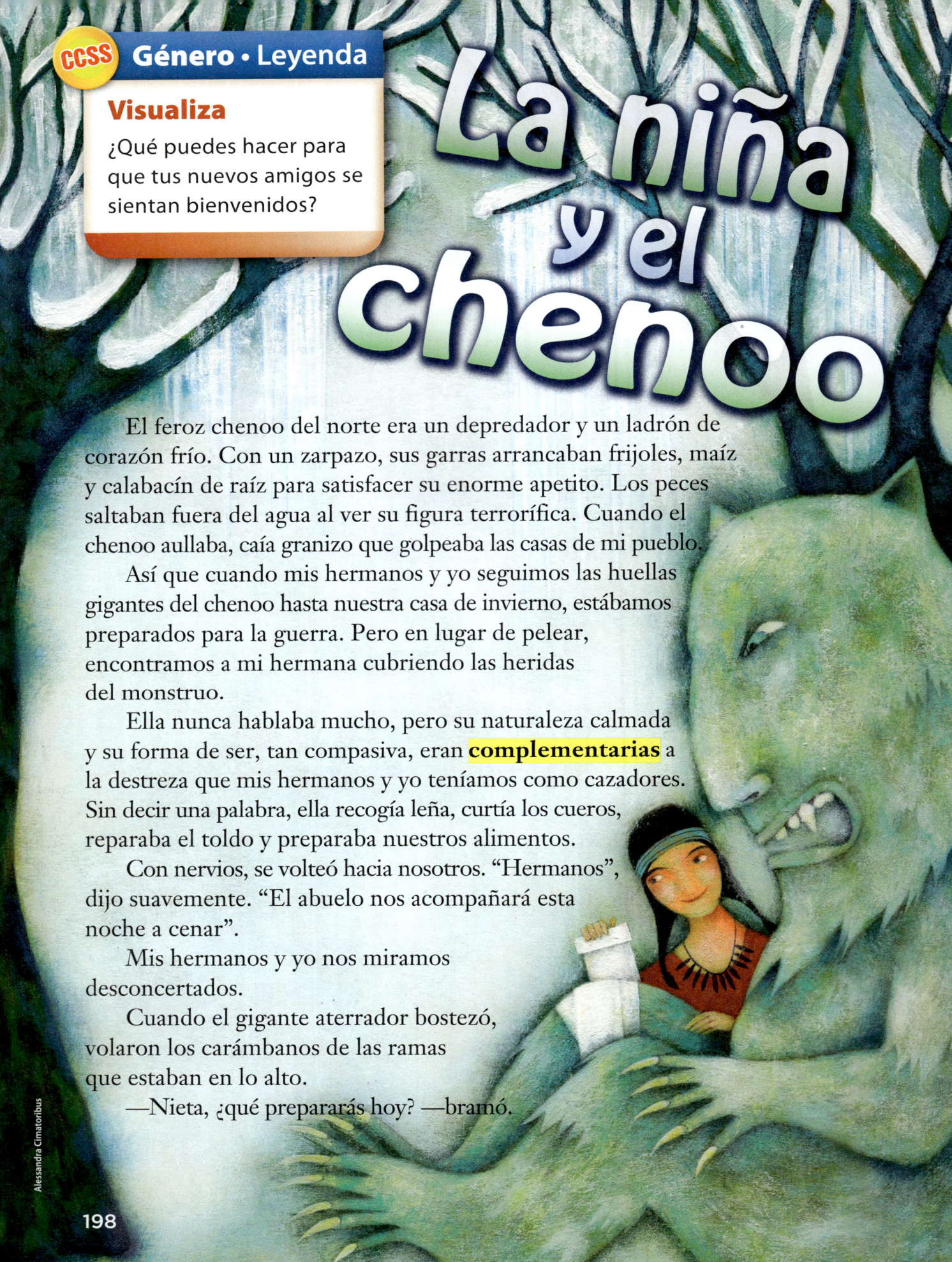

CCSS Género · Leyenda

Visualiza
¿Qué puedes hacer para que tus nuevos amigos se sientan bienvenidos?

La niña y el chenoo

El feroz chenoo del norte era un depredador y un ladrón de corazón frío. Con un zarpazo, sus garras arrancaban frijoles, maíz y calabacín de raíz para satisfacer su enorme apetito. Los peces saltaban fuera del agua al ver su figura terrorífica. Cuando el chenoo aullaba, caía granizo que golpeaba las casas de mi pueblo.

Así que cuando mis hermanos y yo seguimos las huellas gigantes del chenoo hasta nuestra casa de invierno, estábamos preparados para la guerra. Pero en lugar de pelear, encontramos a mi hermana cubriendo las heridas del monstruo.

Ella nunca hablaba mucho, pero su naturaleza calmada y su forma de ser, tan compasiva, eran **complementarias** a la destreza que mis hermanos y yo teníamos como cazadores. Sin decir una palabra, ella recogía leña, curtía los cueros, reparaba el toldo y preparaba nuestros alimentos.

Con nervios, se volteó hacia nosotros. "Hermanos", dijo suavemente. "El abuelo nos acompañará esta noche a cenar".

Mis hermanos y yo nos miramos desconcertados.

Cuando el gigante aterrador bostezó, volaron los carámbanos de las ramas que estaban en lo alto.

—Nieta, ¿qué prepararás hoy? —bramó.

Alessandra Cimatoribus

Respondí con una voz temblorosa:

—Solo una l-l-liebre y un g-g-ganso, a-a-abuelo.

El chenoo resopló y desapareció. Regresó con cuatro alces grandes. Mi hermana preparó un festín sin igual.

Me pregunté cuánto tiempo podría nuestra hermana mantener domada a esta bestia peligrosa. El chenoo no era **confiable**. Seguramente destruiría todo lo que encontrara en su camino. Pero de algún modo la bondad de mi hermana cambió su manera de ser.

Una noche cálida, ella se volteó hacia el chenoo y le dijo: "Abuelo, es hora de regresar al pueblo".

Él asintió y se acercó al fuego. Y aunque siempre se había mantenido lejos de él, ahora había pedido más leña. Mi hermana puso más y más leña, hasta que las llamas llegaron arriba de su cabeza, haciéndolo toser y gemir.

—¿Abuelo? —le dijo mi hermana preocupada.

Una vez que el humo se dispersó, vimos que el chenoo se había convertido en un anciano con arrugas que, encorvado sobre el fuego, escupía un trozo de hielo con la forma de un chenoo: ¡era su corazón helado!

El anciano sonreía a medida que el hielo se derretía y dijo: "Vamos a casa".

Así es como mi pueblo cuenta la historia de la niña passamaquoddy que derritió el corazón del chenoo.

¿? Haz conexiones

¿Qué hizo la niña para que el chenoo se sintiera bienvenido? **PREGUNTA ESENCIAL**

Compara las diferentes maneras en que se forma la amistad. **EL TEXTO Y OTROS TEXTOS**

Género · Fantasía

El farolero

Alejandro Lorenzo

Pregunta esencial

¿De qué formas puedes ayudar a los demás?

Lee sobre cómo un farolero ayudó a los tripulantes de una embarcación.

¡Conéctate!

Sin él, la **aurora** y las gaviotas no bailaban al compás de los vientos. Era farolero.

Aquella tarde fue la más larga de toda su vida. Un joven venía a sustituirlo. Él sabía que era hora de retirarse. Ya sus manos estaban hinchadas de tanto mover el farol. Había encanecido por las tensiones que provocan las tormentas y su vista no distinguía cualquiera de las lejanas señales de peligro.

El nuevo farolero portaba aparatos modernos que indicaban las zonas turbulentas del mar. Parecía responsable y se llamaba Mateo.

—Estoy aquí para que usted me **oriente** —le dijo Mateo al farolero.

—¿Es cierto lo que dices? —le preguntó el viejo, sorprendido—. Como mañana debo marcharme de esta isla, ¿de qué forma podré enseñarte?

—¿Y quién le dijo que debía irse?

—Entonces, ¿quieres que me quede?

—¡Claro! —exclamó Mateo.

Al anciano se le iluminó el rostro y de lo contento que estaba comenzó a cantarles a las iguanas azules, que a esa hora dormían **plácidamente**.

Al siguiente día, como parte del entrenamiento, salieron en una ligera **chalupa**. El experimentado farolero le explicaba a Mateo el carácter de las olas.

AHORA COMPRUEBA

Visualizar El anciano farolero no quería marcharse de la isla y se alegró al escuchar que podía quedarse. ¿Qué frases de la página 203 te ayudan a visualizar su felicidad?

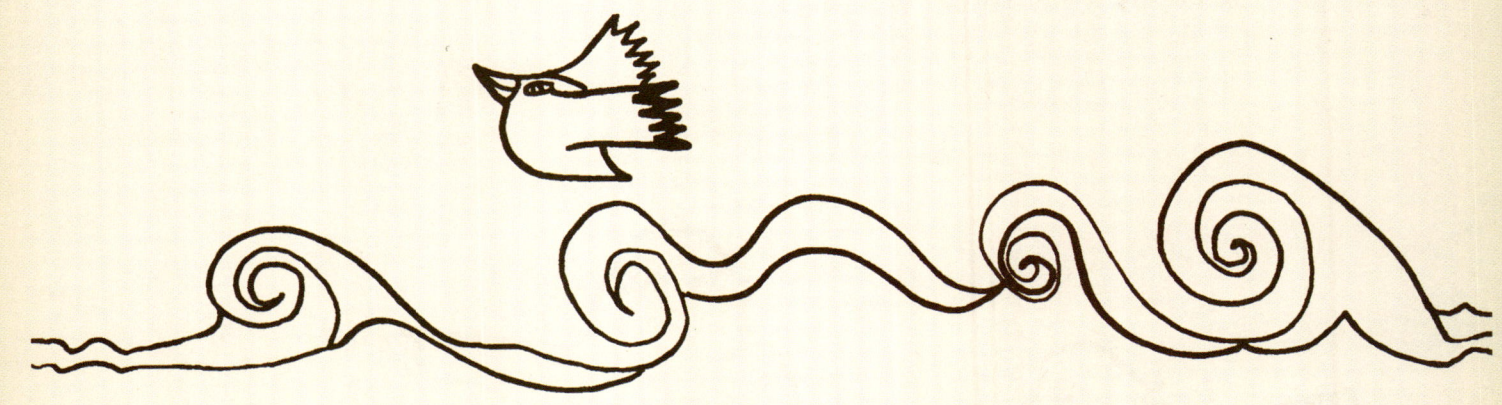

—Ola Clara es suave y femenina, su lentitud es como entregarse a los hilos de un sueño. Ola Fósil resiste la agonía del viento, es sabia por su edad, y muchos marinos descifran en ella la ruta correcta de sus largas **travesías**. Existe la Ola Indulgente, cuyas manos salvan a los náufragos, y la Ola Callada, que conserva el olor de las costas. Pero la que desentona con cualquier ola es Ola Magna. Con su insaciable apetito, parte en dos a los mejores navíos y sumerge las aldeas de los pescadores. La reconocerás por las aguas negras de su vientre. Tú y yo, algún día, tendremos que enfrentarnos a sus andanzas.

Pasó la primavera y el verano. Entre el anciano y Mateo nació una sólida amistad. En aquel pedazo de tierra Mateo aprendió del farolero a recitarles poemas a los delfines y a darles de comer a los pájaros errantes que buscaban refugio.

Una noche, ya en temporada invernal, el cielo se tornó rojo, y en el mar los peces emitían sonidos inquietantes. El viento embestía con fuerza y la luna se había convertido en una piedra oscura que convocaba al terror.

AHORA COMPRUEBA

Visualizar ¿Cómo describe el autor el ambiente en la página 206? Identifica las palabras y frases que te ayudan a visualizar la isla.

—¡Es Ola Magna! —anunció el farolero—.
Para colmo amenaza con destruir la goleta de los niños.
Es necesario detenerla antes de que ocurra una catástrofe.

El farolero caminó hacia el **embarcadero** portando un largo sable, entró en la chalupa y encendió el motor.

—Eso es una locura, maestro —le gritó Mateo—. Esa ola lo puede atrapar y no tendré quien me enseñe a cantarles a las gaviotas. Déjeme ir, soy fuerte y sé nadar.

—Hijo mío, cuando a un hombre le quedan unos pocos años, tiene el derecho de realizar la mayor proeza de su vida —le contestó el farolero—. No me retengas, no sabes cuántas veces he añorado acabar con esa ola. ¿Qué puede suceder? ¿El fin? Algún día tiene que llegar mi hora. Si yo te encargo esta misión y te ocurre algo, me quedaría solo hasta que llegara otro relevo, y para mí ese tiempo de espera sería desastroso. Tú eres joven, fuerte e inteligente y puedes convertir esta isla en un sitio maravilloso...

Y a Mateo no le quedó otra alternativa que verlo partir.

Ola Magna lo vio acercarse. Su risa era la de una criatura que se creía invulnerable.

La proa de la chalupa tocó su cuello. Al sentirlo, Ola Magna levantó sus brazos enormes y enfurecida envolvió a la embarcación; pero el farolero, con un rápido movimiento, le clavó el sable en el centro de su vientre. Hubo un ruido tremebundo en aquellas aguas y luego se restableció la calma. La goleta de los niños había sido salvada, y tanto de Ola Magna como del farolero nada más se supo.

Cuando la goleta pasó cerca del islote, su capitán ordenó levantar banderas tricolores en honor a su salvador. Mateo, desde la torre, trató de explicarles que no era él quien los había liberado de la temible ola, sino el anciano farolero; pero tanto la tripulación como los pasajeros interpretaron los mensajes de Mateo como una muestra de modestia, y continuaron con sus expresiones de agradecimiento: disparando salvas, lanzando al mar cántaros de girasoles y cajas de caramelos, que al amanecer llegaban a la orilla del islote.

AHORA COMPRUEBA

Volver a leer ¿Por qué el anciano farolero no quiso que Mateo fuera a enfrentar a Ola Magna? Vuelve a leer la página 209 para comprobar que comprendiste el texto.

El amigo del farolero

El pintor, escritor, crítico literario y editor, **Alejandro Lorenzo** es parte de ese grupo selecto de personas que recrean nuestra imaginación a través del cuento. Nació en Cuba en 1953, y vive en Estados Unidos desde 1993.

Su obra es una invitación a despertar en nosotros la infancia del ser humano, su vocación de inocencia. "El farolero" está marcado por el heroísmo, la lealtad, la conmiseración y el cariño que existe entre maestros y discípulos. Es un ejemplo de lo que son la gallardía y el sacrificio.

Dentro de sus obras más destacadas se encuentran *La cuerda rota* (poesía, 1990), *Cuentos de Mateo* (cuentos ilustrados, 1992) y *La piedra en el cielo* (poesía, 1994).

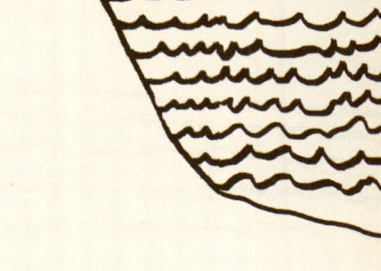

Propósito del autor

Piensa en los dos protagonistas de "El farolero". ¿Cómo demuestra el autor, mediante este cuento de fantasía, la importancia de ayudar a los demás?

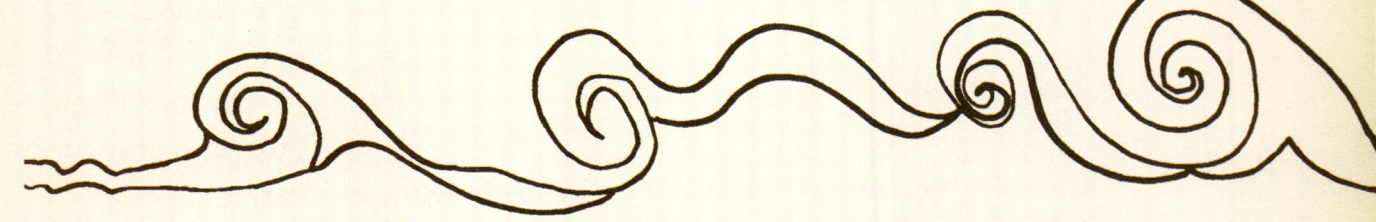

Respuesta a la lectura

Resumir

Usa los detalles más importantes del cuento "El farolero" para resumirlo. La información de tu tabla de punto de vista te puede ayudar.

Evidencia en el texto

1. ¿Cómo sabes que "El farolero" es un cuento de fantasía? Explica tu respuesta con ejemplos del cuento. **GÉNERO**

2. ¿El cuento está narrado en primera o en tercera persona? Usa evidencias para hablar del punto de vista del narrador. **PUNTO DE VISTA**

3. ¿Qué significa la palabra *desentona* en la página 204? Explica cómo las claves de contexto te ayudan a entender su significado. **DEFINICIONES Y REAFIRMACIONES**

4. Escribe acerca de cómo cambiaría el cuento si hubiera sido escrito desde otro punto de vista. **ESCRIBIR SOBRE LA LECTURA**

Haz conexiones

¿Cómo ayudó el farolero anciano a los niños que viajaban en la goleta? **PREGUNTA ESENCIAL**

Los tripulantes de la goleta le agradecieron a Mateo por haberlos salvado aunque él les dijo que lo había hecho el anciano farolero. ¿Por qué la gente a veces dice que es bueno "dar sin esperar nada a cambio"? **EL TEXTO Y EL MUNDO**

Género • Texto expositivo

Compara los textos
Lee sobre los niños y las niñas que marcan la diferencia en sus comunidades.

La participación en el servicio comunitario

No cabe la menor duda, ser voluntario es importante en EE. UU. Alrededor del 27% de nosotros somos voluntarios de alguna manera. Es decir, un estadounidense de cada cuatro es voluntario. Muchos son adolescentes y niños. En los últimos 20 años, el número de adolescentes voluntarios se ha duplicado. La popularidad de las **organizaciones** juveniles, como los clubes 4-H, ha crecido.

Los niños se unen a grupos voluntarios locales para retribuir a sus comunidades. Trabajan para ayudar a los demás y mejorar sus escuelas y vecindarios; también participan en proyectos como la siembra de jardines o la recolección de alimentos y ropa. Algunos recaudan dinero para organizaciones benéficas locales. Las opciones son ilimitadas.

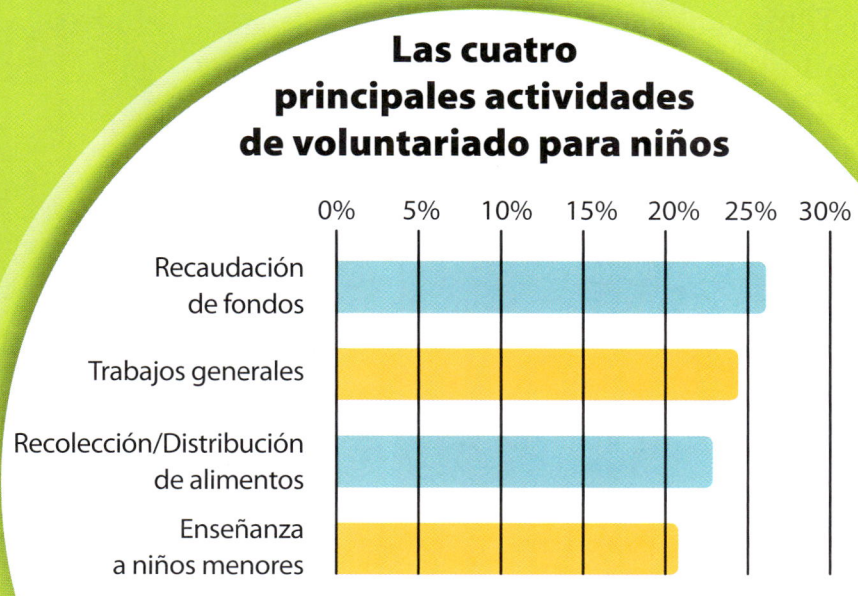

Las cuatro principales actividades de voluntariado para niños

Algunos jóvenes fantásticos han llevado el voluntariado al siguiente nivel. Ellos nos muestran al resto de nosotros de lo que realmente se trata el servicio comunitario.

Alex Lin apoya la idea del reciclaje. Pero no la que se refiere a botellas y latas. Por el contrario, anima a los demás a que reciclen e-desechos, que se refiere a la basura electrónica. Los aparatos electrónicos, como las computadoras y sistemas de juegos de video, tienen sustancias químicas que pueden dañar la Tierra. Así que se deben reciclar y almacenar con seguridad.

Alex tenía solo nueve años cuando formó el equipo de servicio comunitario WIN para reciclar aparatos electrónicos. Cuando tenía 16 años, ya había reciclado 300,000 libras de e-desechos. También ayudó a redactar una ley contra los e-desechos en Rhode Island, su estado natal.

Alex pronto se dio cuenta de que reusar los e-desechos era la mejor solución. Junto con su escuela, organizó un programa en el que se arreglaban computadoras viejas y se donaban a estudiantes necesitados. Con el tiempo, este programa creció. Ahora envía computadoras a personas de todo el mundo.

Erica Fernandez también se preocupa por el medioambiente. Tenía 16 años cuando oyó que iban a construir una planta de gas natural cerca de su ciudad. Erica se enteró de que la planta contaminaría el aire y traería químicos dañinos a las ciudades cercanas.

Decidió hacer algo al respecto. Organizó grupos para protestar contra la planta, los cuales hablaron públicamente y escribieron cartas al gobierno. Al final, el estado estuvo de acuerdo en cancelar los planes para construir la planta. Gracias a Erica se salvó el medioambiente local.

Katie Stagliano tuvo una idea muy valiente que comenzó con un pequeño semillero. Cuando Katie tenía nueve años, llevó a su casa una semilla de repollo de la escuela, de la cual creció un repollo de 40 libras. ¡El repollo era tan grande como Katie! Lo donó a un comedor comunitario para ayudar a alimentar a casi 300 personas. Después de eso, Katie nunca dio un paso atrás. Ha donado miles de libras de productos a personas necesitadas.

Evan Green tenía solo siete años cuando inició el Red Dragon Conservation Team, cuyo propósito era proteger la selva tropical. Desde entonces su organización se ha convertido en un grupo internacional de niños que quieren salvar el planeta. Recolecta donaciones y las envía al Center for Ecosystem Survival (CES) en California. CES las usa para comprar terrenos en la selva tropical y en las áreas de arrecifes coralinos de todo el mundo. El propósito es proteger la tierra y el océano.

Las ideas simples resuelven problemas

Todos estos niños comenzaron con una idea simple. Trabajaron para ayudar a sus comunidades de formas importantes. Su **generosidad** ha afectado a personas de todo el mundo. Los niños tienen el poder de hacer un cambio positivo a través del voluntariado. En palabras de Evan Green: "No tienes que ser un adulto para aportar tu grano de arena".

Haz conexiones

¿Cómo están marcando la diferencia estos jóvenes?
PREGUNTA ESENCIAL

Describe el rol del servicio comunitario. Usa ejemplos de las selecciones. **EL TEXTO Y OTROS TEXTOS**

CCSS Género · Biografía

José

Georgina Lázaro
ilustrado por **María Sánchez**

Pregunta esencial

¿Cómo puede una persona aportar su grano de arena?

Lee acerca de cómo un joven lector creció y se convirtió en un gran escritor y un gran hombre.

¡Conéctate!

Desde Valencia y Canarias,
dos españoles valientes
se alejaron de su patria
hacia un nuevo continente.

Después de un viaje muy duro
vieron tierra americana.
Buscando un mejor futuro
llegaron hasta La Habana.

En Cuba se conocieron
y luego se enamoraron.
Un hogar establecieron
juntos Leonor y Mariano.

En una casa modesta,
un día de gran regocijo,
el sol se alumbró de fiesta;
nació José, el primer hijo.

Poco a poco la familia
fue aumentando de tamaño
y nacieron siete niñas
con el paso de los años.

Pepe, como le llamaban,
era la luz de sus ojos.
Lo adoraban, lo mimaban,
complacían sus antojos.

Su padre, rígido, austero,
lo educó con gran empeño,
que la moral es primero
le enseñó desde pequeño.

El valor de la lealtad,
la justicia, la honradez,
y el de la sinceridad
supo desde su niñez.

Como eran pobres y muchos,
desde muy temprana edad,
José, pequeño y flacucho,
tuvo que ir a trabajar.

Y aunque pensaba su padre
que estudiar no era importante,
alentado por su madre
el carbón se hizo diamante.

Fue a la escuela y para él
aprender era alegría.
Le entusiasmaba leer.
Lo conquistó la poesía.

Pensaba que el libro es
el mejor de los amigos,
dos alas, brazos y pies,
una verdad, un abrigo.

Junto a la puerta del patio
se sentaba cada día,
consultaba el diccionario
y en su pizarra escribía.

Iluminaba su cara
la luz de la celosía.
Su letra era bella y clara,
perfecta su ortografía.

A su madre dedicó
sus poemas infantiles.
Su cariño le expresó
con palabras muy gentiles.

Su papá no comprendía
que leyera a toda hora;
su **afición** a la poesía,
su mirada soñadora.

El teatro le encantaba.
Como no tenía dinero,
de las obras disfrutaba
con permiso del portero.

Entraba con el barbero
y oculto tras el telón
o arriba en el gallinero,
gozaba de la función.

Era un niño inteligente,
despierto y observador.
Marcaba un sueño su frente
y un pensamiento su voz.

Un día para don Mariano
surgió una oportunidad.
Le ofrecieron un trabajo
lejos de la capital.

El niño de don Mariano
al campo se fue a vivir,
y allí el paisaje cubano
pronto empezó a descubrir.

Las verdes tierras, las lomas,
el álamo y el bambú,
y el vuelo de las palomas
en el claro cielo azul.

Yerbas, helechos y palmas,
mariposas, aves, flores,
fueron llenando su alma
de palabras y colores.

Tenía un caballo hermoso
que atendía con esmero,
con sus cuidos cariñosos
lo hizo su compañero.

AHORA COMPRUEBA

Volver a leer ¿Por qué "la luz se hizo oscura" para José? Vuelve a leer para encontrar la respuesta.

Montándolo le enseñaba
a tener un lindo paso.
Lo bañaba, lo peinaba
soñando que era Pegaso.

También tenía un gallo fino
de larga cola encarnada,
claro canto matutino
y una cresta colorada.

Era un gallo muy valioso,
nacido para pelear,
pero José, tan juicioso,
prefería oírlo cantar.

Vivió muchas aventuras
y también muchos pesares,
porque la luz se hizo oscura
alejado de su madre.

Añoraba su ternura,
sus caricias, sus abrazos,
su risa melosa y pura,
su mirada, su regazo.

Doña Leonor le escribía
cartas dulces y frecuentes
que hacían gratos sus días,
que eran un beso en su frente.

Allí, en el sur de Matanzas,
conoció a los campesinos
y vio la desesperanza
del esclavo y su destino.

"La injusticia contra un hombre"
pensaba el niño sensible,
"ofende a todos los hombres".
Fue su verdad infalible.

Luego en la escuela encontró
un maestro excepcional,
que lo inspiró y le enseñó
a perseguir su ideal.

Mendive era un patriota
y delicado poeta;
manantial que gota a gota
lo ayudó a alcanzar sus metas.

En él vio José un ejemplo,
un modelo a imitar.
El aula se hizo su templo,
su verdad quiso abrazar.

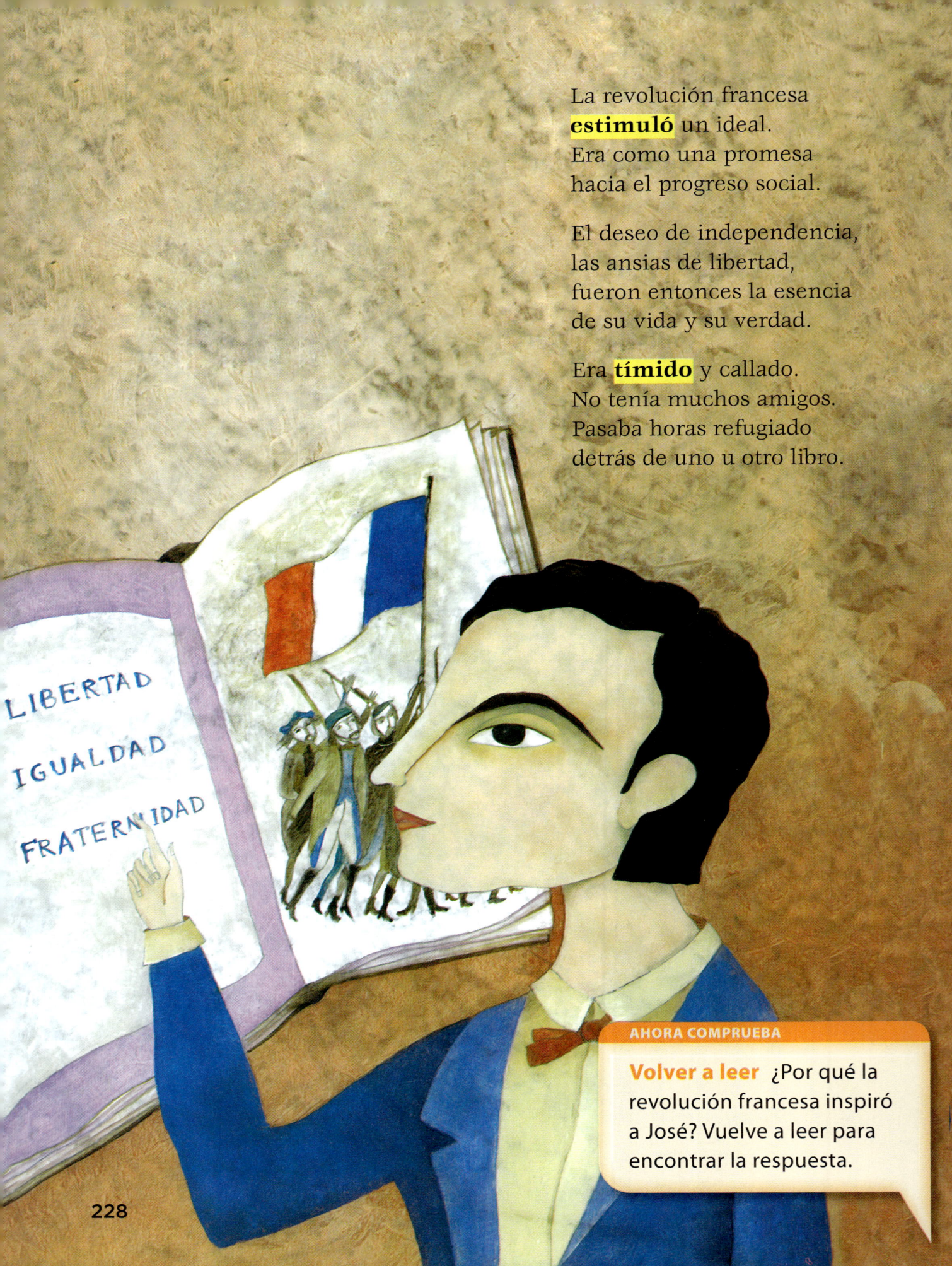

La revolución francesa
estimuló un ideal.
Era como una promesa
hacia el progreso social.

El deseo de independencia,
las ansias de libertad,
fueron entonces la esencia
de su vida y su verdad.

Era **tímido** y callado.
No tenía muchos amigos.
Pasaba horas refugiado
detrás de uno u otro libro.

AHORA COMPRUEBA

Volver a leer ¿Por qué la revolución francesa inspiró a José? Vuelve a leer para encontrar la respuesta.

Se entretenía traduciendo
del inglés al español
imitando a su maestro
que tanto le enseñó.

Solo quince años tenía
cuando comenzó la guerra.
Los cubanos perseguían
la libertad de su tierra.

Siendo un niño, hombre se hacía
y, aunque no podía pelear,
con la pluma defendía
su causa, su ideal.

Dieciséis años tenía:
publicó el primer poema;
un canto, una profecía.
El amor patrio era el tema.

Por querer la libertad,
por su ideal, su pasión,
fue condenado a pasar
seis años en la prisión.

Allí pusieron a prueba
sus principios, su valor,
y en esa dura tarea
José salió vencedor.

La vida del presidiario
le causó heridas y penas:
hambre y castigos a diario
siempre atado a unas cadenas.

Pero luego de seis meses
de trabajo y **crueldad**
el número ciento trece
recobró la libertad.

Lo mandaron al exilio.
En Madrid siguió estudiando.
Cambió sólo el domicilio,
José continuó luchando.

Con sus esfuerzos **logró**
el título de abogado,
y escribiendo defendió
sus sueños más anhelados.

Quería una América libre;
Cuba para los cubanos.
Que la unión fuera posible
en nuestros pueblos hermanos.

Una vida más dichosa
quería para los niños.
Les escribió en verso y prosa
con gran ternura y cariño.

Una América mejor
siempre quiso para ti.
Fue un patriota, un escritor.
Se llamó José Martí.

AHORA COMPRUEBA

Resumir ¿De qué forma contribuyó José Martí a la independencia de su país?

Descubre cómo la autora y la ilustradora aportaron su grano de arena

Georgina Lázaro creció en San Juan de Puerto Rico en medio de una familia numerosa. A pesar de esto, a veces se sentía sola, pues todos sus hermanos eran varones. Tal vez por este motivo se inventó un mundo imaginario en el que la literatura era su mejor compañera. Su papá le decía "la princesa de los mares" porque todo el tiempo hablaba de mundos fantásticos y personajes maravillosos.

Su interés por el público infantil nació de su experiencia como madre de familia. Compartir con sus hijos las noches de lectura y de escritura le despertó las ganas de acercarse al mundo de los niños. Y qué mejor que dedicándoles sus escritos.

María Sánchez es una artista cubana de formación autodidacta. Sus ilustraciones cautivan por su colorido y su capacidad para expresar la esencia del ser cubano. En sus obras imprime su talento, tejiendo en el alma la quietud y el sosiego por las cosas bellas. Se graduó de Literatura Hispanoamericana en la Universidad de La Habana. Pinta de manera profesional desde 1982. En *José* se ve el trabajo de una artista y sus ilustraciones logran generar un sentimiento entre nostálgico y soñador que coincide con el ánimo de José Martí.

Propósito de la autora

¿Por qué piensas que la autora escribió su biografía de Martí en versos que riman?

Respuesta a la lectura

Resumir

Usa detalles importantes de *José* para resumir la selección. La información de tu tabla de punto de vista del autor puede ayudarte.

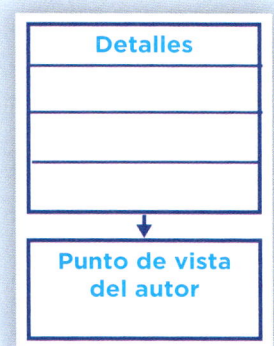

Evidencia en el texto

1. ¿Cómo sabes que *José* es una biografía? Usa ejemplos de la selección para sustentar tu respuesta. **GÉNERO**

2. ¿Cuál es la opinión de la autora acerca de José Martí? Incluye dos detalles en el texto para sustentar el punto de vista de la autora. **PUNTO DE VISTA DEL AUTOR**

3. ¿Cuál es un sinónimo de la palabra *independencia* de la página 228? Utiliza claves de contexto para ayudarte. **SINÓNIMOS Y ANTÓNIMOS**

4. Escribe un párrafo que explique qué piensa la autora acerca del papel de la lucha por la libertad en la vida de José Martí. **ESCRIBIR SOBRE LA LECTURA**

Haz conexiones

Comenta de qué forma José Martí aportó su grano de arena a la sociedad latinoamericana. **PREGUNTA ESENCIAL**

Describe a otra persona que haya tenido una influencia significativa en la vida de los demás. **EL TEXTO Y EL MUNDO**

Género · Autobiografía

Compara los textos

Lee cómo los sucesos de la época de los derechos civiles cambiaron la vida de una niña.

Cómo se mantiene la libertad en familia:

Crecer durante el Movimiento por los Derechos Civiles

Nora Davis Day

La familia Davis en una manifestación por la paz en la Ciudad de Nueva York. De izquierda a derecha: mamá, papá, La Verne, yo y Guy. ¡Guy hizo nuestras pancartas!

"¿Qué queremos? ¡Justicia! ¿Cuándo la queremos? ¡Ya!".

Mientras sostenía la mano de mi padre, nos unimos a la fila de personas que cantaban y caminaban hacia adelante y hacia atrás en un piquete frente al hospital Lawrence. Era 1965 y los trabajadores del hospital necesitaban más dinero y mejores condiciones laborales. Así que allí estábamos para protestar. Cuando miré hacia arriba y vi soldados en el techo, apreté la mano de papá un poco más fuerte. Él me dijo que los soldados estaban allí para protegernos, que éramos ciudadanos estadounidenses y teníamos el derecho de reunirnos y protestar. Levanté mi pancarta lo más alto que pude. No tenía miedo, pues tenía a mi papá y a la Constitución estadounidense que me protegían.

No podía esperar a regresar a casa para contarles a mi hermano y mi hermana, Guy y La Verne, sobre mi día en la manifestación. La hora de la cena siempre fue especial en nuestra casa. Nos sentábamos alrededor de la mesa llenando nuestras bocas con comida y nuestras mentes con ideas. Mamá y papá nos animaban a hablar acerca de todo lo que quisiéramos. Algunas veces, hablábamos sobre nuestra familia, sobre la niñez de papá en la segregada ciudad de Waycross, en Georgia, y sobre el amor de mamá por Harlem, el lugar donde creció en la Ciudad de Nueva York. Otras veces, sobre democracia, libertad, justicia y derechos civiles.

En cuarto grado conocí al juez J. Waties Waring. Sus decisiones permitieron ponerle fin a la segregación escolar y lograr el registro de votantes en el sur.

Algunos días, mamá y papá no estaban en casa a la hora de la cena. Eran actores, Ossie Davis y Ruby Dee, pero debido a que eran negros, no tenían las mismas oportunidades ni derechos que los demás ciudadanos. Por eso decidieron utilizar sus vidas como actores para aportar su grano de arena. Querían conseguir que Estados Unidos de América fuera un lugar donde la **injusticia** no fuera bienvenida y al que Guy, La Verne y yo siempre sintiéramos que pertenecíamos.

Y así fue como mi vida ordinaria de tareas de la casa y escolares y rayuelas pronto se volvió extraordinaria. Todos los días había nuevas ideas sobre las cuales hablar durante la cena. Aprendimos nuevas palabras como *no violencia, participación y* **boicotear**. Siempre que podían, mamá y papá nos llevaban a programas, protestas y piquetes.

Hacía dos años, en 1963, nos habíamos mudado a nuestra casa nueva y habíamos comprado nuestro primer televisor, justo en uno de los años más importantes de la historia de EE. UU. No podíamos ver televisión durante los días de escuela, salvo que algo realmente importante ocurriera, como la Marcha sobre Washington. Allí, Martin Luther King Jr. dio su famoso discurso *Tengo un sueño;* me habría gustado estar allí con mamá y papá. Me preguntaba qué podíamos hacer los niños para marcar la diferencia.

Cuando cuatro niñas negras murieron en la explosión de una bomba en una iglesia en Alabama, nos dimos cuenta de que la lucha por el cambio sería dura, larga y peligrosa. Mamá y papá nos animaron a pensar en cómo protestar contra las bombas. Algunos decían que boicoteáramos la Navidad. Era nuestra primera Navidad en la casa nueva y el espíritu de dar era importante.

Mi papá en la Marcha sobre Washington por el trabajo y la libertad en 1963. Mamá y él fueron maestros de ceremonia.

Así que, en vez de boicotear la Navidad, nuestra familia decidió boicotear las compras navideñas. En lugar de comprar regalos, donamos el dinero a los grupos de derechos civiles. Guy, La Verne y yo nos dimos regalos hechos con nuestras propias manos. Y cuando llegó el momento de colgar la cadena de festividades de papel hecha en casa, escribí los nombres de las niñas en los últimos cuatro eslabones. A nuestra pequeña manera, aprendimos el verdadero significado de dar.

A la hora de la cena, elevamos una plegaria especial por las niñas y por nuestro país, y en ese momento supe que la Navidad en la casa Davis nunca sería igual.

Mi hermana, mi hermano y yo en la Casa Blanca en 1995. Mamá y papá obtuvieron la Medalla Nacional de las Artes.

1950 Nora Davis nace en la Ciudad de Nueva York.

1959 Nora y Guy conocen al juez J. Waties Waring, un campeón de los derechos civiles.

1962 La familia marcha por la paz en la Ciudad de Nueva York.

1963 Estalla una bomba en la iglesia bautista de la calle 16 en Birmingham, Alabama.

1965 Trabajadores de un hospital hacen una manifestación en Bronxville, Nueva York, durante 55 días.

1972 Nora vota por primera vez en las elecciones presidenciales.

1985 Nora boicotea las empresas estadounidenses que hacen negocios en la Sudáfrica segregada.

2001 Nora habla a los estudiantes de la escuela local sobre justicia social.

¿Haz conexiones

¿De qué manera los sucesos de la época de los derechos civiles influyeron en la vida de Nora Davis Day? **PREGUNTA ESENCIAL**

Compara la experiencia de Nora Davis Day con las de otros que aportaron su grano de arena. Contrasta el modo en que cada selección presenta la información. **EL TEXTO Y OTROS TEXTOS**

Género · Biografía

Roberto Clemente, un hombre de palabra

Pepe del Valle
ilustrado por
Jorge Vargas

Pregunta esencial

¿Cómo podemos transformar las palabras en acciones?

Lee acerca de cómo un niño hizo realidad sus sueños y ayudó a los demás con sus palabras y sus acciones.

Cuando Monem se levantó una fresca mañana de noviembre, todavía el sol no había salido. Cuando terminó de vestirse, oyó el canto de un gallo. Se asomó a la ventana y vio los primeros destellos de luz asomarse por el horizonte. Esa mañana, Monem acompañaría a su papá a trabajar en el cañaveral por primera vez. Durante el desayuno, Melchor Clemente le explicó a su hijo cómo debía amarrarse una cuerda alrededor de los tobillos para que las culebras y los insectos del cañaveral no se le metieran por los pantalones. A Monem le gustó la idea porque se sentía más protegido, pero también porque el pantalón ahora se parecía un poco a los pantalones de los peloteros profesionales, ajustados dentro de las medias. En camino al cañaveral, a caballo y con el machete al cinto, Monem jamás se habría imaginado que su sueño de convertirse en un jugador de béisbol profesional se haría realidad. Tampoco podía imaginarse que sería la más famosa y brillante estrella del béisbol en la historia de Puerto Rico.

Monem era el apodo que le había dado Rosa, la hermana mayor de Roberto Clemente Walker. El menor de siete hijos, Roberto nació el 18 de agosto de 1934, en el barrio San Antón del municipio de Carolina. Desde pequeño, Monem se destacó como jugador de pelota. Cuando jugaba con sus hermanos y sus vecinos, usaban un palo de escoba como bate y latas vacías en lugar de pelotas. Roberto bateaba las latas por todo el campo y corría con más velocidad que todos. Aunque usaba un guante deshilachado, atrapaba todas las latas que bateaban en su dirección.

Roberto también era un niño responsable y trabajador. Para poder ganar un poco de dinero, acompañaba a su padre a cortar la caña o hacía pequeños trabajos para los vecinos. Con mucho esfuerzo y paciencia, Monem logró ahorrar suficiente dinero para comprarse una pelota de goma. También logró comprarse una bicicleta usada. Una buena **recompensa** por todo el trabajo que había hecho.

Durante las temporadas de béisbol, Monem tomaba el autobús hacia San Juan, la capital, y se dirigía al Estadio Sixto Escobar, donde tenían lugar los partidos de la Liga de Béisbol Profesional de Puerto Rico. Como otros niños que no tenían dinero para pagar el boleto de entrada, Monem trepaba el árbol más alto que encontraba para ver los juegos desde el otro lado de la verja.

Monford "Monte" Irvin jugó en las Grandes Ligas entre 1949 y 1956.

Desde sus días de **adolescente**, Roberto admiraba a un jugador en particular. Su nombre era Monte Irvin, un ágil jardinero que fue elegido Jugador Más Valioso de la Liga de Béisbol Profesional de Puerto Rico de la temporada de 1945-1946. Dos años más tarde, Jackie Robinson se convirtió en el primer afroamericano en jugar en un equipo profesional de las Grandes Ligas. Monte Irvin lo siguió de cerca, debutando con los Gigantes de Nueva York en 1949.

Cuando Irvin regresaba durante las temporadas de invierno a jugar en Puerto Rico, Roberto no perdía la oportunidad de ir a verlo al terreno de pelota. Monem esperaba pacientemente la llegada de Irvin y lo seguía tímidamente hasta la entrada del Estadio Sixto Escobar. Con el tiempo, Irvin se percató de que su pequeño y tímido fanático no tenía dinero para entrar al estadio. Un día Irvin se acercó a Roberto y le dijo: "¿Por qué no me llevas el bulto al vestidor?". A partir de entonces, cada vez que podía llegar al parque, Monem esperaba con anhelo hasta que llegara su ídolo para cargarle el bulto. No lo hacía para no tener que pagar la entrada. Solo quería poder sentarse en las gradas a estudiar de cerca a su héroe. Muchos años después, Monte Irvin admitió haberle enseñado algunas cosas a Roberto durante sus visitas a Puerto Rico. Cuando en una ocasión le preguntaron sobre su relación con Roberto Clemente, dijo con cariño que su joven discípulo "aprendió a hacer mejor que yo todo lo que le enseñé".

Cuando Roberto comenzó a asistir a la Escuela Superior Julio Vizcarrondo, sus compañeros lo vieron jugar béisbol en los jardines de la escuela. Todos quedaron tan impresionados con su rapidez y su capacidad para tirar la pelota que lo animaron a unirse al equipo de campo y pista. En poco tiempo, Roberto se convirtió en el atleta más destacado del equipo, lanzando la jabalina a enormes distancias y ganando todas las carreras en las que participaba.

AHORA COMPRUEBA

Volver a leer ¿Qué impacto tuvieron las palabras de Monte Irvin en el joven Monem? Vuelve a leer para comprobar que comprendiste.

Con apenas catorce años de edad, Roberto fue invitado a jugar en el equipo de *softball* de una compañía de arroz. Por primera vez en su vida, vestiría un uniforme: una camiseta roja y blanca, los colores del logo de la compañía Sello Rojo. Esa experiencia fue su trampolín al mundo del béisbol organizado. En 1952, con apenas diecisiete años y recién graduado de secundaria, firmó un contrato que pagaba cuarenta dólares al mes con los Cangrejeros de Santurce, de la Liga de Béisbol Profesional de Puerto Rico.

Casi inmediatamente, Monem se convirtió en la sensación del béisbol puertorriqueño. Todos los periódicos y los programas de radio alababan las destrezas y el talento de este joven atleta. Como la televisión no había llegado a Puerto Rico, el Estadio Sixto Escobar se llenaba a capacidad con todos sus **seguidores** que querían verlo en persona. Los equipos de las Grandes Ligas de Estados Unidos no tardaron en enterarse de sus maravillosas habilidades.

Su primera experiencia profesional fue un poco desalentadora. El primer equipo profesional con que firmó un contrato fue con los Dodgers de Brooklyn, aunque nunca llegó a jugar con ellos. Monem fue enviado por el equipo a la ciudad de Montreal, en Canadá, para jugar en las ligas menores. En Montreal no se habla español y no todo el mundo habla inglés. La mayoría de la gente habla francés y Monem, por supuesto, no sabía nada de esta lengua. Cuentan que a la hora de pedir comida en los restaurantes simplemente señalaba los platos de las mesas vecinas.

Clemente también se desanimó con el equipo. Sentía que tenía pocos **aliados**, jugaba poco y detestaba pasar tanto tiempo sentado en el banco. Monem estuvo a punto de renunciar al béisbol y regresar a Puerto Rico, pero un amigo le aconsejó que no lo hiciera. "Ten paciencia, ya verás cómo las cosas van a mejorar", le dijo su amigo. En noviembre de 1954, los Piratas de Pittsburgh contrataron a Roberto Clemente, quien debutó en las Grandes Ligas al año siguiente y, como dicen por ahí, el resto es historia.

AHORA COMPRUEBA

Volver a leer ¿Por qué es importante recibir palabras de aliento en los momentos difíciles? Vuelve a leer para comprobar que comprendiste.

Roberto Clemente con el bate con el cual empujó la carrera número 1,275.

El joven Monem se convirtió en uno de los mejores jugadores de la historia del béisbol profesional. En dieciocho años con los Piratas, Clemente fue elegido a participar en el Juego de Estrellas en quince ocasiones. Ganó el título de bateo de la Liga Nacional en cuatro ocasiones. En 1966 fue nombrado Jugador Más Valioso de la Liga Nacional. Obtuvo un total de 12 Guantes de Oro en reconocimiento a su extraordinaria labor como jardinero derecho y ayudó a su equipo a ganar dos campeonatos en las Series Mundiales de 1960 y 1971. En el último juego de su carrera, Clemente bateó su hit número 3,000. Antes de él, esta marca solo la habían alcanzado otros diez jugadores. Clemente también llegó a empujar un total de 1,305 carreras.

Después de la temporada de 1963, de visita en Puerto Rico, a Monem le sucedió algo que cambiaría su vida por completo: conoció a Vera Cristina Zabala. Al año siguiente, en noviembre de 1964, Vera y Roberto se casaron en la Iglesia de San Fernando en Carolina, entre el regocijo de miles de fanáticos. Vera y Roberto tuvieron tres hijos varones. Aunque vivían en Pittsburgh la mayor parte del año, Clemente siempre insistió en regresar a Puerto Rico cuando se acercaba el momento de que su esposa diera a luz. Clemente quería que sus hijos nacieran en su **patria**.

Roberto Clemente organizaba entrenamientos de béisbol para ayudar a los niños a mejorar sus destrezas.

Roberto Clemente no es recordado hoy solamente por sus logros en el campo de pelota. El pequeño Momen que siempre luchó por salir adelante se convirtió en un hombre que sentía la necesidad de ayudar a aquellos menos afortunados que él. Su generosidad y su deseo de ayudar a los demás lo transformaron en un héroe, no solo de los seguidores del béisbol, sino de toda la **sociedad**.

Al finalizar la temporada de béisbol de 1972, Roberto y Vera acompañaron al equipo de Puerto Rico al campeonato mundial de béisbol aficionado que se celebraba en Nicaragua. La experiencia de su visita a este país lo conmovió. La gentileza y la humildad de los nicaragüenses se ganaron el corazón del superestrella y su esposa. Cuando unas semanas después un terrible terremoto sacudió a Nicaragua, Clemente fue uno de los primeros en ofrecerse como voluntario para hacer una recolecta de provisiones, comida y medicina para ayudar a las víctimas de la catástrofe. Como él era un hombre de palabra, comenzó de inmediato a recaudar suministros para aliviar a los afectados por el sismo.

En la noche del 31 de diciembre de 1972, Clemente abordó un viejo avión cargado de provisiones, rumbo a Nicaragua. Poco después de despegar, el piloto se comunicó con la torre de control para notificar que el avión tenía problemas mecánicos y que regresaría al aeropuerto de inmediato. Desafortunadamente nunca lo logró. Cayó al mar y se sumergió en sus profundas y turbulentas aguas en el medio de la noche.

Vera y sus hijos inician la construcción de la Ciudad Deportiva Roberto Clemente en 1974.

La tragedia sacudió a todo el continente americano, pero sobre todo a su tierra natal. En su honor, hoy en día hay en diferentes partes de Estados Unidos y América Latina estadios, coliseos, calles, escuelas y avenidas que llevan su nombre. En Carolina, la ciudad donde nació, su esposa Vera y sus hijos Roberto Jr., Luis Roberto y Enrique Roberto, lograron hacer realidad uno de los sueños de Monem: construir un complejo deportivo para el beneficio de todos los niños que sueñan con jugar al béisbol. El complejo se llama Ciudad Deportiva Roberto Clemente.

Hoy su nombre también se encuentra en el Salón de la Fama del Béisbol en Cooperstown, Nueva York, y en la corta lista de personas que han recibido la Medalla Presidencial de la Libertad, la Medalla de Oro del Congreso y la Medalla Presidencial al Ciudadano. La figura de Roberto Clemente sigue viva en la memoria de todos aquellos que tuvieron la suerte y el honor de verlo jugar, y en los corazones de los que tuvieron el privilegio de haber entrado en contacto, de un modo u otro, con este ser humano inigualable.

AHORA COMPRUEBA

Hacer y responder preguntas
¿Por qué motivos es recordado Roberto Clemente? Vuelve a leer para encontrar la respuesta.

Ven a jugar pelota con el autor y el ilustrador

Pepe del Valle nació en San Juan (Puerto Rico) en 1964. El autor de *La oruga sandunguera*, *El lago adoquinado* y *Los amigos de Mario tienen picos extraños* ha vivido en Puerto Rico, Chicago y Nueva York. Actualmente vive en la ciudad de Madison, en el estado de Wisconsin, donde trabaja como consultor y editor de libros de texto tanto de nivel elemental como universitario. Pepe es un gran fanático del béisbol y desde niño admiró a Roberto Clemente.

Pepe del Valle

Jorge Vargas es natural de Ponce (Puerto Rico). Desde muy joven tuvo inclinaciones hacia la pintura y el dibujo. Vivió en la Ciudad de Nueva York durante los años 70 y 80, donde se destacó por sus diseños gráficos e ilustraciones en las carátulas de discos de FANIA RECORDS y revistas como *Temas* y *Nuestros*. Realizó ilustraciones para los periódicos *El Diario-La Prensa* de Nueva York, *El Mundo* y *El Vocero de Puerto Rico*.

Jorge Vargas

Propósito del autor

Para escribir biografías, los escritores se inspiran en personas reales. ¿Piensas que el autor escribió este texto para entretener, para persuadir o para informar?

Respuesta a la lectura

Resumir

Resume "Roberto Clemente, un hombre de palabra". Incluye detalles clave de su vida. La tabla de punto de vista del autor puede servirte de ayuda.

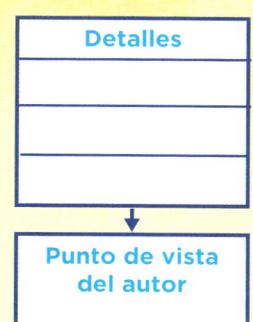

Evidencia en el texto

1. ¿Cómo sabes que "Roberto Clemente, un hombre de palabra" es una biografía? Identifica características de este género en el texto. **GÉNERO**

2. ¿Cuál es el punto de vista del autor con relación a la figura de Roberto Clemente? Busca evidencias en el texto que respalden tu respuesta. **PUNTO DE VISTA DEL AUTOR**

3. Usa claves de contexto que te ayuden a entender el significado de la palabra *tímidamente* en la página 246. Explica si fue útil conocer de antemano el sufijo latino *-mente*. **SUFIJOS GRIEGOS Y LATINOS**

4. Escribe acerca de cuán diferente sería esta biografía si el autor no fuera aficionado del béisbol. **ESCRIBIR SOBRE LA LECTURA**

 Haz conexiones

¿Por qué Clemente organizó una recolecta de provisiones para los afectados por el terremoto en Nicaragua? **PREGUNTA ESENCIAL**

Las palabras tienen el poder de hacer que la gente piense y actúe de una forma u otra. ¿Qué palabras te motivan a proponerte nuevas metas? **EL TEXTO Y EL MUNDO**

CCSS Género · Discurso

Compara los textos
Lee el discurso más famoso de Abraham Lincoln.

Un nuevo nacimiento de la libertad

La batalla de Gettysburg, Pennsylvania, en julio de 1863, fue un momento crucial en la Guerra Civil. Miles de soldados murieron. Después de la batalla, una proclamación creó allí un cementerio nacional. El presidente Lincoln fue al lugar el 19 de noviembre de 1863 para honrar a los soldados caídos. En su discurso alabó su coraje y pidió que los honraran trabajando por un "nuevo nacimiento de la libertad". Las reacciones al discurso fueron mixtas. Desde entonces es uno de los discursos más famosos en la historia de nuestra nación.

El discurso de Gettysburg

Hace ocho décadas y siete años, nuestros padres crearon en este continente una nueva nación concebida en libertad sobre la base de que todos los hombres son creados iguales.

Ahora estamos inmersos en una gran Guerra Civil, que pone a prueba si esta nación, o cualquier nación así concebida y consagrada, puede perdurar en el tiempo. Estamos reunidos en un gran campo de batalla de esa guerra. Hemos venido a consagrar una parte de ese campo como último lugar de descanso para aquellos que dieron sus vidas para que esta nación pudiera vivir. Es adecuado y apropiado que lo hagamos.

Pero, en un sentido más amplio, nosotros no podemos dedicar, no podemos santificar este suelo. Los hombres valientes, vivos y muertos, que lucharon aquí ya lo han hecho, mucho más allá de nuestra pobre capacidad de añadir o restarle algo. El mundo apenas notará o recordará lo que se diga aquí por mucho tiempo, pero nunca podrá olvidar lo que ellos hicieron. Por eso nos corresponde a nosotros, los vivos, consagrarnos aquí a la obra inconclusa que aquellos que aquí lucharon hicieron avanzar tan noblemente. Nos corresponde a nosotros consagrarnos aquí a la gran tarea que nos queda por delante; y que por los caídos a los que honramos tengamos una mayor devoción a la causa por la cual ellos dieron su última muestra de devoción total. Que aquí tomemos la solemne resolución de que los fallecidos no hayan dado su vida en vano. Que esta nación, en la gracia de Dios, nazca de nuevo en libertad. Que el gobierno del pueblo, por el pueblo y para el pueblo no desaparezca de la Tierra.

¿? Haz conexiones

¿Qué fin tuvo "El discurso de Gettysburg" para las personas entristecidas por el precio de la guerra? **PREGUNTA ESENCIAL**

Describe a otros líderes cuyas palabras hayan tenido impacto en la historia de nuestra nación. **EL TEXTO Y OTROS TEXTOS**

CCSS Género • Artículo persuasivo — TIME FOR KIDS

Una nueva variedad de MAÍZ

¿? Pregunta esencial

¿En qué medida los avances científicos pueden ser útiles o perjudiciales?

Lee dos perspectivas diferentes sobre el maíz Bt.

¡Conéctate!

Un perforador de maíz europeo se alimenta de una mazorca de maíz. Algunos granjeros se están cambiando al maíz Bt para evitar que plagas como estas dañen sus cosechas.

Los avances científicos han cambiado el modo en que los granjeros cultivan maíz. Y han hecho que los consumidores piensen en lo que comen.

¿Has oído hablar sobre el maíz Bt? Tal vez no, pero seguramente lo has comido. El maíz Bt se cultiva en todo el mundo. Se usa en muchos alimentos, incluyendo tortillas y harina de maíz. También se usa para hacer sirope de maíz, que es un endulzante **frecuente** en muchos alimentos y bebidas.

El maíz Bt es un alimento genéticamente modificado. Para hacerlo, los científicos cambian el código genético del maíz, el cual establece qué **peculiaridades heredará**. El maíz Bt contiene un gen que mata insectos, el cual proviene de una bacteria llamada *Bacillus thuringiensis* o Bt. Estos cambios hacen que el maíz produzca veneno, que solo mata a los insectos dañinos para él, como el gusano de la raíz o la oruga conocida como perforador de maíz europeo. Así los granjeros no tienen que usar pesticidas en sus campos de maíz.

Usos del maíz

Al pensar en el maíz, te pueden venir a la mente los granos de maíz frescos de la mazorca. Sin embargo, ¿cuánto consumen los humanos en realidad? El siguiente gráfico circular muestra los usos del maíz en Estados Unidos según la Agencia de Protección Ambiental.

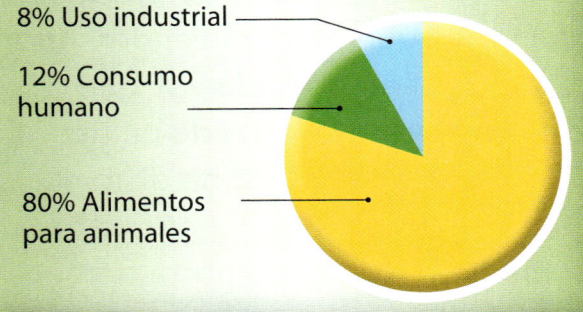

8% Uso industrial
12% Consumo humano
80% Alimentos para animales

AHORA COMPRUEBA

Volver a leer ¿Por qué el maíz Bt es atractivo para los granjeros?

¿Dónde se cultivan los alimentos GM?

Aunque Estados Unidos es el mayor productor de alimentos genéticamente modificados, se están cultivando cosechas mejoradas en todo el mundo.

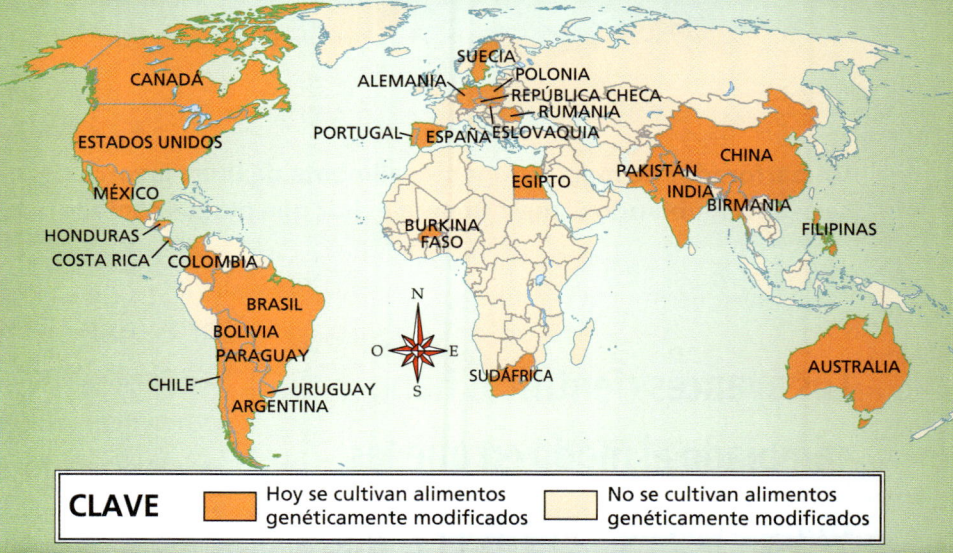

Un científico examina el daño de la raíz producido por plagas en una planta de maíz normal (izquierda) y en una de Bt (derecha).

CLAVE: Hoy se cultivan alimentos genéticamente modificados / No se cultivan alimentos genéticamente modificados

POSICIÓN / CONTRAPOSICIÓN

El maíz Bt es mejor
La perspectiva de un granjero

Comencé a cultivar maíz Bt en 1996. Hasta ese momento, no sabía si lo que había sembrado produciría un cultivo que pudiera vender. Ahora me siento seguro cada vez que empieza la temporada de cultivo.

El uso del maíz Bt ha disminuido el uso de pesticidas. Es bueno para el medioambiente y ahorra tiempo y dinero. Ya no tengo que usar pesticidas costosos. Además, ya no me preocupo por estar expuesto a los químicos tóxicos.

Muchas personas tienen **preocupaciones** por el veneno del maíz Bt. Es tóxico para los gusanos de la raíz y los perforadores de maíz. Otros insectos parecen abundar donde no se usa pesticida.

Sembrar maíz Bt ha incrementado tanto las ganancias como la productividad de mi granja y de las granjas de todo el mundo. Esto es bueno para los países en vías de desarrollo donde el maíz es un alimento básico de la dieta. Además, tener más alimentos disponibles en las naciones que sufren de hambre es positivo. Los beneficios del maíz Bt siguen aumentando. Cada vez más y más granjeros lo siembran en sus terrenos.

El maíz Bt puede ser malo
Un consumidor preocupado

El maíz Bt ha estado en el mercado desde finales del siglo XX y no ha habido mucha investigación con respecto a sus consecuencias a largo plazo. Aun así, los granjeros producen cultivos genéticamente modificados (GM) a un ritmo alarmante. No puedo dejar de preguntarme sobre estos avances recientes en la **agricultura**: ¿cuáles serán los efectos a largo plazo de los alimentos GM en los seres humanos y en el medioambiente? ¿El maíz Bt es realmente seguro para ser cultivado y para comerlo?

Se han hecho pruebas a los alimentos GM en ratones de laboratorio. Los resultados no han sido los mejores. Se indica que algunos ratones desarrollaron lesiones en sus estómagos por ingerirlos y otros han muerto pronto por "razones no especificadas". Los consumidores deberían saber qué están comprando y comiendo.

Con el tiempo, las plagas pueden crear **resistencia** a cualquier pesticida. Un estudio de 2011 muestra que los gusanos de raíz ya están desarrollando resistencia al maíz Bt. Si los gusanos pueden comer maíz Bt y sobrevivir, ¿para qué cultivarlo?

Hay preocupación sobre el impacto del maíz Bt en las orugas de la mariposa monarca. Los granjeros son responsables de que sus cultivos no dañen el medioambiente físico y a todos sus habitantes. Se necesita más investigación para que queden claros los efectos del maíz Bt y así poder proteger a generaciones futuras.

Un consumidor que está en **desacuerdo** con la venta del maíz Bt asiste a una protesta.

Respuesta a la lectura

1. ¿Cómo sabes que "Una nueva variedad de maíz" es un artículo persuasivo? **GÉNERO**
2. ¿Cuál es la opinión del autor sobre el maíz BT? **PUNTO DE VISTA DEL AUTOR**
3. ¿Cuál es la definición de *generaciones* en la página 267? Comenta cómo la raíz griega "gen" te ayudó a determinar su significado. **RAÍCES GRIEGAS**
4. Escribe sobre los aspectos positivos y negativos de consumir cultivos genéticamente modificados. **ESCRIBIR SOBRE LA LECTURA**

CCSS Género • Texto con instrucciones TIME FOR KIDS

Compara los textos
Lee cómo puedes cultivar una calabaza gigante.

Nuevo récord mundial

La elegida de la parcela

Esta calabaza logró el récord mundial al pesar más de 1,810 libras. ¿Cuál es el secreto para cultivar una calabaza gigante? Según Chris Stevens, el hombre que batió el récord, "se necesita luz solar, lluvia, estiércol de vaca, abono de pescado y algas marinas". Sigue leyendo una receta que podrás recrear en casa.

Para cultivar una calabaza gigante se necesitan conocimientos y habilidades. Sigue estos seis sencillos pasos.

1. Investiga sobre las semillas.
Algunas semillas de calabaza que dan buenos resultados son la Prizewinner Hybrid, la Atlantic Giant, la Mammoth Gold y la Big Max. Estas se venden en internet por solo $1.

2. Tómate tu tiempo.
Las calabazas necesitan tiempo para crecer. Mayo es un buen mes para plantar las semillas en macetas. Deja que hagan sus **avances** en ese espacio seguro antes de trasplantarlas. Plántalas en tierra de buena calidad y fertilízalas bien.

3. Protege tus plantas de calabaza.
Cuidado con los insectos y otras pestes que podrían atacar las plantas. Para evitar que el viento las dañe, pon una cerca o una lona de plástico.

4. Ayuda a que tu calabaza crezca.
La **agricultura** no es automática, pero la polinización manual de las flores aumentará tus opciones de obtener una calabaza gigante. Usa un pincel pequeño para esparcir polen de la flor masculina a la flor femenina. Esta tiene una pequeña calabaza en la base de sus pétalos.

Para polinizar, las flores deben estar abiertas.

5. Elige tu mejor opción.
Las calabazas compiten entre sí para obtener los mejores nutrientes del emparrado. Con el fin de darle a tu calabaza una mayor oportunidad de crecer, elige la mejor y la más grande de cada emparrado y retira todas las demás.

Registra a diario el crecimiento de tu calabaza.

6. Continúa con los cuidados.
Riega y fertiliza tus calabazas con regularidad hasta que sea tiempo de la cosecha. ¡Es hora de pesarlas!

Haz conexiones

¿Cómo puedes cultivar una calabaza gigante? **PREGUNTA ESENCIAL**

¿Cómo pueden los avances científicos ser buenos o malos? **EL TEXTO Y OTROS TEXTOS**

Género · Narrativa de no ficción

MIRA CÓMO

¿? Pregunta esencial

¿Por qué necesitamos gobierno?

Lee sobre la historia de nuestro gobierno y el papel de los ciudadanos.

¡Conéctate!

SON LAS ELECCIONES

Susan E. Goodman ★ Ilustrado por Elwood H. Smith

★ Una corta historia ★ de la democracia

Los inicios...

¿Cuándo fueron las primeras elecciones? No se sabe. Es posible que las personas votaran en tiempos prehistóricos.

FLINT, FLINT, ÉL ES NUESTRO HOMBRE. SI ÉL NO PUEDE PINTAR LAS CUEVAS, NADIE PUEDE.

ELIGE A GROG COMO GUARDIÁN DE LAS LLAMAS.

UN VOTO POR EL HOMO SAPIENS ES UN VOTO POR EL PROGRESO.

Las personas primitivas pudieron haber tenido elecciones; pero no podemos estar seguros, no tenían un lenguaje escrito, por lo tanto no pudieron dejarnos registros, y mucho menos afiches de campaña o adhesivos para el parachoques del auto.

Cuidado con los griegos que dan regalos

A los griegos antiguos se les acredita la invención de la democracia, probablemente porque tenían la mejor palabra para ella. La parte "demo" viene de *demos*, que significa "pueblo". "Cracia" viene de *kratein*, que significa "gobierno".

El gobierno del pueblo.

Su inicio en 510 a. C. sucedió cuando los ciudadanos de Atenas (Grecia) se reunieron en una Asamblea y votaron sobre temas importantes de la comunidad. La voz de cada uno era igual al decidir lo que sucedería. Esta fue la democracia más pura de todos los tiempos, en cierta medida. Solo los adultos hombres, nacidos en Atenas con padres atenienses, eran ciudadanos con todos los derechos legales. Uno de cada ocho atenienses podía votar sobre decisiones que afectaban sus vidas.

No hay lugar como Roma

Cerca de la misma época y un poco hacia el oeste, la ciudad de Roma comenzó a trabajar en su versión de democracia. Eso sucedía cuando sus ciudadanos o ejércitos no estaban muy ocupados conquistando a todos los que los rodeaban.

La democracia romana fue diferente de la griega, en la que los ciudadanos votaban sobre asuntos importantes. Los romanos votaban para escoger a las personas que tomarían las decisiones por ellos. Elegían senadores, que conservaban su trabajo toda la vida. Elegían cónsules, que controlaban el ejército y creaban leyes. ¡Pero el mayor **privilegio** de un ciudadano romano era ser el único del Imperio que podía usar una toga!

Luego, a los líderes romanos les comenzó a dar un poco de deseo de poder. Julio César se declaró a sí mismo dictador vitalicio. Augusto tomó el título de emperador. Después, se declaró dios.

Hasta ahora nuestros presidentes han mostrado más autocontrol.

Un lugar en la historia

Hablando de poder, tanto Julio César como Augusto nombraron meses con sus nombres (julio y agosto).

1,800 años después llega la democracia estadounidense

George Washington y el resto de nuestros Padres Fundadores tomaron prestados **trozos** y pedazos de las democracias del pasado para crear la nuestra. Nombraron a nuestro Senado igual que al Senado romano. Adoptaron una idea británica del siglo trece que decía que el gobierno debe respetar los derechos legales del ciudadano.

George y su equipo querían un gobierno donde las personas pudieran decidir cómo gobernar el país, pero no demasiado. Ellos no confiaban en todos sus compatriotas estadounidenses, especialmente aquellos que no tenían mucha educación. Entonces rechazaron el método griego en el que los ciudadanos votaban directamente por las leyes. En su lugar, las decisiones las tomarían las personas que "representaban" a los ciudadanos, como en la república romana.

AHORA COMPRUEBA

Hacer y responder preguntas
¿Por qué los Padres Fundadores rechazaron el método griego de elección? Lee de nuevo el texto para encontrar la respuesta.

En 1787, los Padres Fundadores se encerraron durante cuatro meses para escribir nuestra Constitución. No fue fácil llegar a esta descripción de nuestro nuevo gobierno. Todos tenían ideas diferentes y tuvieron que llegar a un **acuerdo**. Con frecuencia, la cara de George Washington mostraba su "estilo Valley Forge".

Este fue el consenso: crear un gobierno nacional con tres poderes. Nuestro Congreso (el poder legislativo) tiene dos partes o cámaras: el Senado y la Cámara de Representantes. El Congreso puede crear leyes para elevar los impuestos, mejorar la vida de los ciudadanos, y defender al país.

El presidente es la cabeza del poder ejecutivo. Él (y algún día, tal vez pronto, ella) hace cumplir las leyes y es la cabeza del ejército. También nombra a los jueces de la Corte Suprema, parte de nuestro poder judicial. La función de la corte es reforzar las leyes existentes y decidir si los otros dos poderes están obedeciendo la Constitución.

¿Qué dijo Ben?

Poco después de que terminara la Convención Constitucional, una mujer le preguntó a Benjamin Franklin qué tipo de gobierno habían creado los Padres Fundadores. La respuesta de Franklin fue: "Una república, señora, si ustedes la pueden conservar".
En otras palabras, nuestro tipo de gobierno necesita ciudadanos a los que les importe lo suficiente estar informados y participar, en otras palabras... *¡VOTA!*

Todo el tiempo hay mejoras

¿La Constitución es un plan perfecto? No, pero las personas que la escribieron fueron suficientemente inteligentes para saberlo. La mejoraron inmediatamente al escribir la Carta de Derechos, las primeras diez **enmiendas** (adiciones) a la Constitución. Y la hemos seguido mejorando.

Las buenas noticias: Estados Unidos fue la primera democracia moderna con un gobierno elegido que protege la libertad y los derechos de sus ciudadanos.

Las malas noticias: Al comienzo, solo los hombres blancos que eran dueños de tierras podían votar.

Las buenas noticias: En 1856, los hombres blancos que no poseían tierras obtuvieron ese derecho.

Las malas noticias: El resto de personas fueron dejadas por fuera. Cambiar las creencias y los valores no es fácil; requiere mucho esfuerzo.

Las buenas noticias: Los afroamericanos y otros hombres que no eran blancos comenzaron a votar en 1870.

Las malas noticias: Las creencias y valores de las personas cambian muy lentamente. El derecho al voto de un afroamericano se negaba con frecuencia en el Sur y en partes del Norte hasta el movimiento por los derechos civiles entre 1960 y 1970.

Las buenas noticias: Las mujeres estadounidenses de todas las razas obtuvieron el voto en 1920.

Las malas noticias: Las mujeres de Nueva Zelanda, Australia, Finlandia, Noruega, Canadá, Estonia, Inglaterra, la Unión Soviética, Austria, Checoslovaquia, Alemania, Hungría, Armenia, Azerbaiyán, Polonia, Luxemburgo y Holanda pudieron votar antes que ellas. ¡Al menos Estados Unidos venció a Suiza, donde las mujeres no pudieron votar hasta 1971!

Las buenas noticias: Los indígenas americanos votaron desde 1924.

Las malas noticias: Parece una larga espera, ellos llegaron primero. Es más, algunos estados les prohibieron votar hasta la década de 1940.

Las buenas noticias: En 1971, la edad de votación se redujo a 18 años.

Las malas noticias: Tienes que esperar más antes de poder votar.

Las buenas noticias: Tienes otras maneras de hacer que se oiga tu opinión. ¡Sigue leyendo para descubrir cuáles son!

★ El Tío Sam te quiere ★
Rayos X para votar

Cuando las personas se involucran en sus comunidades, su conocimiento sobre política crece. Su interés y su **compromiso** también crecen. Esto es cierto tanto para niños como para adultos.

Ahora bien, tú no tienes edad suficiente para votar, ni siquiera estás cerca. Pero incluso así puedes tener voz en nuestra democracia.

Cuatro millones de niños emiten votos el día de las elecciones. Son parte de un programa en escuelas de veintiocho estados y en Washington, D. C., que se llama *Kids Voting USA*. Es cierto que sus votos no son contabilizados en el conteo oficial. Pero se anuncian en las escuelas y en las estaciones locales de televisión.

Este programa tiene otra ventaja. Los niños se emocionan tanto que entre 3 y 5 por ciento más de sus padres terminan votando también.

Ahí es donde tú contribuyes, aunque *Kids Voting USA* no esté en tu escuela. Puedes asegurarte de que tus padres estén registrados para votar. Y puedes asegurarte de que realmente lo hagan.

¿Cómo? Oh, vamos. ¿Cómo logras que tus padres hagan cualquier cosa? ¿Como llevarte a algún lugar? ¿Comprarte un juego nuevo? ¿Dejarte despierto hasta tarde?

¡Los fastidias!

Entonces fastídialos sobre la votación. Pega un calendario en la puerta de enfrente. Deja recordatorios en su correo de voz. También envíales correos electrónicos. Si dicen que están muy cansados el Gran Día, intenta sobornarlos (¡funciona cuando ellos quieren algo de ti!). ¡Ofréceles lavar los platos si van, pero solo si estás desesperado!

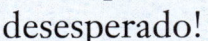

> **AHORA COMPRUEBA**
>
> **Hacer y responder preguntas**
> ¿De qué manera el programa *Kids Voting USA* motiva a las personas a votar? Lee de nuevo el texto para encontrar la respuesta.

¡Niños al rescate!

Fastidiar a tus padres es un buen primer paso. Algunos niños van más allá. Identifican problemas y trabajan en ellos. Un informe reciente mostró que el 55 por ciento son voluntarios. Esto es casi el doble que los adultos.

Los niños se están convirtiendo en líderes...

Hablando de fastidiar, un grupo de alumnos de segundo grado decidió que Massachusetts necesitaba un insecto oficial del estado. Cuando supieron que cualquier residente del estado podía darles ideas a los legisladores para leyes nuevas, pusieron manos a la obra. Quizá fueron los disfraces de catarina que usaron durante su visita al capitolio del estado. Pudo haber sido el discurso diciendo que las catarinas se podían encontrar en todo el estado. Por la razón que fuera, la asamblea legislativa **aprobó** su proyecto de ley y el gobernador firmó una ley que proclamaba a la catarina como el insecto del estado de Massachusetts.

Los alumnos de tercero y cuarto grado hicieron algo similar para Nueva Hampshire, que no tenía una fruta del estado. Lo más difícil del proceso fue convencer a los legisladores de que la calabaza ES una fruta.

A los siete años, Shadia Wood supo que el proyecto de ley del Superfondo limpiaría los peores lugares de desechos tóxicos de Nueva York. Durante siete años, Shadia y un grupo llamado *Kids Against Pollution* intentaron convencer a los encargados de hacer las leyes de aprobar ese proyecto de ley. Ella tenía un puesto de venta de limonadas en las escaleras del capitolio, donde vendía bebidas y torta de "residuos tóxicos". Luego enviaba las ganancias al gobernador para ayudar a pagar el Superfondo. Con el tiempo, los reporteros de televisión y de periódicos se dieron cuenta de lo que ella estaba haciendo. El proyecto de ley del Superfondo se convirtió en ley en 2003. (No hay nada de malo en avergonzar a los adultos para que se comporten bien).

¿Te imaginas obtener $135 por no ir a la escuela y hacer un buen trabajo? Cuando el gobernador de Massachusetts firmó el proyecto de ley para permitir que los jóvenes de dieciséis y diecisiete años trabajaran en los puestos de votación, los estudiantes de Boston comenzaron a ayudar a los votantes con el equipo computarizado el día de las elecciones. Los niños saben más de computadoras que muchos de los adultos votantes y se involucran en la votación. Nuestro país los necesitará pronto. El trabajador del puesto de votación tiene en promedio setenta y dos años.

En Boise (Idaho), jóvenes de quince años y más están en comités que gobiernan la ciudad. Linesville y Pennsylvania han tenido alcaldes de 18 años. Pero en California, Ohio, Rhode Island, Vermont, Washington y Wisconsin, una persona de dieciocho años puede ser gobernador.

Enviar un mensaje

Si ves un problema en tu comunidad o tienes una idea de cómo mejorar las cosas, entra en acción. Muéstrale al líder del gobierno lo que piensas (¡la mejor parte, por favor!).

- Habla en una reunión del pueblo.
- Invita a tu alcalde o a otro funcionario a hablar en tu clase sobre un asunto importante. Prepárate para hacer buenas preguntas y dar tus opiniones.
- Organiza una visita de tu clase a él o a ella.
- Escribe una carta o correo electrónico que identifique un problema. Di de qué manera el problema te afecta a ti y a tu comunidad. Escribe sobre los cambios que te gustaría ver. Envía tu carta al funcionario adecuado de tu pueblo o al representante y al senador de tu estado, o al representante y senador del Congreso, o incluso al gobernador o al presidente.
- Escribe una carta y pídeles a las personas que están de acuerdo contigo que la firmen también. Asegúrate de escribir los nombres y las direcciones claramente.
- Haz una encuesta sobre el problema, escríbela y envíala al funcionario adecuado.

AHORA COMPRUEBA

Resumir ¿De qué manera pueden los niños hacer que su voz se oiga en sus comunidades?

MIRA CÓMO DESCRIBEN LA DEMOCRACIA

Susan E. Goodman amaba la lectura cuando era niña, pero esto no la convirtió en una buena escritora. Esto sucedió cuando obtuvo una D- en un trabajo de la escuela. La maestra de Goodman le permitió volver a escribirlo. Esto le enseñó a Goodman la importancia de repasar y revisar cualquier cosa que escribiera. ¡Y Susan Goodman ha escrito mucho, más de 700 artículos y varios libros!

Elwood Smith creció amando los personajes de los dibujos animados y los libros de tiras cómicas. Cuando era adulto y comenzó a dibujar ilustraciones cómicas, recordaba las tiras cómicas que le gustaban cuando niño e intentó dibujar siguiendo ese estilo. Smith también toca la guitarra en una banda de rock con otros artistas.

Propósito de la autora

¿Por qué la autora explica los tipos de gobierno que se usaron hace mucho tiempo antes de explicar cómo funciona la democracia en Estados Unidos?

RESPUESTA A LA LECTURA

Resumir

Identifica los detalles clave y resume "Mira cómo son las elecciones". La información de tu tabla de causa y efecto te puede ayudar.

Causa → Efecto
→
→
→
→

Evidencia en el texto

1. ¿Por qué "Mira cómo son las elecciones" se considera narrativa de no ficción? Señala elementos del texto que te ayudan a identificar el género. **GÉNERO**

2. ¿Qué causó que Shadia Wood se enfrentara a las personas del gobierno que hacen las leyes? Describe lo que hizo y el efecto que tuvieron sus métodos. **CAUSA Y EFECTO**

3. Usa claves de contexto para descifrar el significado de la palabra *dictador* de la página 272. Explica cómo conocer la raíz latina "dict" te ayuda. **RAÍCES LATINAS**

4. Escribe sobre por qué el gobierno de nuestro país tiene tres poderes. **ESCRIBIR SOBRE LA LECTURA**

Haz conexiones

¿De qué manera serían diferentes nuestras vidas si no tuviéramos un gobierno?
PREGUNTA ESENCIAL

¿Cómo se compara el gobierno de Estados Unidos con otros tipos de gobierno de todo el mundo? ¿Por qué crees que tantas personas quieren ser parte de una democracia?
EL TEXTO Y EL MUNDO

Género • Texto expositivo

Compara los textos
Lee sobre el plan de los Padres Fundadores para nuestro gobierno.

El nacimiento de la DEMOCRACIA estadounidense

Cada 4 de Julio se celebra el nacimiento de Estados Unidos. Los fuegos artificiales nos recuerdan que las trece colonias declararon su independencia de Gran Bretaña el 4 de Julio de 1776. Ese cumpleaños tuvo lugar en Filadelfia, Pennsylvania. Allí, el Segundo Congreso Continental aprobó la Declaración de Independencia. Este documento creó una nueva nación: Estados Unidos de América. La Declaración es casi como el registro de nacimiento original de nuestro país.

Nuestros Padres Fundadores

Cinco hombres, incluidos John Adams, Thomas Jefferson y Benjamin Franklin, escribieron la Declaración de Independencia. Jefferson escribió el primer borrador. Sus palabras resumen una creencia básica: "todos los hombres son creados iguales".

Los hombres que firmaron la Declaración son los Padres Fundadores de nuestro país. Esta firma puso las vidas de los fundadores en peligro, pues sus firmas los convertían en traidores de Gran Bretaña. También sabían que si las colonias ganaban la guerra, sus nombres entrarían en la historia.

Guiados por George Washington, los colonos lucharon por su libertad. Después de una guerra larga, los británicos se rindieron en 1781 y se firmó un tratado de paz en 1783. Pero nuestra nueva nación estaba todavía formándose. Los estadounidenses no sabían qué tanto poder debía tener un gobierno federal o central. Como acababan de obtener la libertad de un rey británico poderoso, no querían que su gobierno tuviera demasiado poder.

La Convención Constitucional

Hacia 1787, cada estado imprimía su propio dinero y hacía sus propias leyes comerciales. El gobierno nacional era débil y tenía deudas de la guerra. En mayo de 1787, cada estado envió delegados, personas que representan a otros, a Filadelfia para participar en la Convención Constitucional. Los delegados debían crear un nuevo plan para nuestro gobierno. George Washington fue elegido presidente de la convención.

Un joven delegado, James Madison, propuso ideas. Después de muchos debates, llegó a un acuerdo con los otros delegados para que la Constitución de Estados Unidos fuera el plan para nuestro gobierno. Por esto, hoy en día, James Madison se conoce como el "Padre de la Constitución". Los delegados de estados grandes y pequeños debatieron acerca del poder de aprobar una legislación o leyes. Los estados con poblaciones grandes querían más votos en una asamblea legislativa. Los estados pequeños no creían que fuera justo. Para septiembre de 1787, los estados llegaron a un acuerdo sobre un sistema para controles y contrapesos conocido como los tres poderes del gobierno.

LOS TRES PODERES DEL GOBIERNO

El poder legislativo crea las leyes.

Incluye:
- Congreso
  - Cámara de Representantes
  - Senado

El poder ejecutivo lleva a cabo las leyes.

Incluye:
- Presidente
- Vicepresidente
- Miembros del gabinete

El poder judicial resuelve disputas sobre las leyes.

Incluye:
- Corte Suprema
- Tribunales federales inferiores

Los tres poderes

El poder legislativo, o Congreso, está constituido por el Senado y la Cámara de Representantes. El Congreso aprueba las leyes. A los estados pequeños les gustó el Senado porque cada estado, grande o pequeño, tiene dos senadores. En la Cámara, la población del estado determina el número de representantes.

El presidente es la cabeza del poder ejecutivo. El presidente puede firmar, vetar y hacer cumplir las leyes. El presidente también comanda el ejército de la nación.

El poder judicial es el tercer poder. La corte más alta se llama Corte Suprema. Los tribunales distritales, estatales y federales determinan si una ley cumple con la Constitución.

La Constitución se aprobó oficialmente en septiembre de 1787, pero no se convirtió en la ley de la nación inmediatamente. ¿Por qué? Tenía que ser ratificada, o aprobada, por nueve de los trece estados.

Algunos estados se resistieron. Sentían que la Constitución no les daba suficiente poder a las personas. Querían adicionar enmiendas, o cambios, que garantizaran derechos personales importantes como la libertad de expresión o de culto. James Madison se volvió a involucrar. Escribió la Carta de Derechos, las primeras diez enmiendas a la Constitución. Estas fueron añadidas a la Constitución en 1791. ¡Finalmente, nuestra nación tuvo un plan de gobierno que se había aprobado!

Todas las personas

Nuestra Constitución comienza con las palabras *Nosotros, el pueblo*. En 1791, sin embargo, la Constitución otorgaba ciertos derechos, como el de votar, solo a algunas personas. Eso ha cambiado a través del tiempo. Hoy en día, nuestra Constitución les da a todos los ciudadanos mayores de 18 años el derecho a votar. Los políticos revisan continuamente este documento fundador para asegurarse de que todas las personas sean tratadas como iguales en nuestra democracia.

Haz conexiones

¿Por qué los delegados de los estados se reunieron para escribir una Constitución en 1787? **PREGUNTA ESENCIAL**

¿Por qué es importante ser un participante activo en nuestra democracia? Usa detalles de las selecciones para explicar tu respuesta. **EL TEXTO Y OTROS TEXTOS**

Género · Fantasía

LARUE

Cartas de la Campaña

PARA ALCALDE

Mark Teague

Pregunta esencial

¿Por qué se postulan las personas para cargos públicos?

Lee por qué LaRue piensa que debería postularse para alcalde.

¡Conéctate!

La Gaceta de Nueva Bufonia

30 de septiembre

Moscoso anuncia su candidatura a la alcaldía

El ex director de la policía metropolitana, Hugo Moscoso, anunció ayer su candidatura a la alcaldía de Nueva Bufonia durante un acto que tuvo lugar en el parque Gruber. Moscoso, a quien se considera favorito para ocupar el puesto, se presentó a sí mismo como el candidato de "la ley y el orden". "¡La situación en Nueva Bufonia es una desgracia! —dijo, provocando un tímido aplauso—. Necesitamos parecernos más a Bahía Lechuga. Debemos decir "no más" a las tonterías, "no más" a las chapucerías y "no más" a la ridiculez". Su discurso fue interrumpido por varios perros que tumbaron un carrito de perros calientes. Gertrudis LaRue, de la Segunda Avenida, sufrió varias heridas como consecuencia del alboroto. Los perros no pudieron ser identificados.

Alboroto canino

Pronta Recuperación

1 de octubre

Querida Sra. LaRue:

¡No sabe cómo me dolió oír que se había lastimado! ¿Quién hubiera imaginado que esos carritos de perros calientes fueran tan inestables? Yo mismo intentaba divisar bien a Moscoso cuando todo se vino abajo. Vaya uno a saber qué estaban haciendo esos otros perros... Debo confesar que dieron la impresión de estar del lado de la delincuencia. En cualquier caso, no me repongo de la noticia de que usted permanecerá tanto tiempo en el hospital.

Sin duda, estará preocupada por mi bienestar. ¡Yo también lo estoy! Pero la Sra. Hibbins ha dicho que me alimentará y yo intentaré resistir.

Reciba un saludo afectuoso,
Ike

2 de octubre

Querida Sra. LaRue:

    Supe que había preguntado por mí. Muchas gracias. Y sí, será una época difícil, abandonado aquí mientras que usted se recupera en su cómoda cama de hospital. Pero no se preocupe. Me he hecho amigo de los perros que conocí el otro día en el parque. Hemos decidido crear un club social dedicado a servir a la comunidad. Espero que el tiempo que pase con Fifí, Buck y Chui me ayude a sobrellevar la pena que me causa su ausencia. ¡También hay que pensar en todas las buenas acciones que haremos!

Virtuosamente suyo,
Ike

AHORA COMPRUEBA

Hacer predicciones Ike afirma que su club social servirá a la comunidad. ¿Predices que el club realmente hará buenas acciones?

La Gaceta de Nueva Bufonia

6 de octubre

¡Jauría de perros salvajes!

El juego es interrumpido

Una jauría de perros volvió a tomar ayer las calles de Nueva Bufonia. Uno de ellos interrumpió una jugada de doble-play durante el juego de los Conejos de Nueva Bufonia en el estadio Morley, atrapó la pelota y salió corriendo. Este fue el último episodio de una serie de incidentes que comenzó el martes, cuando un grupo de estas criaturas revoltosas saboteó la primera Jornada de Pesca en el Lago Verde. Según nuestras fuentes, los perros se colaron y se comieron todo el pescado. Al día siguiente, una jauría de perros se metió en uno de los camiones del Sr. Tin Ton Tan, llevándose dos galones de helado de choconuez. Ninguno de los perros ha sido apresado, aunque el vendedor de helados Eugenio Feliú ha descrito al líder como un "sujeto blanco y negro y algo despeinado".

Querida Sra. LaRue: 7 de octubre

Le ruego que no se preocupe por mí. No voy a morirme de hambre ni de soledad, espero.

Sí, claro que leí los artículos de prensa acerca de los "problemas caninos". Me parecieron francamente ridículos. ¿Desde cuándo se consideran la alegría y la jovialidad problemas? ¿Qué daño se ha hecho? Es posible, sin embargo, que estas crónicas alarmistas lleven a ciertos individuos de poco intelecto a creer que los perros somos una amenaza.

Espero que se sienta mejor.
Ike

AHORA COMPRUEBA

Confirmar predicciones ¿En qué se diferencian las cartas que Ike envía a la señora LaRue de los informes de prensa? Confirma tu predicción sobre si el club social de Ike iba a hacer buenas acciones para la comunidad.

La Gaceta de Nueva Bufonia

8 de octubre

Moscoso pide mano dura con los perros

El candidato a la alcaldía Hugo Moscoso calificó a los perros de ser una "amenaza para la comunidad" y anunció un plan para controlar a las bestias. "No podemos seguir **tolerando** este tipo de comportamiento", dijo, aludiendo a los incidentes recientes. El señor Moscoso propone no solo una ley de correas y un toque de queda, sino una veda absoluta a la presencia de animales en lugares públicos. "A esta ciudad se la están llevando los perros —dijo Moscoso— y yo **pretendo** detenerlos".

En otras noticias, se ha sabido que un perro se introdujo en la carnicería Branmeier de la Segunda Avenida y se llevó medio kilo de salchichas.

9 de octubre

Querida Sra. LaRue:

Me urge decir que los desvaríos del señor Moscoso me abruman. ¡Supongamos que llegara a ganar la elección al cargo más importante de la ciudad! La idea es escalofriante. ¡Debo encontrar la manera de impedir que ocurra esta catástrofe!

Su perro preocupado,
Ike

La Gaceta de Nueva Bufonia

10 de octubre

Cartas al editor:

Como antiguo residente, debo denunciar la ola de histeria antiperruna que azota nuestra ciudad. ¿Acaso olvidamos tan fácilmente la lealtad incondicional del Mejor Amigo del Hombre? ¿Quién **acompaña** a nuestros bomberos y policías durante sus peligrosas rondas? ¿Quién rescata al pobre viajero **cansado** que se ha perdido en las alturas? ¿Quién sirve al ciego (y al sordo también, seguramente)? ¡Los perros, señoras y señores!

Firmado,

Un ciudadano consternado

11 de octubre

Querida Sra. LaRue:

¡No sabe cuánto envidio la tranquilidad de su cama de hospital! Aquí en la jungla de cemento las cosas se han puesto muy peligrosas, ¡al menos para los perros! El temible Moscoso continúa con sus monsergas difamatorias. Ayer llamó a los perros una "turba de rufianes". Hay que detenerlo. Por ello, he decidido "meterme en el tinglado". Esta tarde anunciaré mi candidatura y no me cabe la menor duda de que tendré una acogida **abrumadora**.

Su próximo alcalde,
Ike

12 de octubre

Querida Sra. LaRue:

¡El primer día de mi **campaña** fue un gran éxito! Mis compadres del club social se ofrecieron a ayudarme y en todas partes cientos de personas vitorearon mi mensaje de solidaridad para con los perros. Todos haremos lo posible por mantener la civilidad, por supuesto, aunque no puedo hablar por mi contrincante, quien además de irresponsable e inescrupuloso, raya en la demencia.

Honestamente suyo,
Ike

Querida Sra. LaRue: 13 de octubre

En mis presentaciones he señalado que si a los perros se les prohíbe merodear por lugares como el parque Gruber, los gatos harán su agosto. ¡Vaya perspectiva! La campaña está que arde y me parece que tenemos a Moscoso contra la pared.

Políticamente suyo,
Ike

P. D.: Ojalá no le moleste que haya establecido la sede de la campaña en el apartamento.

La Gaceta de Nueva Bufonia

14 de octubre

¡Un candidato misterioso reta a Moscoso!

Un candidato misterioso ha salido a la luz y disputará las elecciones a la alcaldía con Hugo Moscoso. Los seguidores de Ike LaRue dicen que es "amigo de los perros". Sus **opositores** señalan que es eso mismo, un perro. Sea como fuere, el peludo LaRue ha comenzado una fiera campaña contra Moscoso, quien ha prometido deshacerse de los perros de Nueva Bufonia. Y el mensaje de LaRue ha comenzado a calar. "No estábamos preparados para esto —dice Walt Smiley, el jefe de campaña de Moscoso, aludiendo a los perros—. Parece que mucha gente quiere a estos diablillos".

"No me preocupa —añade Moscoso—. Mañana tendremos nuestra gran marcha en el parque Gruber y pondremos a estos admiradores de perros en su lugar".

15 de octubre

Querida Sra. LaRue:

Mis seguidores y yo hemos decidido enfrentar a Moscoso en la marcha de hoy. Saldremos en grandes números y aunque nos comportaremos de manera digna, estoy seguro de que la jornada será muy interesante.

Espero que se sienta mejor,
Ike
P. D.: Nada me alejará de esta causa tan importante.

La Gaceta de Nueva Bufonia

16 de octubre

¡LaRue rescata a Moscoso!

Perro héroe

Hugo Moscoso fue llevado ayer al Hospital General después de desmayarse durante la gran marcha que tuvo lugar en el parque Gruber. Parece ser que se mareó mientras intentaba gritarles a unos manifestantes. Su contrincante, Ike LaRue, fue uno de los que acudió a ayudarlo. "Cuando el candidato se desmayó, lo pusimos en el primer vehículo que encontramos, el camión del Sr. Tin Ton Tan —dijo el director de campaña, Walt Smiley—. Por alguna razón, el perro ya estaba dentro del camión e hizo lo que pudo para ayudar".

"LaRue me salvó —dijo Moscoso—. De camino al hospital, no hizo más que darme cucharadas de helado de choconuez. Cuando llegamos, ya me sentía mucho mejor". El rescate le ha dado un giro inusual a la campaña. "Ahora tengo una opinión muy diferente de los perros —añadió Moscoso—. Es más, sería un honor que Ike aceptara ser mi asistente, y así los intereses de los perros tendrían representación en mi administración". LaRue se fue dentro del camión del Sr. Tin Ton Tan y fue imposible consultar su opinión.

AHORA COMPRUEBA

Resumir ¿Cómo rescata Ike a Hugo Moscoso?

Querida Sra. LaRue: 16 de octubre

Al final, descubrí que Hugo Moscoso no es tan mala persona. Es más, ¡es muy buena gente! De cualquier manera, la política no es lo mío. Prefiero hacer amigos que discutir constantemente. Y como lo único que pretendo es hacer de esta ciudad una gran ciudad PARA TODOS, he decidido dar por terminada mi candidatura y aceptar la propuesta que me hizo Moscoso de servir como asistente del alcalde.

Me alegra mucho saber que usted se encuentra bien y que podrá asistir a nuestra ceremonia inaugural.

Su perro fiel,
Ike

La Gaceta de Nueva Bufonia

3 de noviembre

¡Moscoso asume el cargo!
LaRue se une al alcalde

El nuevo alcalde, Hugo Moscoso, asumió su cargo ayer en el parque Gruber y prometió que la suya sería la administración más amiga de los perros que haya habido. A su lado estaba el asistente del alcalde, Ike LaRue, cuya colaboración, según muchos, fue crucial para la victoria. "Este es un gran día para todos los habitantes de Nueva Bufonia", alcanzó a decir Moscoso antes de que fuera interrumpido por varios perros que tumbaron un carrito de perros calientes que se encontraba en una esquina del parque. Moscoso dijo que investigaría el asunto.

—Es verdaderamente preocupante —dijo—. ¿Quién se iba a imaginar que esos carritos eran tan inestables?

Mark Teague para alcalde

Mark Teague es autor e ilustrador de muchos libros infantiles. Por lo general, escribe cuentos sobre actividades que algunos niños tratan de evitar, como cortarse el pelo, hacer las tareas y arreglar el cuarto. Mark le pone su singular sentido del humor a sus cuentos. Muchas de las ideas de sus libros provienen de cosas que hizo cuando era niño. El personaje de Ike LaRue fue inspirado por los dos perros que él y su hermano tenían. Mark usa esta inspiración de la infancia para crear nuevas historias en Nueva York. A su hija le encanta observarlo pintar las ilustraciones para sus libros.

Propósito del autor

¿Por qué Mark Teague usa ilustraciones a color y en blanco y negro en *LaRue para alcalde*?

Respuesta a la lectura

Resumir

Resume *LaRue para alcalde*. Incluye los detalles más importantes del cuento. Puedes usar la información de tu tabla de punto de vista como ayuda.

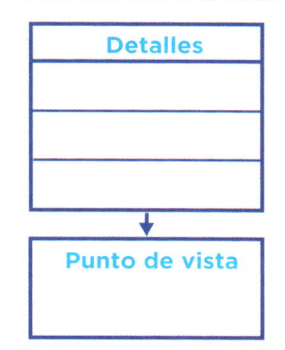

Evidencia en el texto

1. ¿Cómo sabes que *LaRue para alcalde* es una fantasía y no podría suceder en la vida real? **GÉNERO**

2. Describe dos puntos de vista desde los cuales se narra el cuento. Da ejemplos del texto. **PUNTO DE VISTA**

3. El artículo de periódico de la página 295 dice que "Moscoso pide mano dura con los perros". ¿Cuál es el significado del modismo "mano dura"? Explica cómo lo sabes. **MODISMOS**

4. Escribe acerca de cómo los diferentes puntos de vista hacen que el cuento de Ike sea más interesante. **ESCRIBIR SOBRE LA LECTURA**

Haz conexiones

¿Por qué Ike se postula para alcalde? **PREGUNTA ESENCIAL**

Aunque Ike y Moscoso tienen diferentes cualidades, a los habitantes de Nueva Bufonia les gustan por igual como candidatos. ¿Qué cualidades son las más importantes para alguien que se postula para un cargo público? **EL TEXTO Y EL MUNDO**

CCSS Género • Texto expositivo

Compara los textos
Lee sobre los deberes y logros de los funcionarios locales y estatales.

Un gobierno más local

Para comprender el gobierno estatal y local

¿En qué piensas cuando te imaginas el gobierno de Estados Unidos? ¿En la Casa Blanca o tal vez en el presidente? Estas imágenes son precisas, pero incompletas. También hay muchos gobernantes estadounidenses a nivel estatal y local, en los condados, ciudades y vecindarios donde vivimos.

Los gobiernos nacionales, estatales y locales comparten la misma estructura básica. Los poderes ejecutivo, legislativo y judicial conforman los tres poderes del gobierno. Cada uno tiene deberes y poderes específicos. Estos poderes difieren en los gobiernos nacionales y estatales.

Solo algunos poderes nacionales frente a poderes estatales

Los gobernantes nacionales pueden...
- Emitir moneda
- Declarar la guerra
- Hacer cumplir la Constitución de Estados Unidos

Los gobernantes estatales pueden...
- Emitir licencias
- Proveer servicios públicos de salud y seguridad
- Enmendar constituciones estatales

La rama ejecutiva

El presidente es la cabeza del poder ejecutivo nacional. A su vez, un **gobernador** encabeza cada poder ejecutivo estatal y toma decisiones sobre su estado. Cada estado tiene su propia estructura y un grupo de funcionarios bajo el mando del gobernador.

Alcalde Mick Cornett

A nivel local, el alcalde de una ciudad podría liderar el poder ejecutivo. Mick Cornett, de Oklahoma, es un ejemplo de un alcalde exitoso. A diario, alcaldes como él supervisan los departamentos de policía, las escuelas y el transporte. También trabajan con otros funcionarios para tratar de mejorar su ciudad. El alcalde Cornett lanzó una **campaña** contra la obesidad. Construyó aceras, caminos para bicicletas y vías peatonales. Y además un parque de 70 acres para promover el ejercicio y las caminatas. Gracias a sus esfuerzos, los habitantes de Oklahoma rebajaron más de 600,000 libras.

El poder legislativo

Las asambleas legislativas estatales también cuentan con poderosos líderes: los senadores y representantes. Estos miembros tratan de mejorar su estado al aprobar nuevas leyes. El senador Anthony C. Hill trabajó mucho por el estado de Florida. Ayudó a crear y a aprobar nuevas leyes. Como legislador, Hill ayudó a aprobar leyes esenciales de los derechos civiles; mejoró la participación de los votantes afroamericanos. Además, ayudó a incrementar el salario mínimo y a reducir el tamaño de las clases de las escuelas.

Los legisladores locales pueden lograr resultados similares en sus condados, ciudades y pueblos. Pueden aprobar leyes relacionadas con parques, transporte público y departamentos de policía, etc.

Senador Anthony C. Hill

El poder judicial

El poder judicial se asegura de que se comprendan todas estas leyes y de que los otros dos poderes se adhieran a la Constitución de Estados Unidos. A nivel estatal este poder incluye una Corte Suprema y tribunales inferiores.

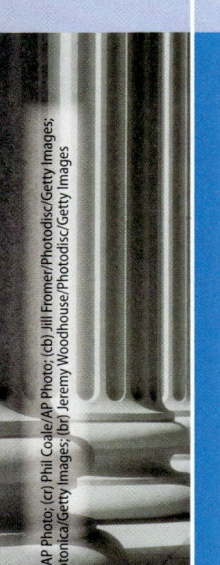

¿SABÍAS que además de la Constitución de Estados Unidos, cada estado tiene su propia constitución y un conjunto de leyes que deben acatar? El objetivo de una constitución estatal es dar una idea general de la estructura del gobierno estatal.

¡Muchas constituciones estatales son más extensas que la nacional! Esto se debe a que los gobernantes desean asegurarse de que su estado esté protegido. Por ejemplo, la constitución de Florida incluye leyes que pretenden proteger la tierra y los animales de los Everglades, un área de humedales naturales al sur del estado.

Las primeras constituciones estatales se crearon hace cientos de años. En la actualidad, los gobernantes estatales enmiendan, o cambian, las constituciones estatales para atender las preocupaciones actuales de los ciudadanos. Recientemente, los líderes de Carolina del Sur hicieron enmiendas a su constitución estatal para incluir la cacería y la pesca como un derecho constitucional de los ciudadanos.

A nivel local, existen tribunales de los condados, las ciudades y los poblados. Se pueden escoger los jueces por funcionarios públicos o por voto popular. Los jueces estatales y locales representan un rango amplio de procedencias.

Un ejemplo es la jueza Eva Guzmán, de la Corte Suprema de Texas, quien fue la primera hispana en ser elegida para ocupar un cargo estatal en Texas. Los jueces de la Corte Suprema estatal deciden si los jueces de los tribunales inferiores toman las decisiones correctas con base en la constitución estatal. Además, la jueza Guzmán ha encabezado programas de educación jurídica en Texas.

Jueza Eva Guzmán

Controles y contrapesos

Los tres poderes del gobierno ayudan a crear gobiernos nacionales, estatales y locales equilibrados. Nuestros antepasados crearon este sistema para asegurarse de que un poder no fuera más poderoso que los demás. Los funcionarios públicos responden por las leyes que votamos y acatamos. La próxima vez que pienses en quién conforma nuestro gobierno, ¡ten en cuenta a tus gobernantes locales!

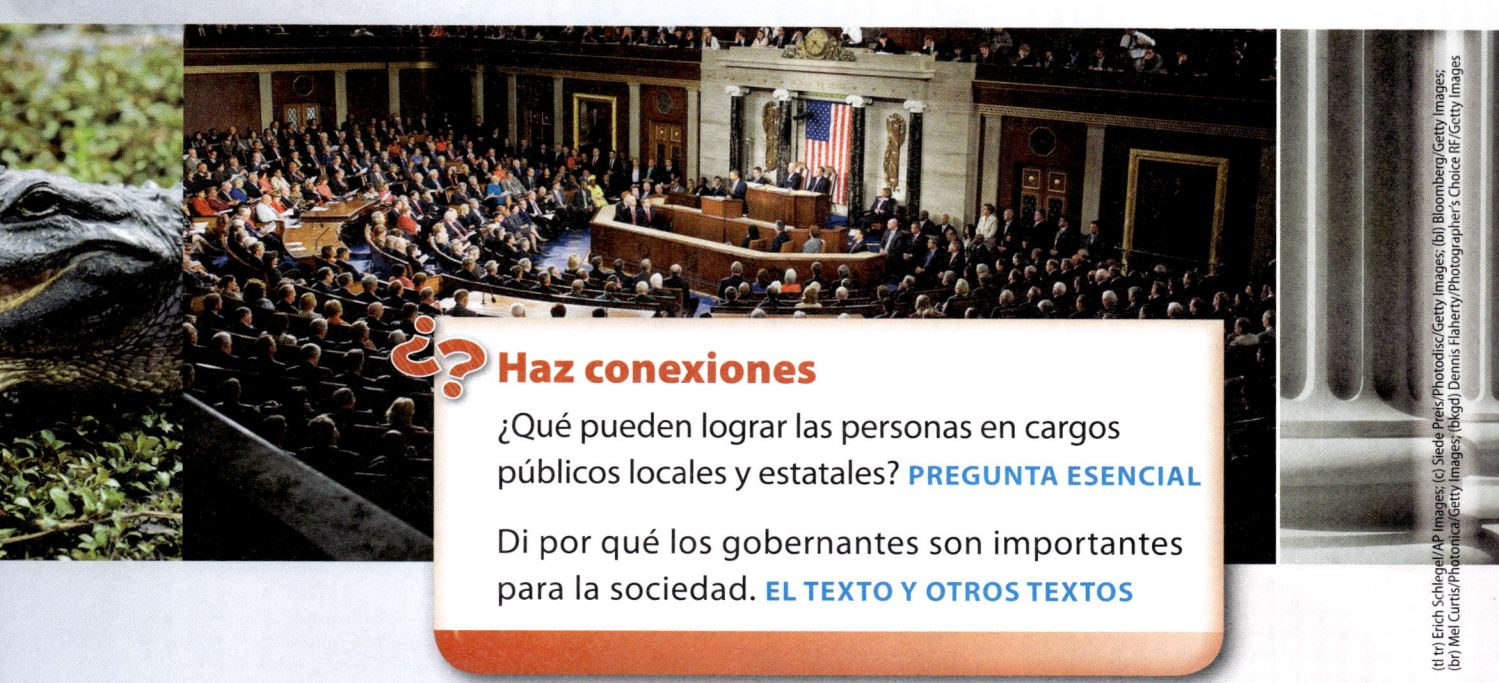

Haz conexiones

¿Qué pueden lograr las personas en cargos públicos locales y estatales? **PREGUNTA ESENCIAL**

Di por qué los gobernantes son importantes para la sociedad. **EL TEXTO Y OTROS TEXTOS**

Género · Fantasía

El diario del Capitán Arsenio
La máquina de volar

Pablo Bernasconi

¿ Pregunta esencial

¿Cómo afectan tu vida los inventos y la tecnología?

Lee cómo los inventos de un capitán aventurero influyeron en su vida.

¡Conéctate!

Mirar al cielo

Volar, uno de los anhelos más antiguos que se conoce, ha inspirado cientos de creaciones fantásticas. Desde Dédalo, el arquitecto griego, hasta los exitosos hermanos Wright, la historia vio pasar innumerables **aventureros** cuyo único y peligroso deseo fue acompañar el vuelo de las aves. Un imprudente capricho que muchas veces terminó en fracaso. Científicos, filósofos, doctores, pero por sobre todo locos, pueblan esa extensa galería de **precursores** de la aviación. Cada uno hizo su aporte, a veces acertado, a veces no tanto. Esta es la historia de uno de ellos.

El final y el principio

Manuel J. Arsenio fue maestro quesero, herrero, buzo y, sobre todo, un precario capitán de navío, al que se le asignaban las tareas más sencillas, que aun así arruinaba. Quizá esta razón terminó por alejarlo de sus variadas profesiones para meterlo de lleno en las páginas de la historia de la aviación.

> Mis días de navegante han terminado, me retiro con elegancia y oportunamente, para inaugurar una nueva etapa que sin duda dará que hablar. Voy a lograr lo que la humanidad ha soñado por siglos: crearé **LA MÁQUINA DE VOLAR**.
>
> Capitán Arsenio, 1º de mayo de 1782

Lo cierto es que, con escasos conocimientos de física y mecánica, con materiales inservibles, pero con paciencia y obstinación, el Capitán Arsenio decidió un día del año 1782 construir el primero de una larguísima lista de **excéntricos** proyectos que cambiarían su vida. ¿Cómo conocemos hoy al Capitán Arsenio? Su diario fue encontrado por casualidad hace algunos años, en circunstancias a las que luego volveremos. Data de 1780, es decir, antes de los Wright, antes de Otto Lilienthal, antes incluso de George Cayley. Es el manuscrito sobre aviación más valioso y más antiguo que se conoce, después del de Leonardo da Vinci.

¿POR QUÉ LAS AVES PUEDEN Y NOSOTROS NO? ¿QUÉ DESIGNIO IMPIDE AL HOMBRE CONOCER EL MUNDO DESDE ARRIBA, PALADEAR LAS NUBES, DESHACER LAS DISTANCIAS?

CAPITÁN ARSENIO, 7 DE JUNIO DE 1783

En sus 90 páginas llenas de **bocetos**, garabatos y anotaciones técnicas se desarrollan 17 máquinas para volar, de las que aquí examinaremos tres. Son proyectos inocentes, exactos, desatinados y prodigiosos. Por fortuna, todavía se pueden leer el texto y los diagramas, que nos remontan a la época y nos develan el misterio oculto del inventor frente a sus pensamientos.

Proyecto Número 1: Motocanario

El Motocanario fue un proyecto ingenuo que le llevó muchísimo tiempo de trabajo. Evidentemente le resultó más difícil al Capitán conseguir los canarios y atarlos con un cordel, que levantar vuelo. Aunque el descubrimiento fue revolucionario, se tardó dos días y medio en bajar al Capitán del árbol en que quedó enroscado.

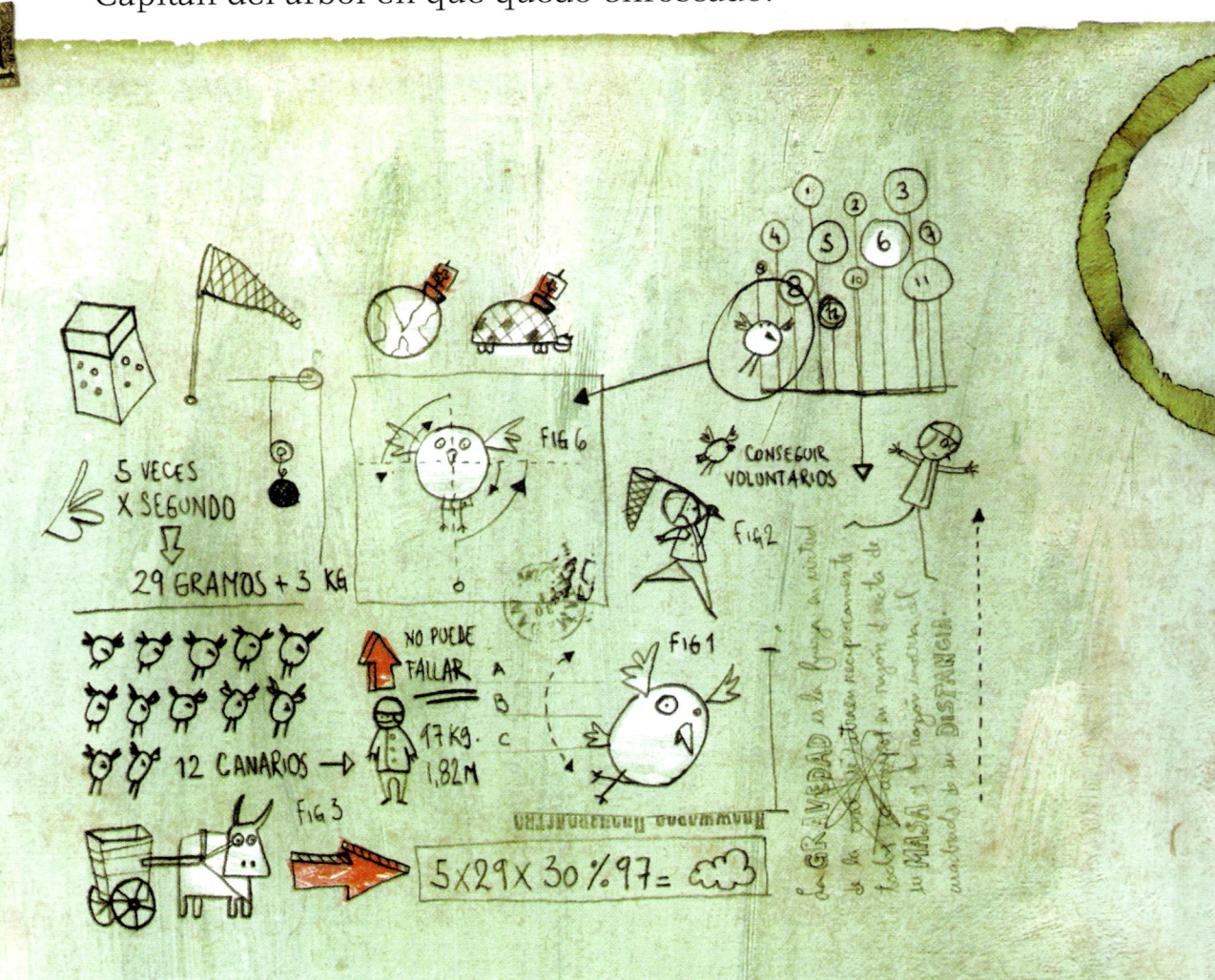

LAS CARRETAS SON TIRADAS POR CABALLOS; LOS TRINEOS, POR PERROS; EL ARADO, POR BUEYES. CREO QUE SI CONCENTRO EN LAS AVES LA FUERZA SUSTENTADORA PODRÉ GANAR LAS NUBES. **NO PUEDO FALLAR.**

CAPITÁN ARSENIO, 3 DE FEBRERO DE 1784

AHORA COMPRUEBA

Hacer predicciones ¿Cuál crees que será la reacción del Capitán Arsenio al resultado de su experimento? Usa pistas del texto para hacer una predicción.

DIARIO DE VUELO

1 LA SELECCIÓN DE LOS VOLUNTARIOS ES EXHAUSTIVA Y EXIGENTE. SÓLO RECIBO A LOS QUE TIENEN ALAS.

2 COMIENZO LA CARRERA Y LAS AVES ACEPTAN EL DESAFÍO. LA GLORIA ES MÍA, ¡MÍA!

3 DESPEGO DEL SUELO, TENGO CONTROL DE LA ALTURA. MIS HUESOS SIENTEN EL CAMBIO. YA SOY CASI UN PÁJARO MÁS.

Fase 1: **14 horas** Fase 2: **10 minutos** Fase 3: **4,5 segundos**

NOTA: Por poco probable que parezca, el diario nos muestra que el Motocanario consiguió volar unos metros antes de

5 EL CAMBIO DE DIRECCIÓN PROVOCA ROTURA DE TENSORES. (NOTA: LA PRÓXIMA VEZ USAR CABLES DE ACERO EN VEZ DE HILOS DE LANA.) ME DIRIJO PELIGROSAMENTE HACIA UN ÁRBOL.

12,50 m
Vuelo sin motor

6 EL MOTOCANARIO NECESITA MEJORAS:
a) DEBO ELEGIR PÁJAROS MÁS OBEDIENTES.
b) DEBO HACER LA PRÓXIMA PRUEBA EN UNA LLANURA SIN ÁRBOLES.
c) DEBO LLEVAR **SIEMPRE** UNA ESCALERA.

6 m
Arbolizaje

4 AL PARECER —Y SIN AVISO—, ALGUNOS DE LOS MOTORES CAMBIARON DE DIRECCIÓN. ¡NO SE DIRIGEN HACIA DONDE YO QUIERO!

3 m

Rebelión de los canarios

0 m

| Fase 4: **2 segundos** | Fase 5: **1 segundo** | Fase 6: **2 días, 14 horas, 25 minutos** |

incrustarse contra un árbol. Quizá fue por la desatinada combinación de ingenuidad y confianza que el Capitán Arsenio depositó en los sobreexigidos canarios.

Proyecto Número 2: Cinta Voladora

Para que este proyecto fuera **exitoso**, el estado físico del Capitán Arsenio resultaba determinante. Al correr sobre la cinta, la aceleración le permitiría batir las alas a tal punto que la máquina despegaría del suelo. El elemento de control de dirección es **desconocido**.

PUEDO SEPARARME DEL SUELO CORRIENDO ENÉRGICAMENTE Y HACIENDO QUE ESE ESFUERZO SE TRASLADE A LAS ALETAS, MULTIPLICADO 30 VECES POR EL EFECTO DE LAS POLEAS TRANSMISORAS. CARRERA + ALAS = EL PARAÍSO. NO PUEDO FALLAR.

CAPITÁN ARSENIO, 23 DE MARZO DE 1785

DIARIO DE VUELO

4 MECANISMOS EN ORDEN, EQUILIBRIO CONTROLADO, EL PROTOTIPO ES UN ÉXITO... POR AHORA.

1 CUENTA REGRESIVA. ME PREPARO PARA LA GRAN CARRERA. TENGO FE.

2 COMIENZO LA ACELERACIÓN, LAS ALAS RESPONDEN BIEN. NO ME ELEVO TODAVÍA.

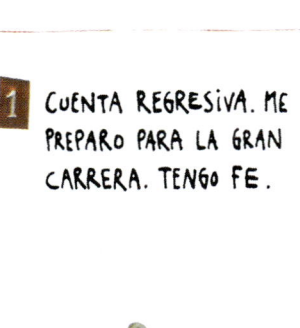

3 CUANDO LLEGO A LA VELOCIDAD MÁXIMA, LA MÁQUINA SE SEPARA DEL SUELO. EMPIEZO A CANSARME.

| Fase 1: **en descanso** | Fase 2: **21 minutos** | Fase 3: **47 segundos** | Fase 4: **1 minuto** |

NOTA: Como el lector puede notar, existen grandes diferencias entre lo que el Capitán escribió y lo que realmente

11,7 m
Altura máxima

7 m
Momento de caída

5 ESCUCHO ALGUNOS RUIDOS RAROS QUE PROVIENEN DE LAS POLEAS.

6 PARECE HABER UN PEQUEÑO PROBLEMA EN EL ENSAMBLE.

4,30 m

7 SÍ, HAY UN PEQUEÑO PROBLEMA PERO TENGO TODO CONTROLADO, ATERRIZARÉ AHÍ.

0,8 m

Momento de peligro

8 NECESITO LLAMAR A UN DOCTOR.

| Fase 5: **2 segundos** | Fase 6: **17 segundos** | Fase 7: **30 segundos** | Fase 8: tiempo total: **23 minutos, 36 segundos** |

sucedió, tal vez debido al inagotable optimismo del inventor (o a la cantidad de golpes que recibió en la cabeza).

Proyecto Número 3: Sacacorchóptero

Nadie sabe realmente en qué pensaba el Capitán Arsenio cuando concibió este proyecto. Lo que sí se sabe es que se concentró tanto en despegar del suelo, que se olvidó de una parte sustancial del problema: cómo mantenerse en el aire.

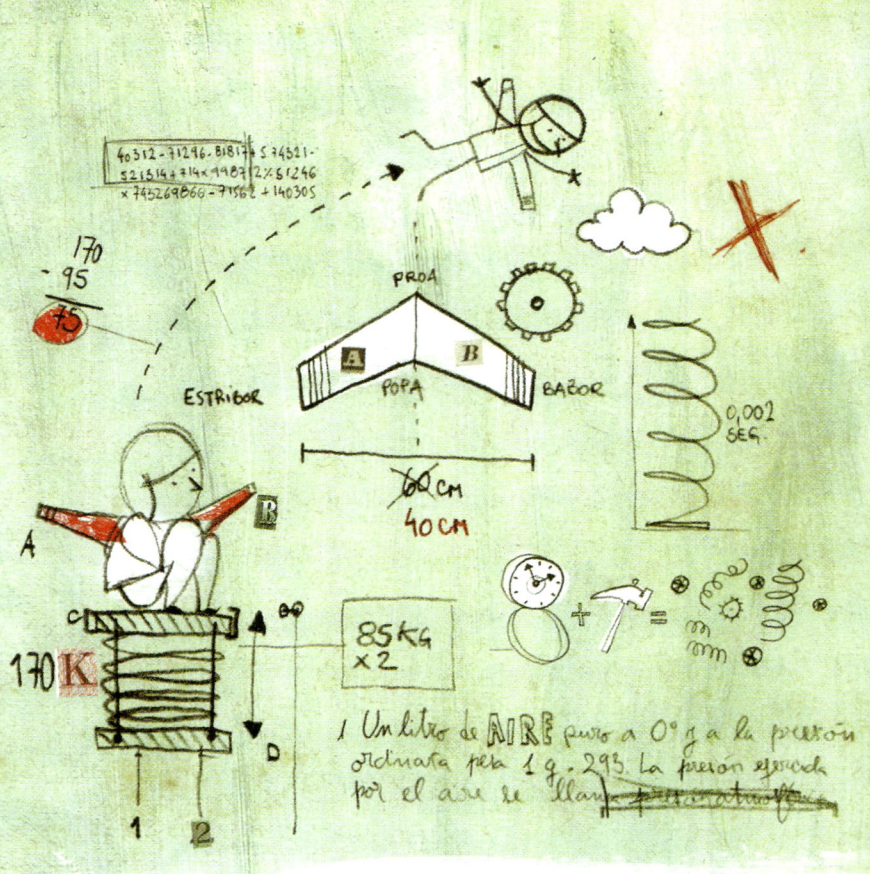

TODOS LOS MECANISMOS DE PROPULSIÓN ANTERIORES ERAN ERRÓNEOS. NECESITO ENCONTRAR LA FORMA DE QUE MI GENEROSO PESO VENZA LA GRAVEDAD. LA COMPRESIÓN DE UNA ESPIRAL DE METAL DEBERÍA SER LA SOLUCIÓN. PRONOSTICO UN GRAN SALTO. EN LA ESPALDA ME PONGO ESTAS ALITAS Y LISTO. **NO PUEDO FALLAR.**

CAPITÁN ARSENIO, 15 DE NOVIEMBRE DE 1785

AHORA COMPRUEBA

Confirmar predicciones ¿Por qué no se puso bravo el Capitán Arsenio cuando no funcionó su invento?

DIARIO DE VUELO

3 LA ACELERACIÓN ES VIOLENTA, HE VENCIDO LA FUERZA DE GRAVEDAD SIN PROBLEMAS.

1 TODO ESTÁ LISTO PARA EL DESPEGUE. EL SALTO ES POSIBLE.

2 10, 9, 8, 7, 6, 5, 4, 3, 2, 1, ¡0!

Fase 1: **en descanso**   Fase 2: **10 segundos**   Fase 3: **3,5 segundos**

NOTA: Es muy rica la experiencia que nos deja el Capitán de su vertiginoso paso por las nubes. Hasta la fecha,

Altura máxima desconocida
79 m
Altura máxima *comprobada*

4 YA PASÉ LAS NUBES. ES AHORA CUANDO ACTUARÁN LAS ALAS.

42 m

5 DESCENSO TOTALMENTE BAJO CONTROL, AUNQUE LAS ALAS NO RESPONDEN COMO PENSABA.

9 m

1,2 m

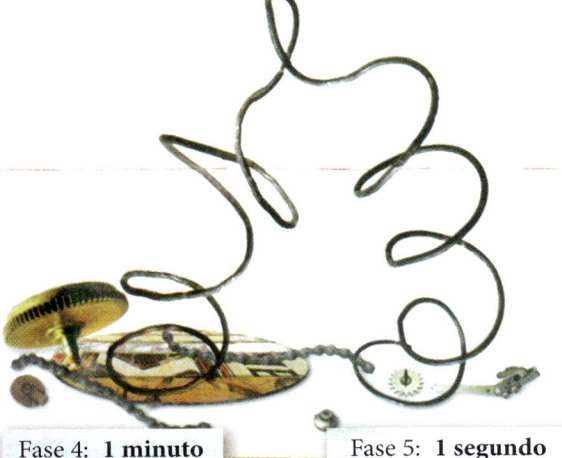

Punto de pánico

6 EL DOCTOR NO CONTESTA, LLAMARÉ AL VETERINARIO.

0 m

Fase 4: **1 minuto**   Fase 5: **1 segundo**   Fase 6: **tiempo total: 1 minuto, 21 segundos**

no se conocen datos de personas que hayan sobrevivido a semejante caída al vacío.

Adiós desde abajo

Como sucede con casi todas las leyendas, las distintas versiones se contradicen, las pruebas se evaporan y el boca en boca termina construyendo una historia que dista mucho de la realidad. Lo cierto es que nadie sabe qué fue del Capitán Arsenio y sus máquinas voladoras. Sólo nos queda su diario —90 páginas de fracasos consecutivos— y una gran pregunta: ¿finalmente lo consiguió?

Algunos dicen que el diario de Arsenio estaba enterrado cerca de El Cairo, en Egipto, a más de 7.000 kilómetros de la Patagonia, donde el Capitán vivía. Otros dicen que se hallaba en un cofre en el fondo del Mar Rojo, cubierto de chatarra oxidada. Pero la mayoría asegura, sostiene e insiste en que el diario del Capitán fue encontrado en la superficie de la Luna el 20 de julio de 1969.

> PASARON VARIOS AÑOS DESDE AQUEL PRIMER MOTOCANARIO. FRACASÉ TANTO PERO TAMBIÉN APRENDÍ MUCHO; NO ME ALCANZAN LAS HOJAS DE ESTE CUADERNO PARA CONTARLO. Y HOY, POR PRIMERA VEZ, ESTOY SEGURO DE QUE ESTA NUEVA MÁQUINA QUE INVENTÉ FUNCIONARÁ. ME MEREZCO UN PEDAZO DE CIELO Y VOY POR ÉL.
>
> CAPITÁN ARSENIO, 6 DE DICIEMBRE DE 1789

AHORA COMPRUEBA

Visualizar ¿Qué detalles te ayudan a visualizar el deseo del Capitán Arsenio de alcanzar su sueño de volar?

El autor
que no ha dejado de volar

Pablo Bernasconi muestra en el texto y las ilustraciones de *El diario del Capitán Arsenio* un universo de creaciones fantásticas que le permiten al lector recrear escenarios inimaginables.

A este escritor y diseñador gráfico le agradan distintas técnicas, como la tinta y la pintura, aunque prefiere el *collage* porque es como tomar retazos de diferentes partes y darles vida a sus imágenes. No le interesa simplemente ilustrar textos sino aportar algo más al mensaje, es decir, componer imágenes llenas de contenido y crítica.

Por sus ilustraciones en diferentes medios ha sido merecedor de varios reconocimientos en muchos países, entre ellos, el premio al mejor libro del año otorgado por la Universidad de Chicago en 2006 por las ilustraciones del Capitán Arsenio.

Propósito del autor

¿Por qué crees que el autor narra la historia del Capitán Arsenio en forma de diario?

Respuesta a la lectura

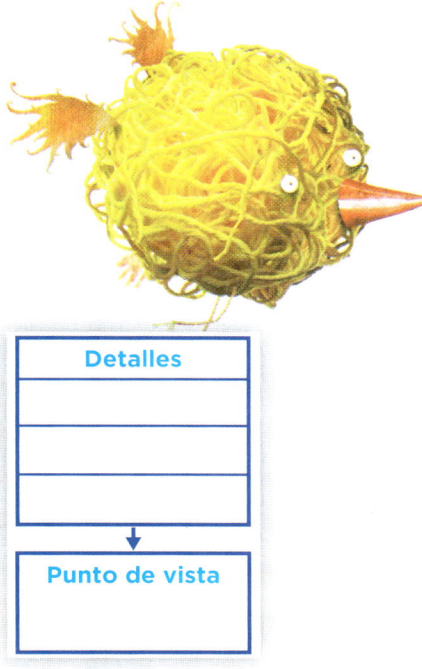

Resumir

Resume la secuencia de sucesos de *El diario del Capitán Arsenio*. Piensa en la forma en que los intentos fallidos de vuelo del Capitán Arsenio tuvieron un efecto en su proyecto. La información de tu tabla de punto de vista te puede ayudar.

Evidencia en el texto

1. ¿Qué detalles de *El diario del Capitán Arsenio* te indican que es fantasía? **GÉNERO**

2. ¿De qué manera el punto de vista que se usó en el cuento te ayuda a entender el deseo de volar del Capitán Arsenio? **PUNTO DE VISTA**

3. ¿Cuál es un sinónimo de la palabra *valioso* en el tercer párrafo de la página 316? Utiliza las claves de contexto para entender el significado de la palabra. **SINÓNIMOS**

4. Escribe acerca de cómo el cuento sería diferente si el Capitán Arsenio se hubiera dado por vencido después de caer del Motocanario. **ESCRIBIR SOBRE LA LECTURA**

Haz conexiones

Comenta cuán importante era para el Capitán Arsenio ser un inventor. **PREGUNTA ESENCIAL**

A lo largo del tiempo, los inventos nuevos han tenido un gran impacto. ¿Qué invento o tecnología ha tenido el mayor impacto en nuestro mundo desde el aterrizaje en la Luna? **EL TEXTO Y EL MUNDO**

Género • Texto expositivo

Compara los textos

Lee de qué manera la tecnología espacial ha cambiado la vida de las personas en la Tierra.

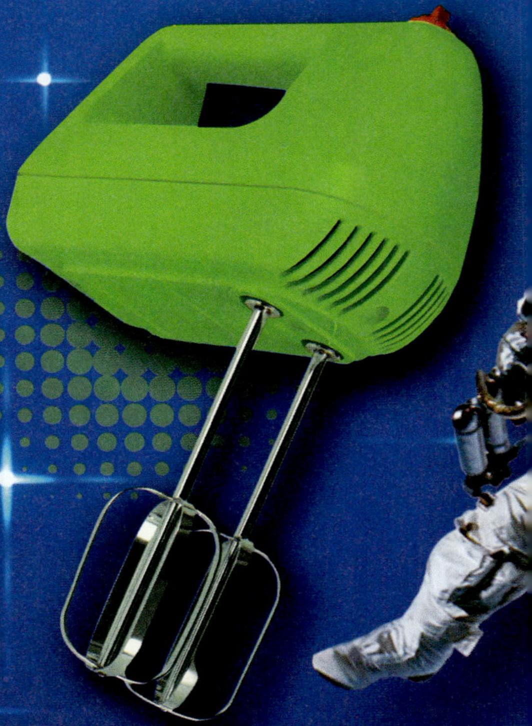

3... 2... 1... ¡Resultados indirectos!

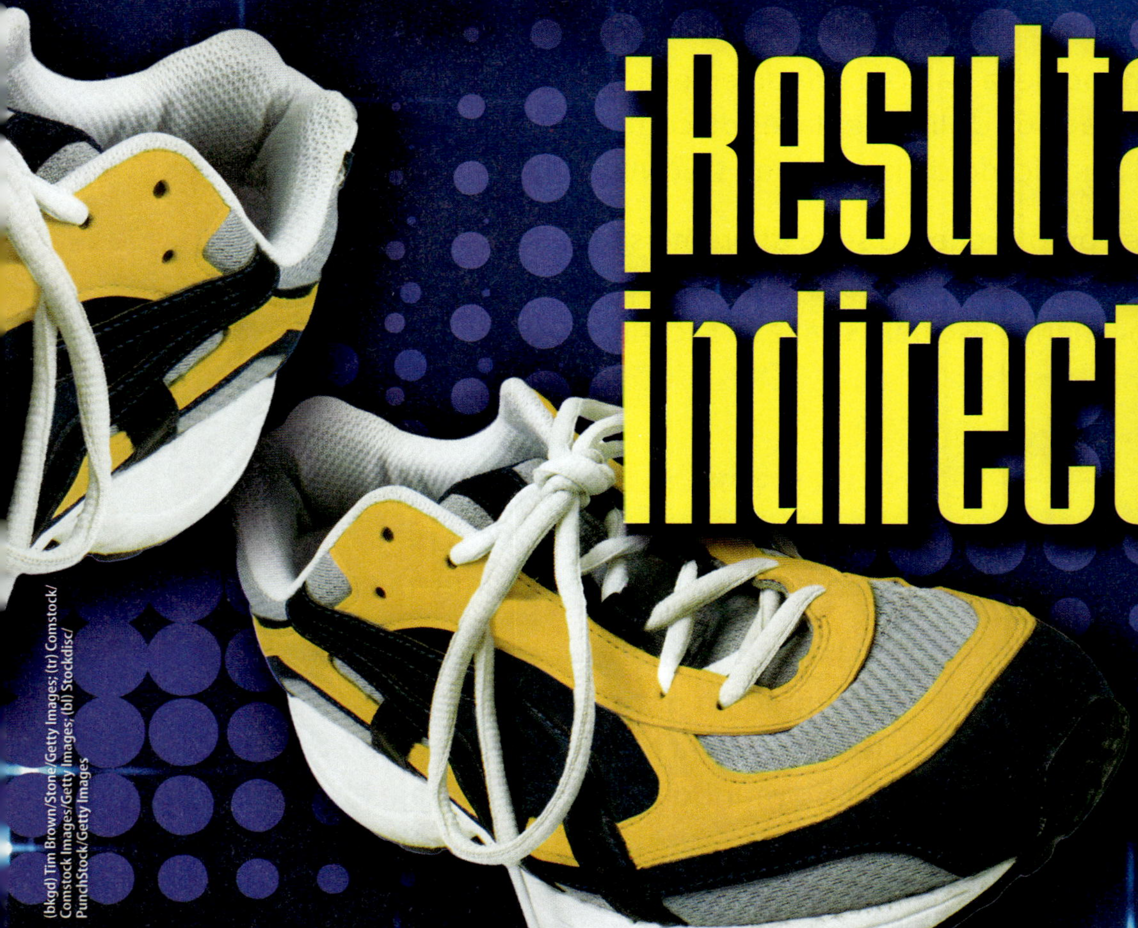

(bkgd) Tim Brown/Stone/Getty Images; (tr) Comstock/Comstock Images/Getty Images; (bl) Stockdisc/PunchStock/Getty Images

"3... 2... 1". Tienes el cinturón de seguridad puesto dentro de una cápsula lista para despegar hacia el espacio. Y entonces, escuchas la voz de tu mamá. "¡Apúrate! ¡Vas a perder el autobús!". Ruedas para salir de la cama y te pones tus zapatillas nuevas. Te cepillas los dientes con tu cepillo inalámbrico. Agarras tus espinilleras para el juego de fútbol. Tomas frutas secas para desayunar. Subes al autobús justo a tiempo. Tu sueño de despegar hacia el espacio queda olvidado. El espacio parece estar muy lejos.

A nuestro alrededor

Pero el espacio no está tan lejos. Nos rodea. La **tecnología** usada en el programa espacial ha conducido a la creación de productos que usamos todos los días. Estos adelantos e inventos son resultados indirectos del programa espacial. Las zapatillas de atletismo livianas actuales tienen las suelas con relleno y cámara de aire que se usaron por primera vez en los trajes espaciales. Los científicos del programa espacial desarrollaron aparatos eléctricos inalámbricos y alimentos secos para los astronautas. Los marcos, frenos y llantas del autobús de la escuela son más seguros hoy en día debido a que usan tecnología desarrollada para las naves espaciales.

Actualmente encuentras muchos resultados indirectos en los hogares. Los detectores de humo se desarrollaron para Skylab, la primera estación espacial de Estados Unidos. Se hicieron herramientas inalámbricas para traer muestras de roca de la Luna. ¿Usas auriculares para videojuegos en línea? Surgieron de los que se usaron en el "gran salto" en la Luna.

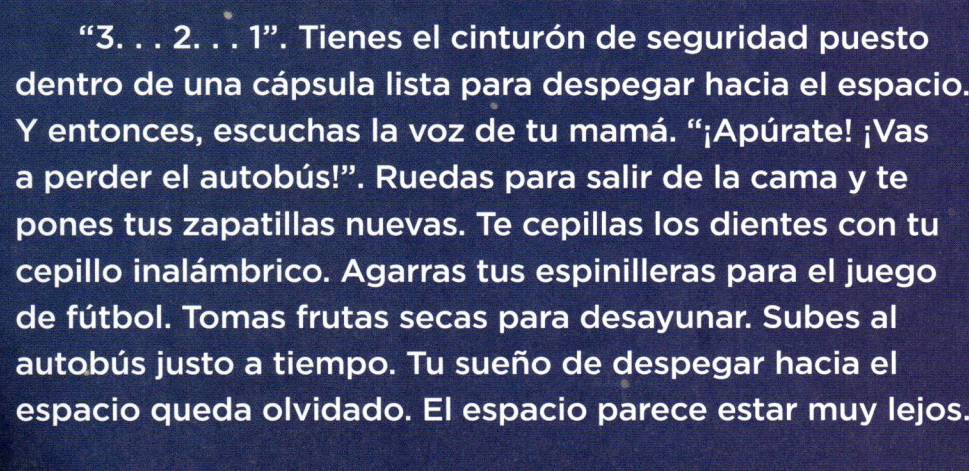

Los auriculares modernos son un resultado indirecto de los que usó Neil Armstrong en la Luna.

Es fácil encontrar los resultados indirectos del programa espacial en los supermercados. Muchos tienen alimentos secos congelados en empaques sellados. Estos pueden servir como merienda o comida y primero se desarrollaron para los astronautas que necesitaban alimentos de poco peso que no se dañaran. Los científicos del programa espacial crearon formas de mantener los alimentos saludables en temperaturas extremas. Esa tecnología se usa en los refrigeradores.

Deportes

Los resultados indirectos también han cambiado los deportes para los atletas y sus seguidores. Los cascos de los jugadores de fútbol americano usan rellenos que se desarrollaron inicialmente para los asientos de las naves espaciales. Muchos atletas usan monitores de ritmo cardíaco cuando entrenan. Estos se crearon en un principio para hacer seguimiento a la salud de los astronautas durante vuelos largos.

Los resultados indirectos también ayudan a los aficionados. Muchos estadios tienen techos que cubren los campos cuando el clima es malo. La tela que se usa en esos techos se usó primero en los trajes espaciales. Las pantallas grandes de plasma que muestran el juego se desarrollaron primero para el programa espacial.

Seguridad pública

Los resultados indirectos hacen la vida más fácil y mantienen la seguridad de las personas. Las mejoras en las videocámaras que se usaron en el espacio ayudan a la policía. Un resultado de la **ingeniería** del programa espacial es una herramienta cortadora especial que se usa para sacar en minutos a personas de los autos que han sufrido accidentes.

Los trajes y las máscaras contra incendios que usan los bomberos se desarrollaron a partir de los trajes espaciales que usaron los astronautas.

Los resultados indirectos también ayudan a las personas con enfermedades. Los termómetros de oído con tecnología del programa espacial leen la temperatura en segundos. Hoy en día se pueden tomar imágenes claras de los órganos del ser humano con equipos de escaneo. Estas "cámaras" son resultados indirectos de la investigación del programa espacial. Las personas con enfermedades renales ahora usan tecnología del programa espacial para remover desechos de su sangre. La investigación en robótica del programa espacial ha llevado a avances en miembros artificiales.

Ojos en el cielo

¿Qué tan cerca está el espacio? Si necesitas lentes de contacto, en realidad miras a través de tecnología espacial. Este plástico especial se perfeccionó durante un experimento a bordo del Trasbordador Espacial.

No hay suficiente "espacio" para hacer una lista de todos los resultados indirectos de nuestra vida diaria. ¿Qué otros resultados indirectos puedes descubrir?

Nuevas investigaciones en robótica han conducido a obtener adelantos en miembros artificiales.

Haz conexiones

¿Cómo han cambiado los resultados indirectos nuestra vida en la Tierra?
PREGUNTA ESENCIAL

La nueva tecnología ha conducido a tener nuevos descubrimientos. Compara y contrasta maneras diferentes en que la tecnología espacial ha tenido un impacto. **EL TEXTO Y OTROS TEXTOS**

Género • Texto expositivo

¿Por qué la LUNA cambia de forma?

Melissa Stewart

Pregunta esencial

¿Cómo explicas lo que ves en el cielo?

Lee acerca de las diferentes fases de la Luna.

¡Conéctate!

La misteriosa Luna

Desde que los seres humanos han vivido en la Tierra se han preguntado por las luces brillantes que llenan el cielo durante la noche. ¿Qué las causa? ¿A qué distancia se encuentran? ¿Por qué cambian de una noche a otra?

Durante miles de años, la Luna ha sido el objeto más misterioso de la noche. Es el más grande y más brillante del cielo nocturno, sin embargo, lo que más asombraba a la gente de la antigüedad era cómo la forma de la Luna cambiaba constantemente. En algunas ocasiones se ve como un círculo brillante completo y en otras, solo aparece una fina **franja**.

No pasó mucho tiempo para que los pueblos antiguos se dieran cuenta de que los cambios de la Luna, o sus **fases**, seguían un patrón regular. Estas fases se repiten cada veintinueve o treinta días. Si observas la Luna todas las noches cerca de un mes, verás todas sus fases.

Al comienzo de cada ciclo, las personas de la Tierra no pueden verla. Después de unos cuantos días, aparece una fina franja de luz en el cielo nocturno. Cada noche, se ve un poco más grande; después de una semana, parece la mitad de un círculo y, casi una semana después, brilla en la noche un disco completamente redondo.

Pero entonces la Luna empieza a encogerse. Cada noche se pone un poco más pequeña y después de una semana, parece la mitad de un círculo. Una semana después de eso, desaparece por completo. Pero unos pocos días después, una fina franja de luz regresa.

Este dibujo de hace seiscientos años muestra a dos astrónomos europeos estudiando la Luna y registrando sus observaciones en un cuaderno.

AHORA COMPRUEBA

Hacer y responder preguntas ¿Por qué la gente en la antigüedad se asombraba con la Luna? Lee de nuevo el texto para encontrar la respuesta.

Esta **serie** de fotos muestra cómo se ve la Luna cada noche de su ciclo. Puedes ver una media luna iluminada el día 7, una luna llena el día 14 y la otra media luna iluminada el día 21.

Nuestro lugar en el espacio

La Tierra es uno de los ocho planetas de nuestro sistema solar. Los otros planetas son: Mercurio, Venus, Marte, Júpiter, Saturno, Urano y Neptuno.

Todos los planetas orbitan o se mueven alrededor de una estrella llamada Sol. Un año es la cantidad de tiempo que tarda un planeta en dar una vuelta alrededor del Sol. La Tierra completa el viaje en aproximadamente 365 días; es decir, un año de la Tierra dura 365 días. Esta es la cantidad de tiempo entre tu último cumpleaños y el próximo.

Mercurio es el planeta más cercano al Sol y completa una órbita en apenas ochenta y ocho días, por tanto, un año en Mercurio es mucho más corto que uno en la Tierra. Neptuno es el planeta más lejano del Sol y se demora 165 años terrestres en dar una vuelta a su alrededor. ¡Eso es mucho tiempo para esperar tu siguiente cumpleaños!

Cada planeta en nuestro sistema solar sigue un recorrido **específico** cuando orbita alrededor del Sol.

Los asteroides son objetos rocosos pequeños que orbitan alrededor del Sol.

Los planetas no son los únicos objetos que orbitan alrededor del Sol. Miles de trozos rocosos más pequeños, llamados asteroides y planetas enanos, también lo hacen. La mayoría de los asteroides siguen recorridos localizados entre Marte y Júpiter. Los planetas enanos, como Plutón, son más grandes que los asteroides y sus órbitas se encuentran más allá de Neptuno. Los cometas, que son pequeños objetos glaciales que orbitan alrededor del Sol, hacen recorridos largos y delgados siguiendo la forma de un pepino.

Los planetas, asteroides, planetas enanos y cometas no vuelan sin rumbo por el espacio debido a que la gravedad del Sol siempre jala estos objetos más pequeños. Su movimiento hacia adelante está en perfecto equilibrio con la fuerza que ejerce la gravedad del Sol.

(bkgd) Stocktrek Images/Stocktrek Images/Getty Images

La Luna en movimiento

El Sol no es el único objeto de nuestro sistema solar con fuerza gravitacional suficiente para atraer cuerpos más pequeños. Seis planetas: Tierra, Marte, Júpiter, Saturno, Urano y Neptuno, tienen objetos más pequeños orbitando a su alrededor. De igual forma sucede con unos pocos asteroides y planetas enanos. Estos objetos más pequeños son lunas.

Los científicos han identificado por lo menos sesenta lunas que giran alrededor de Júpiter. Probablemente Saturno tiene aun más, pero Marte tiene apenas dos lunas y la Tierra tiene solo una.

En esta imagen de la Tierra y la Luna puedes ver parte del lado lejano de la Luna, la mitad que nunca da hacia la Tierra.

La Luna de la Tierra está más cerca de esta que cualquier otro objeto en el espacio. Sin embargo, los astronautas del Apolo, viajando a velocidad de cohete, se demoraron casi cuatro días para llegar a la Luna a finales de la década de 1960 y principios de la de 1970. La Luna está aproximadamente a 238,860 millas (384,400 kilómetros) de la Tierra. Eso es casi cien veces más que la distancia entre Nueva York (Nueva York) y Los Ángeles (California).

La Luna tarda cerca de veintisiete días en completar una vuelta alrededor de la Tierra, lo que significa que gira alrededor de nuestro planeta unas doce veces por año.

A la vez que la Luna orbita la Tierra, también **rota**, o da vueltas como un trompo. Pero la Tierra también rota. Nuestro planeta tarda veinticuatro horas, o un día, para completar una rotación. La Luna gira mucho más despacio, pues rota solo una vez durante su órbita de veintisiete días.

A medida que la Tierra gira, el Sol ilumina diferentes partes del planeta. En los lugares donde el Sol da, es de día, por eso los días son brillantes y soleados. En cambio, es de noche en la parte donde la Tierra no recibe la luz del Sol y por esto, la noche es oscura.

La Luna tarda el mismo tiempo en rotar sobre sí misma que en girar alrededor de la Tierra, por eso desde la Tierra siempre se ve el mismo lado de la Luna. Los científicos llaman al lado que vemos el lado cercano. Cuando el Sol lo ilumina, vemos un círculo completo y brillante, pero cuando el Sol ilumina el lado lejano, no podemos ver la Luna.

Un total de seis naves espaciales Apolo llevaron personas a la Luna. Los astronautas regresaron con fotos, muestras de rocas y asombrosas historias acerca de lo que vieron cuando salieron a explorar en los vehículos lunares.

Esta imagen de rayos X del Sol muestra algunos de los fuertes gases que emite al espacio.

Hágase la luz

El Sol es una estrella, una bola gigante de gases en ebullición. La temperatura en su centro es de 27 millones de grados Fahrenheit (15 millones de grados Celsius) y los gases dentro de él están tan calientes que resplandece. El Sol no es la estrella más grande del universo, pero nos parece la más brillante en el cielo debido a que es la más cercana.

Durante algunos períodos del año, podemos ver Venus, Marte, Júpiter y Saturno como puntos quietos de luz brillantes alumbrando el cielo nocturno. Pero estos planetas no producen su propia luz. La luz que vemos cuando los observamos proviene del Sol. Cuando los rayos solares golpean un planeta, parte de la luz rebota en su superficie y viaja de vuelta al espacio. En el momento en que esa luz reflejada alcanza nuestros ojos, nos parece que el planeta resplandece. La Luna también refleja la luz del Sol.

Sabemos por los astronautas y los vehículos espaciales que visitan la Luna que está hecha de roca sólida y no hay ninguna fuente de luz allí. Solo podemos verla cuando el Sol brilla sobre ella y la luz reflejada en su superficie alcanza nuestros ojos. La Luna es mucho más pequeña que Venus, Marte, Júpiter y Saturno, pero nos parece más grande y brillante porque está mucho más cerca de la Tierra que esos planetas.

AHORA COMPRUEBA

Hacer y responder preguntas ¿Por qué podemos ver los planetas y las lunas si ellos no producen su propia luz? Lee de nuevo el texto para encontrar la respuesta.

¿Por qué la Luna cambia de forma?

En un período de veintinueve o treinta días, el aspecto de la Luna parece cambiar gradualmente para regresar luego a su forma original. Pero en realidad la Luna no está cambiando. Lo que ves es la Luna iluminada por los rayos solares en diversas formas durante días diferentes. ¿Qué causa estas diferencias? Los cambios en las posiciones de la Luna y la Tierra.

La luz de la Luna proviene del Sol. La vemos distinta en diferentes días porque tanto la Luna como la Tierra están siempre en movimiento.

> Este cuarto creciente apareció 5 días después de la luna nueva.

En la primera fase de la Luna, llamada luna nueva, la gigantesca bola de roca no se ve desde la Tierra. Esto se debe a que la Luna está entre el Sol y la Tierra. El Sol ilumina el lado lejano de la Luna pero no el cercano.

A medida que la Luna orbita nuestro planeta, el lado cercano está más y más iluminado por los rayos solares. Después de algunos días, se ve una franja en forma de C llamada cuarto **creciente**. Algunas personas creen que esta fase lunar tiene la forma de un cruasán.

Casi una semana después de ver la luna nueva, el Sol ilumina prácticamente la mitad del lado cercano de la Luna. Esta fase se conoce como cuarto creciente debido a que la Luna está en un cuarto, o 25 por ciento, del camino de su ciclo completo.

Unos días más tarde, la Luna habrá viajado lo suficientemente lejos en su órbita como para verse con jorobas en ambos lados. Esta fase se conoce como luna gibosa porque *giboso* en latín significa *jorobado*.

Más o menos dos semanas después de haber visto la luna nueva, el Sol brilla directamente sobre el lado cercano de la Luna y se ve la luna llena completa.

A medida que la Luna continúa su órbita alrededor de la Tierra, comienza a desaparecer. Después de unos días, verás otra luna gibosa en el cielo.

Tres semanas después de haber visto la luna nueva, el Sol ilumina solo la mitad del lado cercano. Esta fase se conoce como cuarto menguante porque la Luna está solo a un cuarto, o 25 por ciento, de completar su ciclo.

Pocos días después, desaparecerá el cuarto menguante, con excepción de una fina franja. La mayor parte de los rayos solares caen en ese momento sobre el lado lejano de la Luna.

En unos cuantos días más, la Luna desaparecerá por completo, cuando haya retornado a la posición original en su órbita. El lado lejano estará completamente iluminado por el Sol, pero el lado cercano estará en total oscuridad.

La Luna ha cumplido su ciclo a través de estas fases por años, y seguirá haciéndolo mientras existan nuestro planeta y su Luna misteriosa.

Esta sensacional luna llena apareció sobre las formaciones rocosas gigantes llamadas cuellos volcánicos en Monument Valley, localizado en Utah y Arizona.

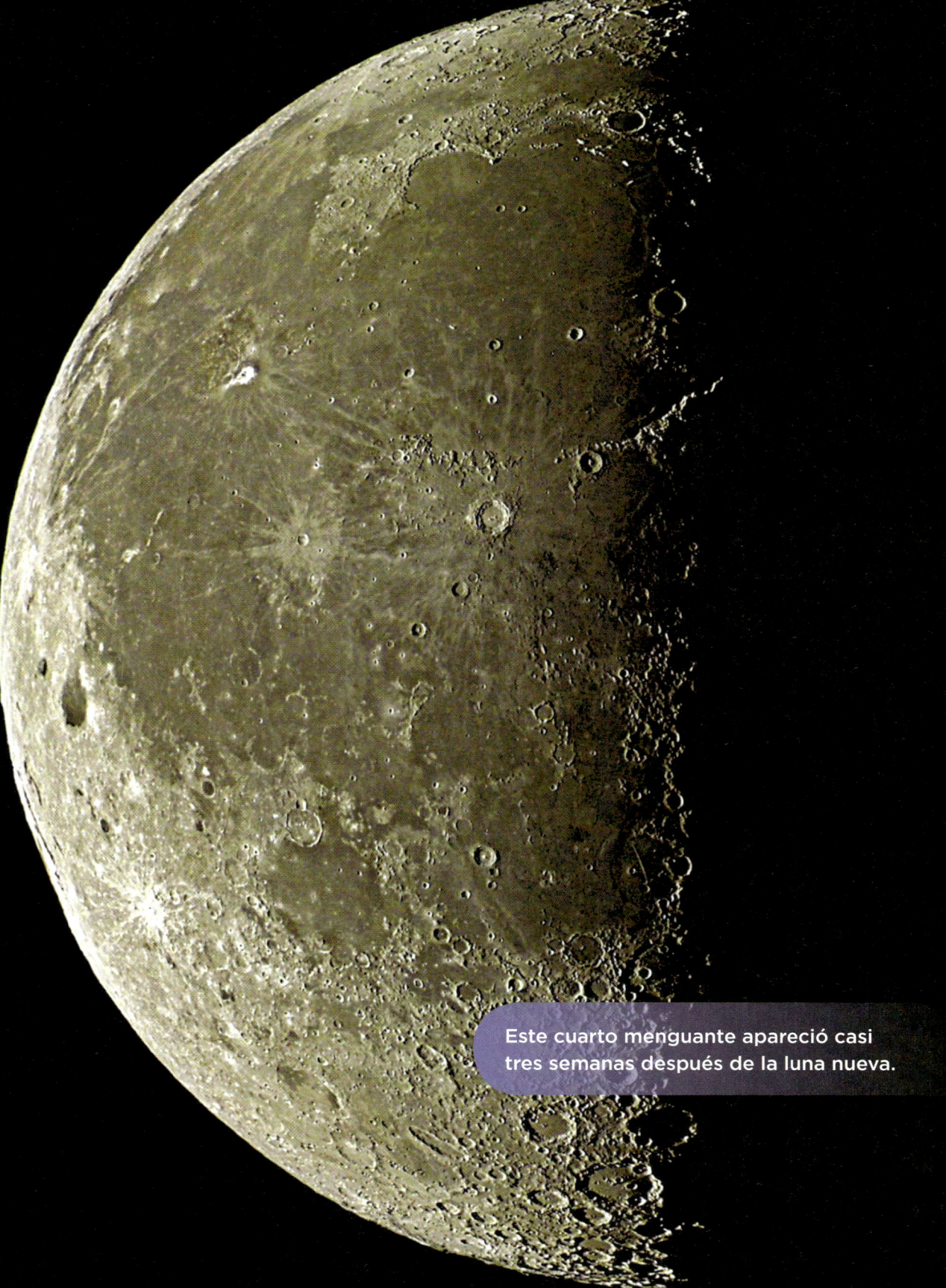

Este cuarto menguante apareció casi tres semanas después de la luna nueva.

La autora que nos lleva a la Luna

Melissa Stewart cree en el poder de la naturaleza. Piensa que cada parte de ella tiene algo que contar, y ¡Melissa está escuchando!

Se enamoró de la naturaleza cuando de niña caminaba por los bosques con su padre. Hoy en día, escribe libros de ciencia acerca de lo que ama. Melissa disfruta escribir libros para niños porque ellos son muy curiosos. Algunos de sus mejores libros se han originado a partir de sus propias inquietudes.

Cuando Melissa no escribe, le gusta estar al aire libre. Además, da charlas de ciencias en escuelas y enseña escritura. Ella tiene un consejo para los niños de todo el mundo: ¡Salgan y exploren!

Propósito de la autora

La autora incluyó fotografías con pies de foto en *¿Por qué la Luna cambia de forma?*. ¿Por qué?

Respuesta a la lectura

Resumir

Usa detalles importantes de *¿Por qué la Luna cambia de forma?* para resumir lo que aprendiste acerca de las fases de la Luna. La información de tu tabla de causa y efecto te ayudará.

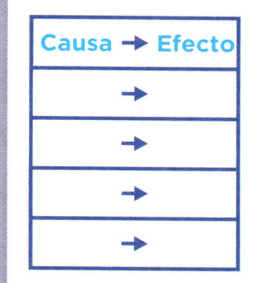

Evidencia en el texto

1. ¿Cómo sabes que *¿Por qué la Luna cambia de forma?* es un texto expositivo? **GÉNERO**

2. ¿Por qué la gente en la Tierra ve la Luna tan grande y brillante? **CAUSA Y EFECTO**

3. ¿Cuál es el significado de la frase *fuerza gravitacional* en el primer párrafo de la página 344? Identifica las claves de contexto que te ayudan a establecer el significado. **CLAVES EN EL PÁRRAFO**

4. Según la lectura, siempre vemos la misma cara de la Luna. Explica la causa para que esto suceda. **ESCRIBIR SOBRE LA LECTURA**

¿? Haz conexiones

¿Por qué la Luna tiene diferentes fases? **PREGUNTA ESENCIAL**

¿Por qué la gente en todo el mundo se ha fascinado con lo que ve en el cielo? Explica tu respuesta. **EL TEXTO Y EL MUNDO**

CCSS Género • Mitos

Compara los textos
Lee dos mitos que intentan explicar lo que ven las personas en el cielo.

CÓMO SURGIERON

Los dos siguientes mitos se originaron hace miles de años; en un tiempo en que la gente aún no disfrutaba de todos los beneficios de la ciencia moderna. No existían los **astrónomos** con **telescopios** para responder sus preguntas acerca del universo. En su lugar, la gente contaba relatos para explicar lo que veían en el cielo.

POR QUÉ EL SOL VIAJA A TRAVÉS DEL CIELO

Una recreación de un mito griego

Helios, el dios titán del sol, da luz a la tierra y habita en un palacio dorado al este del río Okeanos. Todas las mañanas, Helios cruza el cielo mientras sigue a su hermana Eos, la diosa del amanecer. Él conduce un carruaje brillante, arrastrado por cuatro nobles corceles, hacia arriba a través de las nubes. El carruaje sigue subiendo mientras que rayos de luz brillante brotan de la corona de Helios. Lentamente, los corceles trepan con un solo propósito. Horas más tarde, finalmente alcanzan el punto más alto del cielo.

Después de descansar brevemente, Helios comienza su largo y difícil viaje hacia abajo; hacia su palacio occidental. El sendero es empinado y peligroso. Tiene que dominar a sus corceles para que no caigan precipitadamente a tierra. Si su carruaje llega a bajar demasiado, puede quemar el suelo y a toda su gente.

Después de muchas horas, llega seguro a las puertas de su palacio occidental. Cuando la oscuridad pasa sobre la Tierra, comienza su viaje de regreso al este. En lugar de viajar cruzando el cielo, él y sus corceles navegan en el bote dorado de los dioses por el río Okeanos. Helios regresa a su palacio oriental para repetir su viaje por el cielo.

Helios continuará haciendo este viaje mientras haya días y noches. Su luz resplandeciente nos calienta todos los días mientras el sol atraviesa el cielo incansablemente.

POR QUÉ EXISTEN LOS TRUENOS Y LOS RELÁMPAGOS

Una recreación de un mito nórdico

Thor, el poderoso dios nórdico del trueno y el relámpago, es tan grande como poderoso. Con su larga cabellera, barba densa y suelta, y mal genio, con frecuencia intimida a los otros dioses. A pesar de su apariencia feroz es bastante popular; lo admiran por su habilidad para proteger del mal tanto a los dioses como a los humanos. Es el más fuerte de todos los dioses nórdicos.

Thor vive con otros dioses guerreros en Asgard, uno de los nueve mundos ubicados en el nivel más alto del universo nórdico. Odín, el padre de Thor, gobierna Asgard. Es un gran guerrero que con frecuencia se asocia con la búsqueda de la sabiduría. Sin embargo, su popularidad no se acerca a la de su hijo.

Tres tesoros ayudan a Thor a salir victorioso una y otra vez. Uno es un cinturón que aumenta su fuerza, otro es un par de guantes de hierro y el tercer tesoro es el más grande, un poderoso martillo de guerra. Este martillo le ayuda a proteger Asgard de sus enemigos. Cuando Thor lanza su martillo, este regresa mágicamente a él como un bumerán.

Se dice que cuando hay tormentas eléctricas, Thor está conduciendo a través de los cielos su poderoso carruaje del que tiran un par de cabras gigantes. El sonido de las ruedas del carruaje crea un estruendo ensordecedor que sacude el mundo. Los relámpagos brillan a través del cielo cada vez que Thor arroja su martillo mágico.

Los truenos y relámpagos pueden ser atemorizantes y extrañamente tranquilizadores a la vez. Nos recuerdan que Thor es un guerrero feroz y todopoderoso, pero siempre dispuesto a protegernos de cualquier daño.

¿? Haz conexiones

¿Cómo los mitos de Helios y Thor ayudan a explicar lo que la gente ve en el cielo? Compara y contrasta los mitos. **PREGUNTA ESENCIAL**

Contrasta cómo la gente de antes entendía su mundo y cómo la gente de la actualidad entiende el suyo. Explica con ejemplos de las selecciones. **EL TEXTO Y OTROS TEXTOS**

CCSS **Género • Poesía**

Fragmentos de "Proverbios y cantares"

I

Nunca perseguí la gloria
ni dejar en la memoria
de los hombres mi canción;
yo amo los mundos sutiles,
ingrávidos y gentiles
como pompas de jabón.
Me gusta verlos pintarse
de sol y grana, volar
bajo el cielo azul, temblar
súbitamente y quebrarse.

Pregunta esencial

¿Cómo los poetas miran al éxito de diferentes formas?

Lee acerca de cómo dos poetas describen sus logros y metas.

¡Conéctate!

Adria Fruitos

XXIX

Caminante, son tus huellas
el camino, y nada más;
caminante, no hay camino:
se hace camino al andar.
Al andar se hace camino,
y al volver la vista atrás
se ve la senda que nunca
se ha de volver a pisar.
Caminante, no hay camino,
sino estelas en la mar.

Antonio Machado

La clave del éxito

El éxito no es meter
el gol que gane el partido,
sino haberse divertido
después de tanto correr.
El éxito es entender
que no siempre hay que ganar.
El éxito es encontrar
la alegría del momento,
disfrutar el sol y el viento
¡y divertirse al jugar!

Alexis Romay

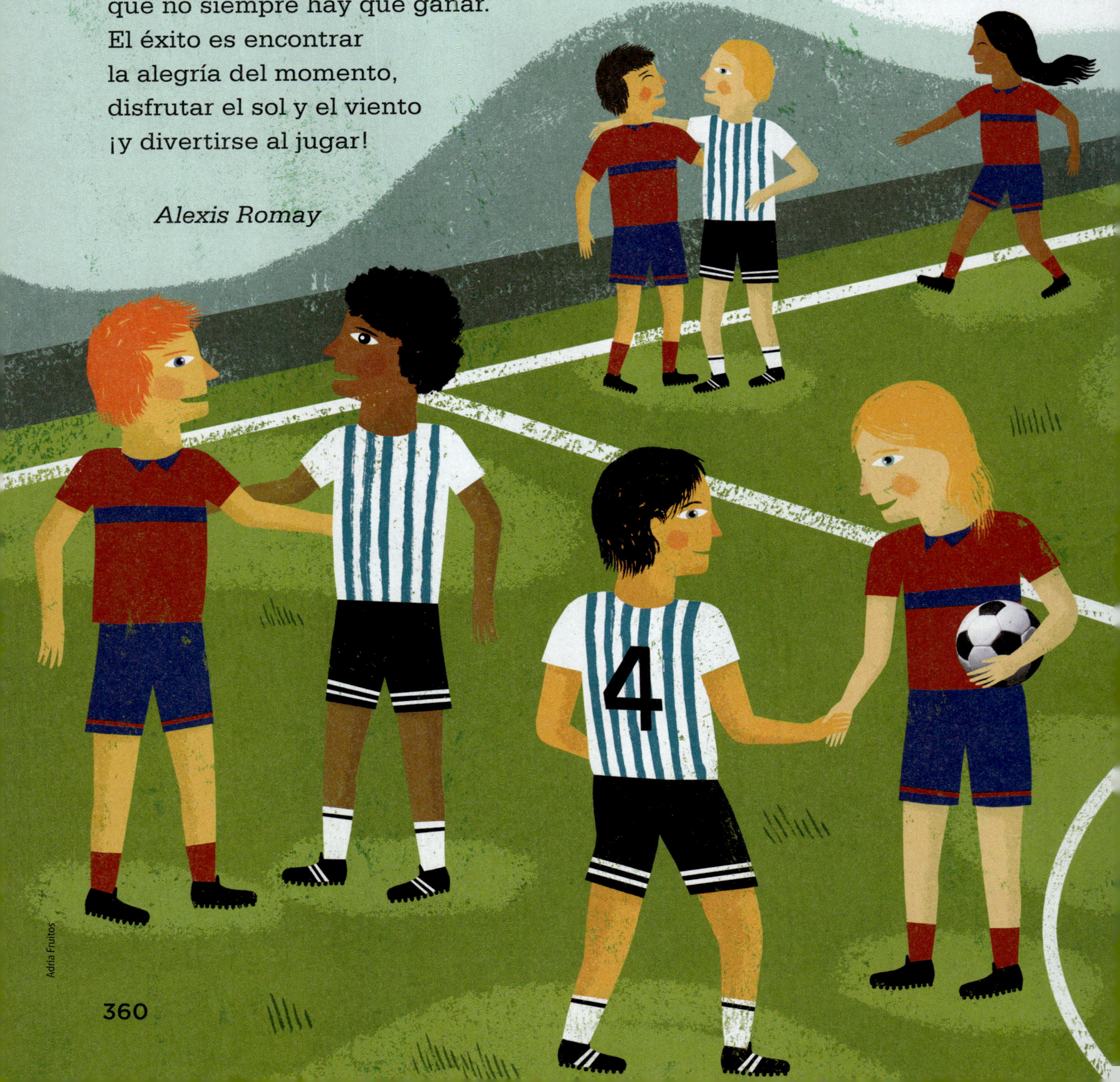

Adrià Fruitós

Respuesta a la lectura

Resumir

Usa detalles importantes de los fragmentos de "Proverbios y cantares" del poeta Antonio Machado para resumir lo que sucede en el poema. La información de tu tabla de tema te puede ayudar.

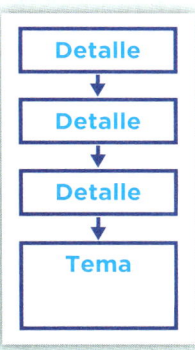

Evidencia en el texto

1. Después de leer "La clave del éxito", explica cómo sabes que es un poema narrativo. **GÉNERO**

2. ¿Al autor de "Proverbios y cantares" le gusta pasear o el camino que se recorre tiene otro significado? **ELEMENTOS LITERARIOS**

3. En el primer fragmento del poema de la página 358, el poeta habla de "mundos sutiles, ingrávidos y gentiles". ¿Cuál es la denotación de la palabra *ingrávidos*? ¿Qué sugiere esta palabra sobre el mundo que ama el autor? **CONNOTACIÓN Y DENOTACIÓN**

4. Escribe acerca del tema de "La clave del éxito". Di cómo el estilo del poeta te ayuda a entender el tema. **ESCRIBIR SOBRE LA LECTURA**

Haz conexiones

¿Qué significa el éxito para cada uno de estos poetas? **PREGUNTA ESENCIAL**

En los dos poemas los autores enfocan la idea del éxito de diferentes maneras. ¿Qué otros logros, grandes o pequeños, pueden usar los poetas como ejemplos del éxito? **EL TEXTO Y EL MUNDO**

CCSS Género · Poesía

Compara los textos
Lee y compara cómo dos poetas describen momentos felices o de triunfo.

Plan de trabajo

El lunes,
cortarles las uñas
a los duendes;

el martes,
llevar al dinosaurio
a su lección de música;

el miércoles,
escribir tres cuentos alegres
y uno muy triste;

jueves y viernes,
dejar en todas las playas,
los ríos
y las lagunas del mundo,
botellas con mensajes que digan:
"te quiero",
"regálame una sorpresa",
"¡vivan las lagartijas!";

el sábado,
ir de paseo
en alfombra mágica
con los muchachos del barrio;

y el domingo
echar alpiste,
mucho alpiste
a los sueños.

Antonio Orlando Rodríguez

Canción del niño y la mar

El niño se fue a la mar,
se fue a la mar a jugar,
el niño corre a una ola,
la ola lo va a mojar.

Corre el niño por la orilla
y la ola… corre más,
niño y ola, ola y niño
por la orilla de la mar.

La ola se hace espuma,
festón de fino cristal
y alcanza al niño que corre
dándole un beso de sal.

Ríe el niño… corre… vuela,
¡otra ola va a llegar!
Niño y ola… ola y niño
por la orilla de la mar.

Graciela Genta

Haz conexiones

¿Qué momento triunfal o de jolgorio se describe en cada poema? **PREGUNTA ESENCIAL**

¿Cómo cada poeta creó una atmósfera propicia para culminar con un momento feliz o de triunfo? **EL TEXTO Y OTROS TEXTOS**

CCSS Género · Fantasía

Rosas, piedritas y mariposas

Cecilia Beuchat
Ilustraciones de Mario Gómez

¿? Pregunta esencial

¿De qué formas las personas muestran que les importan los demás?

Lee acerca de cómo el rey y la reina buscan una solución para la timidez de la princesa.

 ¡Conéctate!

A la princesa Viviana no le gustaba, para nada, hablar en clases.

Cuando el maestro le hacía alguna pregunta, se ponía muy roja, la voz apenas le salía y nadie escuchaba nada. Luego le bajaban todos los nervios del mundo y permanecía callada.

El profesor de la corte real no sabía qué hacer con ella. Eso no les ocurría a sus otros alumnos, hijos de duques, príncipes, marqueses, cocineros y ayudantes de la corte.

—Pero, princesa, no se ponga nerviosa —le decía el maestro con amabilidad. En otras ocasiones perdía la paciencia y le decía con voz firme—: ¡Hable más fuerte! Así nadie entiende nada...

Un día incluso se enojó de verdad y gritó:

—¡Más alto! ¡Hable más alto!

La princesa casi se puso a llorar y cuando llegó a su palacio, de vuelta de clases, le dijo susurrando a su madre:

—Mamá, no quiero ir nunca más al colegio.

La reina escuchó lo que le sucedía a su queridísima hija y, muy decidida, **interrumpió** una reunión que sostenía su esposo, el rey, con unos embajadores de tierras lejanas.

Al enterarse de lo que ocurría, el **soberano**, muy preocupado, dio por finalizada la reunión. Luego apoyó su cabeza en el respaldo del **trono**, como hacía cada vez que iba a tomar decisiones importantes, y se puso a pensar.

Al cabo de cierto rato, dijo decidido:

—Entonces que no vaya más al colegio.

AHORA COMPRUEBA

Visualizar ¿Qué oración de la página 370 te ayuda a visualizar la decisión del rey de ayudar a su hija?

Cuando la princesa se enteró, se puso a llorar a mares, pues en verdad le encantaba ir al colegio.

Al día siguiente, el rey y la reina se fueron con ella, en la carroza escolar, a hablar con el maestro.

Este les explicó lo que sucedía y prometió tener más **paciencia**. Pero pasaron los días y todo seguía igual. Cada vez que la princesa debía hablar ante los demás, se ponía tan nerviosa que la voz le quería salir, pero no había caso. Los demás compañeros, hijos de duques, príncipes, marqueses, cocineros y ayudantes de la corte, se ponían a reír a **carcajadas** y se burlaban de ella.

El rey, al ver que todo iba de mal en peor, decidió llamar a sus súbditos. Los reunió a todos delante del balcón real y ofreció una gran recompensa a quien lograra que la princesa pudiera hablar en público.

Fueron muchos los que lo intentaron. Algunos la miraban y la asustaban para que hablara. Otros inventaron extraños aparatos para amplificar la voz, pero nada...

Incluso un médico la revisó minuciosamente, pero descubrió que todo estaba bien y en su lugar.

Una mañana llegó un hombre desde tierras muy lejanas y cuando se enteró de lo que ocurría allí, pidió hablar con la princesa. El rey y la reina la mandaron a llamar de inmediato. El hombre se sentó junto a la niña y le preguntó qué le ocurría.

AHORA COMPRUEBA

Visualizar ¿Qué palabras de la página 372 te ayudan a visualizar la situación de la princesa?

Una voz suavecita se escuchó en ese salón:

—Me da vergüenza.

—Ajá... —dijo el hombre pensativo—. ¿Y dónde está la vergüenza?

La princesa mostró sus mejillas, que lucían de un color rojo intenso.

—¿Y qué más siente, princesa?

—Me duele acá —dijo en un susurro poniendo una mano en su cuello—. Está lleno de nuditos.

—Ajá... —dijo el hombre y siguió pensando—. ¿Algo más?

—Sí. Me tiritan las manos y se me humedecen.

—Ajá... —dijo el hombre por tercera vez—. ¿Alguna otra cosa?

—Sí... —dijo la niña susurrando—. A mí nadie me escucha. Todos hablan mientras yo quiero decir algo...

—Ajá... —dijo entonces el hombre—. Eso es lo más grave...

Mario Gómez

Y entonces sacó un pequeño bolso. Luego tomó el rubor que había en las mejillas de la niña y lo transformó en rosas y las puso adentro. Enseguida hizo un movimiento en el aire, cogió todos esos nuditos que había en el cuello de la princesa y los convirtió en piedritas. Todo esto lo puso en su bolso y muy pronto la voz de la princesa se comenzó a escuchar mejor.

Después tomó con **delicadeza** las manos de la niña y transformó el sudor y los tiritones en mariposas que salieron volando.

Por último, sacó de su bolsillo una cajita muy pequeña. Era de madera y tenía una llave de oro.

—Toma —le dijo—. Llévala siempre contigo y, cuando vayas a hablar, ábrela.

El rey quiso saber qué contenía. El hombre respondió:

—Majestad, algo muy importante para estos casos: silencio, mucho silencio...

El rey pidió al hombre que viniera al día siguiente a cobrar la recompensa, claro, siempre que la princesa tuviera éxito.

Y dicen que esa mañana, la princesa levantó la mano para responder las preguntas del maestro. En su otra mano tenía abierta la cajita con cerradura de oro. El silencio salió e inundó la sala donde estudiaban hijos de duques, príncipes, marqueses, cocineros y ayudantes de la corte.

Y todos escucharon con atención lo que la princesa decía. Su voz se escuchaba clarito... y cuentan que ese día habló de rosas, piedritas y mariposas.

AHORA COMPRUEBA

Hacer predicciones ¿Qué te parece el final del cuento? Haz una predicción acerca del futuro de la princesa.

Esta autora y este ilustrador nos ayudan a tener confianza

Cecilia Beuchat nació en Santiago de Chile en 1947. Su padre le inculcó el amor por la lectura. Su madre tocaba el piano todas las noches. El tema principal de los cuentos de Beuchat son niños comunes de carne y hueso que tienen problemas, y su relación con los adultos. La autora afirma que su fuente de inspiración es la realidad, y que su intención es mostrar las cosas tal y como son. Sin embargo, para ella la realidad está llena de magia por cualquier parte que se mire; si se camina por la calle o se conversa con un amigo, uno siempre está imaginando.

Mario Gómez es un artista plástico chileno, nacido en 1968 en Concepción. Siempre se ha interesado por las imágenes de los sueños. La figura humana ha sido el eje principal de su obra, que siempre está rodeada de elementos circenses y objetos lúdicos que remiten al lector a la infancia. De esta manera, Mario Gómez nos muestra uno de los momentos de timidez por los que muchos niños pasan antes de que todos los escuchen hablar de rosas, piedritas y mariposas.

Propósito de la autora

¿De qué forma ayudó el hombre de tierras muy lejanas a la princesa? ¿Qué se propuso la autora al escribir este cuento?

Respuesta a la lectura

Resumir

Resume los sucesos más importantes de *Rosas, piedritas y mariposas*. La información de tu tabla de problema y solución te puede ayudar.

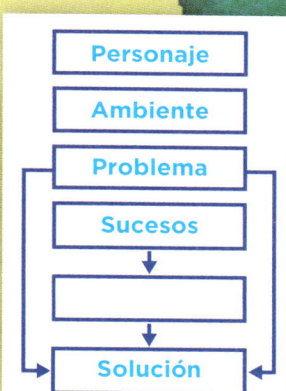

| Personaje |
| Ambiente |
| Problema |
| Sucesos |
| |
| Solución |

Evidencia en el texto

1. ¿Cómo sabes que *Rosas, piedritas y mariposas* es fantasía? Usa detalles del cuento para explicar tu respuesta. **GÉNERO**

2. ¿Por qué a la princesa no le gustaba hablar en público? ¿Al final cómo logró hablar en clase? **PROBLEMA Y SOLUCIÓN**

3. A la princesa *le bajaban todos los nervios del mundo* en la página 367. Explica el significado de esta metáfora. **SÍMILES Y METÁFORAS**

4. Escribe acerca de las diferentes soluciones que le ofrecen a la princesa para que hable en público. **ESCRIBIR SOBRE LA LECTURA**

¿? Haz conexiones

Comenta en qué forma los reyes buscaron solucionar el problema de la princesa. **PREGUNTA ESENCIAL**

¿De qué otras formas las personas muestran que les importan los demás? ¿Qué tipo de cosas dicen y hacen para demostrarlo? **EL TEXTO Y EL MUNDO**

CCSS Género • Ficción realista

Compara los textos
Lee sobre una niña de cuarto grado que consigue que los demás ayuden a una familia necesitada.

¿Qué pasaría si te sucediera a ti?

Jana Rodríguez no podía esconder la cara de preocupación cuando su amiga Yasmín no fue a la escuela. Las dos niñas tranquilas se habían hecho buenas amigas en el corto tiempo desde que la familia de Yasmín se había mudado a la ciudad. Ambas venían de familias grandes y compartían el gusto por dibujar animales, hornear tortas y ayudar en la comunidad.

Como se sentaban juntas en el autobús y estaban en el mismo salón de clases, Jana y Yasmín pasaban el día intercambiando secretos y estudiando. Por eso, cuando Yasmín no llegó al paradero del autobús ni a la escuela, Jana supo que algo andaba mal, muy mal.

—Préstenme atención, por favor —dijo la maestra—. Tengo malas noticias. Anoche hubo un incendio por fallas eléctricas en el edificio de apartamentos donde viven Yasmín Ali y su familia.

—¡Oh, no! —gritó Jana en una voz que no parecía suya. Todas las caras se voltearon hacia ella porque no era usual que Jana expresara **emociones** tan fuertes.

—Yasmín y su familia están a salvo, pero la familia Ali perdió todo en el incendio —dijo la señora Lentini.

Durante el resto de la mañana, Jana pensó en cómo podría ayudar a Yasmín. Mientras almorzaba, hizo una lista de sus ideas en pedazos de papel de cuaderno mientras que los otros niños jugaban con sus juegos electrónicos portátiles. Jana negaba con la cabeza. ¿Cómo podían sentarse ahí y jugar en un momento como este? Otros niños discutían sobre cuáles zapatillas o vaqueros eran mejores. ¿Y qué pasaría si solo tuvieras la ropa que llevas puesta? Finalmente, decidió pedirles a los niños de su mesa que hicieran algo por la familia Ali.

—Yasmín tiene dos hermanos, Luis. ¿Tienes una camisa o unos vaqueros que les puedas donar? —le preguntó al niño que estaba enfrente.

Luis ni siquiera levantó los ojos de su juego mientras otros niños se juntaron a su alrededor.

—Ummmmm... ¿podrías preguntarme luego? Estoy por pasar este nivel.

donar ropa a la familia Ali

dar nuestra mesada a la familia Ali

Jana se volteó hacia la niña que estaba sentada a su lado.

—¿Y qué tal tú, Sonia? ¿Puedes dar parte de tu mesada para ayudar a Yasmín y a su familia?

—Pues, he estado **ahorrando** para comprar una nueva pulsera —contestó ella, mirando hacia otro lado.

Jana miró la fila de pulseras que rodeaban el brazo de Sonia.

—Pero ya tienes tantas —le dijo suavemente, preguntándose por qué a nadie parecía importarle Yasmín.

En el corredor mientras regresaba a clase, caminó detrás de Tomás y Rodrigo, que se quejaban sobre las reseñas de los libros que debían terminar antes de poder irse al parque de patinaje. De repente, Jana cayó en cuenta de cómo podría hacer que los niños pensaran en ayudar a Yasmín y a su familia. Se quedó en la escuela después de clases para escribir y dibujar, y cuando terminó, le mostró su trabajo a la señora Lentini, quien sonrió y le ofreció su ayuda.

A la mañana siguiente, se veían fotocopias del dibujo y el poema de Jana colgados por todos los corredores, salones de clase y en la cafetería. En la parte superior de cada cartel había un dedo de papel señalando el poema que Jana había escrito.

¿QUÉ PASARÍA SI TE SUCEDIERA A TI?

¿Qué pasaría si un incendio se llevara todas tus pertenencias?
¿No te sentirías solo?
¿Qué harías?
¿A quién le pedirías ayuda?

¡Por favor, ayuda a la familia Ali! Trae ropa extra, útiles escolares y cualquier otra donación a la clase de la señora Lentini.

El cartel captó la atención de todos. Los niños se imaginaron si estuvieran en la situación de Yasmín. Donaron las monedas que tenían, y Sonia dio su mesada. Llevaron camisas, vaqueros, camisetas y zapatos. Luis donó un juego electrónico. Tomás y Rodrigo llevaron unos libros y un monopatín. Pronto llenaron varias cajas. Jana ayudó a cargarlas hasta el auto de la maestra y fue con ella hasta el refugio donde estaba la familia Ali.

—Te has portado como una muy buena amiga con Yasmín, Jana —dijo la señora Lentini.

— Ella haría lo mismo por mí —dijo Jana.

Haz conexiones

¿Cómo hace Jana para que sus compañeros de clase ayuden a Yasmín y a su familia? **PREGUNTA ESENCIAL**

Compara y contrasta las diferentes formas en que las personas muestran que algo les importa. **EL TEXTO Y OTROS TEXTOS**

Género · Obra de teatro

Colón agarra viaje a toda costa

Adela Basch
ilustrado por Lorena Álvarez

¿? Pregunta esencial

¿Cuáles son algunos de los motivos por los que la gente se muda a otro lugar?

Lee acerca de las imaginarias peripecias de Cristóbal Colón antes de comenzar su travesía al Nuevo Mundo.

¡Conéctate!

AMBIENTE
Palacio de los reyes de España, hace mucho tiempo

PERSONAJES
Presentador
Presentadora
Colón
Hombre necio
Mujer necia

PRIMER ACTO
ESCENA 1

PRESENTADOR. Estimado público, hoy vamos a imaginar la historia de un singular personaje, de sus búsquedas y de sus viajes.
Para algunos, fue un hombre intrépido y valeroso...

PRESENTADORA. Para otros, fue solamente un ambicioso.

PRESENTADOR. Para algunos, fue un gran navegante.

PRESENTADORA. Para otros, fue sólo un farsante.

PRESENTADOR. Para algunos, quiso ir más allá de los límites del saber.

PRESENTADORA. Para otros, sólo buscaba honores y poder.

PRESENTADOR. Para algunos, fue un ==visionario==.

PRESENTADORA. Para otros, trataba de hacerse millonario.

PRESENTADOR. Para algunos, fue brillante y generoso.

PRESENTADORA. Para otros, fue avaro y codicioso.

PRESENTADOR. Para algunos, fue un valiente.

PRESENTADORA. Para otros, fue un ==demente==.

PRESENTADOR. Para algunos, fue un iluminado.

PRESENTADORA. Para otros, un chiflado.

PRESENTADOR. Para algunos, fue todo generosidad y grandeza.

PRESENTADORA *(está en Babia)*. ¿Qué?

PRESENTADOR. Dije: ¡generosidad y grandeza! ¡Grandeza! ¡Gran-de-za!

PRESENTADORA. ¿Grande esa? ¿Grande esa? ¿Grande esa qué?

PRESENTADOR. ¡Grande esa idea que se le apareció en la cabeza! ¡Salir de viaje!

PRESENTADORA. ¿Y qué tiene salir de viaje? Hay millones de personas que salen de viaje todos los días...

PRESENTADOR. Sí, ahora, pero en ese momento era otra cosa... ¡Salir de viaje hacia lo desconocido! ¡Encontrar nuevos caminos! Para algunos, fue todo generosidad y grandeza.

PRESENTADORA. Para otros, sólo quería riquezas.

PRESENTADOR. Para algunos era... ¡Cristóbal Colón!

PRESENTADORA. Y para otros también era... ¡Cristóbal Colón!

PRESENTADOR. En el mundo hay muchas cosas que llevan el nombre de Colón.

PRESENTADORA. Teatros, ciudades, calles, avenidas. Pero nadie sabe bien cómo fue su vida.

PRESENTADOR. De Colón se sabe poco. Pero existe la certeza de que se le encendió una idea **persistente** en la cabeza.

PRESENTADORA. Siempre sintió gran **curiosidad** por saber qué había más allá.

PRESENTADOR. Ustedes preguntarán: ¿más allá de qué?

PRESENTADORA. Pues bien, más allá de todo. Quería saber si era posible que las cosas fueran de otro modo.

PRESENTADOR. Y tal vez, quién sabe, se haya sentido reclamado por un **poderoso** y fuerte llamado.
(Se escucha golpear a una puerta).

ESCENA 2

(Mientras todo esto pasa, Colón está sentado en su casa. Escucha golpear a la puerta. Si hubiera estado durmiendo, seguro que se despierta).

COLÓN. ¿Quién es?

PRESENTADOR. ¡Cartero!

(Colón abre la puerta y recibe una botella con un mensaje).

COLÓN. Mmm, tiene fecha de hoy. ¡Qué bien anda el correo! Si no lo veo, no lo creo.

(Colón está muy intrigado. Abre la botella y saca el mensaje, enfrascado. Lo lee en voz alta).

COLÓN. La vida sin riesgo ni aventura es aburridísima. ¿No te interesa conocer otras tierras, ideas nuevas, posibilidades diferentes? Busca más allá del mar.

El mundo es más grande de lo que piensas. Más allá del horizonte siempre hay algo más.

(Colón toma largavistas, telescopios, mapas, libros y se instala a mirar el mar... avilloso mar. Consulta todo lo que tiene a mano y se queda extasiado contemplando las olas).

AHORA COMPRUEBA

Visualizar ¿Qué palabras de la página 389 te ayudan a visualizar cómo es el sistema de correo?

COLÓN. Me pregunto qué hay más allá del mar, más allá de mi casa, mis ventanas, mi familia, mis amigos, mis ojos, mi boca, mis vecinos; me pregunto qué habrá más allá de todo lo conocido...

PRESENTADOR. Colón se preguntaba y se preguntaba. Pero la gente le contestaba: ¡nada!
(Mientras Colón contempla el mar entra un hombre necio).

COLÓN. ¿Qué hay más allá del mar? ¿Usted qué opina?

HOMBRE NECIO. No hay nada. El mundo se termina.

COLÓN. Más allá del mar tiene que haber algún camino.

HOMBRE NECIO. Más allá del mar no hay ni un pepino.

COLÓN. Más allá del mar puede haber otras ciudades, puertos, ríos.

HOMBRE NECIO. Más allá del mar hay un vacío.

COLÓN. Más allá del mar puede haber gente enamorada.

HOMBRE NECIO. No. Más allá del mar no hay nada.

COLÓN. Más allá del mar puede haber alguien, tal vez Juan, María, Vicente.

HOMBRE NECIO. Más allá del mar no hay nada y tampoco hay gente.

Fin del Mundo

COLÓN. Puede haber leones, águilas, rosales.

HOMBRE NECIO. No. Más allá no hay vida, ni plantas, ni animales.

COLÓN. Más allá puede haber risas, luces y miradas.

HOMBRE NECIO. No. Más allá no hay nada.

COLÓN. Tiene que haber algo aparte de nosotros mismos.

HOMBRE NECIO. No. Solamente hay un abismo. Más allá todo termina, todo desaparece.

COLÓN. ¡Basta! Me parece que dice estupideces. Si usted nunca cruzó el mar, ¿cómo sabe que no hay nada más allá?

HOMBRE NECIO. Siempre oí decir que no hay nada y si siempre oí decir que no hay nada, quiere decir que no hay nada. ¿Usted nunca escuchó esto? En el cielo las estrellas, en el campo las espinas y después del mar el mundo se termina.

COLÓN. Usted me recuerda a mi tía Pirucha, repite cualquier cosa que escucha. ¡Trucha!

HOMBRE NECIO. Trucha.

COLÓN. Mejor, regrésese a su casucha.

HOMBRE NECIO. ¿Qué cucha?

COLÓN.
La que escucha. Yo ya me cansé. Váyase a dar una ducha.
(El hombre necio se va. Colón se pone a cantar esta canción).

En el mundo hay mucho más
de lo que conocemos,
hay secretos por develar
en caminos nuevos.

En el mundo hay mucho más
que el suelo que pisamos,
más de lo que ven los ojos
y pueden tocar las manos.

En el mundo hay mucho más,
hay cosas que ni soñamos,
fronteras desconocidas
en horizontes lejanos.

En el mundo hay mucho más
que inútiles mapas viejos
que no saben de aventuras
y no conocen el riesgo.

ESCENA 3

(Colón sigue dedicado a mirar el mar y de vez en cuando se concentra en el telescopio, los mapas y los libros).

COLÓN. Me pregunto qué hay más allá del mar, más allá de mi barrio y de mi cielo, más allá de mi vista y de mi olfato, más allá de mi cabeza y mis zapatos.

PRESENTADORA. Colón se preguntaba y se preguntaba, pero la gente le contestaba… ¡bobadas!
(Precisamente en este instante entra en escena una mujer necia).

COLÓN. ¿Usted sabe qué hay más allá?

MUJER NECIA. ¿Más allá de qué?

COLÓN. Más allá del mar, más allá del horizonte…

MUJER NECIA *(le agarra un susto bárbaro).* Más allá del horizonte… ¡Ay! ¡ay! ¡ay!… Hay unos horribles rinocerontes. Son unos monstruos espantosos que echan fuego por la boca y destrozan lo que tocan. Se parecen a elefantes altos como gigantes. Y además, tienen cuerpo de caballo y la cabeza de zapallo.

COLÓN. ¿Está segura?

MUJER NECIA. Segurísima.

COLÓN. ¿Cómo dijo que son?

MUJER NECIA. Con cuerpo de dinosaurio y cabeza de manzana.

COLÓN. ¿Está segura?

MUJER NECIA. ¡Como que me llamo Juana!

COLÓN. ¿Cómo dijo que son?

MUJER NECIA. Con cuerpo de cocodrilo y cabeza de mariposa. ¡Seguro! Como que me llamo Rosa.

COLÓN. Disculpe, ¿cómo son esos horribles monstruos?

MUJER NECIA. Tienen cuerpo de canguro y diez cabezas sin forma.

COLÓN. ¿Seguro?

MUJER NECIA. ¡Seguro! Como que me llamo Norma.

COLÓN. Por favor, vuélvame a decir cómo son esos monstruos espantosos, terribles y horrorosos que viven más allá del mar.

MUJER NECIA. Sí, cómo no. Tienen cuerpo de perro y cabeza de zanahoria.

COLÓN. ¿De verdad?

MUJER NECIA. Sí, ¡como que me llamo Gloria!

COLÓN. Perdón, no le entendí bien, ¿cómo es que son?

MUJER NECIA. ¿Cuántas veces quiere que se lo diga? ¡Tienen cuerpo de jirafa y cabeza de gallina!

COLÓN. ¿Realmente?

MUJER NECIA. ¡Como que me llamo Tina!

COLÓN. Claro, claro, por supuesto, entonces, tienen cuerpo de…

MUJER NECIA. Tienen cuerpo de hipopótamo y cabeza de cepillo.

COLÓN. ¡A usted le falta un tornillo!

MUJER NECIA. ¿No me entendió? Tienen cuerpo de gorila y cabeza de tomate...

COLÓN (*recontra harto*). Sí, sí, ya entendí. Perfectamente. Bueno, doña, encantado de haberla conocido. Ah, disculpe, ¿cómo se llama usted?

MUJER NECIA. ¿Yo? ¿No le dije? Josefina.

(*Y ahí nomás, la mujer necia se da media vuelta y se va*).

COLÓN. Me recuerda a mi tía Mercedes, no está más loca porque no puede.
(*Colón vuelve a mirar el mar y consulta los libros, los mapas, el telescopio y el largavista. ¡Vamos, Colón, insista!*).

COLÓN. Me pregunto qué habrá más allá del mar, más allá del horizonte, más allá de todo lo que conozco, de mi techo y mi cocina, más allá de mi propia vida...

PRESENTADORA. Dice "¿qué hay más allá?". ¿Qué hay más allá? ¿Qué hay más allá? ¿Qué hay más allá? ¿Qué hay más allá?

PRESENTADOR. ¿Que hay masas ya? ¿Que hay masas ya? ¡Quiero ma-sas ya! ¡Quiero ma-sas ya! Masas o bizcochos: es igual.

¡Ma-sas ya! De crema, de chocolate, ¡masas ya!

PRESENTADORA. ¡Basta! Me recuerda a mi tío Tomás, una vez que empieza no termina más.

COLÓN. Me pregunto qué hay más allá de esta orilla, más allá de mi sol y de mi tierra, más allá de mi calle, de mi mesa, de mi silla. Me pregunto si habrá maravillas, ciudades sorprendentes, islas misteriosas, personas diferentes…
Me pregunto si habrá lagos, montañas, ríos, llanuras. ¡Y siento un irresistible deseo de aventura!

PRESENTADOR. Se sabe muy poco sobre Colón y sobre su vida.

PRESENTADORA. Pero es seguro que se hacía una pregunta muy atrevida.

AHORA COMPRUEBA

Visualizar ¿Qué palabras de la página 397 te ayudan a visualizar lo que imagina Colón?

COLÓN.
¿Qué habrá más allá del mar?
(Y aquí los tres se ponen a cantar esta canción).

Me lo pregunto de noche,
me lo pregunto de día,
pero no encuentro respuesta
a esta pregunta mía.

Se lo pregunto al vecino,
se lo pregunto a mi tía,
lo pregunto en el mercado
y en la peluquería.

Se lo pregunto a Juan,
se lo pregunto a María,
pero todos me contestan
un montón de tonterías.

Lo pregunto con canciones,
lo pregunto con poesía,
pero todos me contestan
tonteras y habladurías.

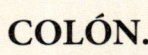

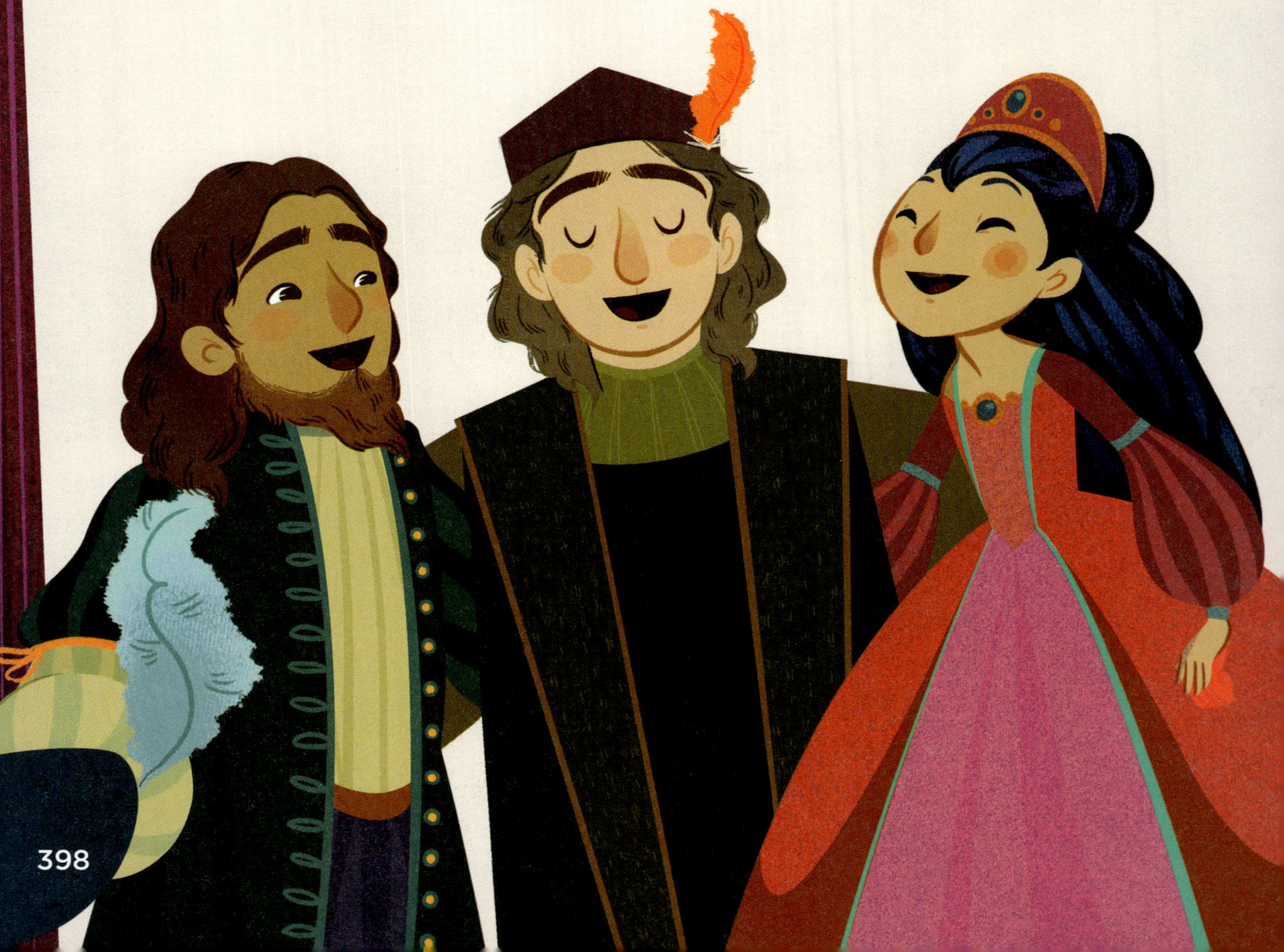

Lorena Álvarez

PRESENTADOR. También se sabe con certeza que, cada tanto, Colón se sentía reclamado...

PRESENTADORA. ¡Por un poderoso y fuerte llamado!

(Se escucha golpear a una puerta y no sabemos si está cerrada o está abierta).

ESCENA 4

(Colón está en su casa, seguramente pensando en lo que le pasa. Golpean a la puerta, que dentro de un instante va a estar abierta).

COLÓN. ¿Quién es?

PRESENTADOR. ¡Cartero!
(Le entrega una botella con un mensaje. Colón lo lee, interesadísimo).

COLÓN. ¿Te vas a pasar la vida preguntando y preguntando? ¿Por qué no tratas de hacer algo? El mundo no termina a la vuelta de la esquina, pero eso solamente lo ve el que camina. ¡Vamos! Detrás del horizonte siempre hay algo más. Hay rutas desconocidas con mil posibilidades, hay montañas, ríos, selvas y ciudades.
(Colón interrumpe por un momento la lectura del mensaje. Tiene unas ganas bárbaras de salir de viaje. Pero no sabe bien qué hacer).

Sí, sí, pero ¿qué hago? Yo no tengo barcos, ni botes, ni veleros y, sobre todo, no tengo dinero. Soy un seco, arruinado y no voy a cruzar el mar a nado. ¿Qué hago, qué hago, qué hago?

(Sigue leyendo el mensaje. Tal vez encuentre alguna palabra que le dé coraje).

Si no tienes barcos, búscalos, invéntalos, constrúyelos, pídelos prestados. No te quedes con los brazos cruzados. Consíguelos de alguna manera. Seguramente hay gente a la que le interesan las ideas que tienes en la cabeza.

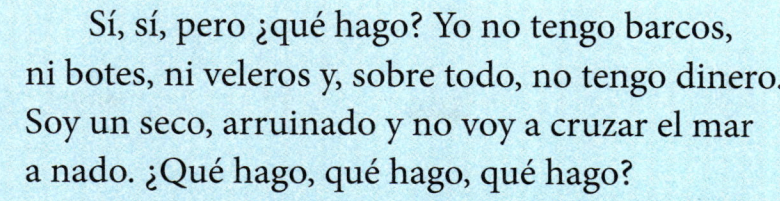

AHORA COMPRUEBA

Volver a leer ¿Cuáles son las palabras que motivan a Colón a cumplir su sueño de viajar? Vuelve a leer para encontrar la respuesta.

Los viajes de Adela y Lorena

Adela Basch adquirió su pasión por la lectura mientras crecía en Argentina. Su papá le leía todas las noches algunos de los libros que formaban parte de su biblioteca personal, mientras su mamá interpretaba en el piano alguna canción de Chopin o Schumann. Para Adela la literatura misma es un viaje, nos lleva a otros sitios, nos hace "dejar el lugar en que estamos para dirigirnos a otro". Gracias a la literatura, según Adela, tenemos experiencias que antes no habíamos vivido, llenas de muchas aventuras y oportunidades de aprendizaje.

Lorena Álvarez es una ilustradora y artista que nació en Bogotá (Colombia). Le gusta trabajar con color y experimentar con diversas técnicas y en diferentes escenarios, por eso también hace parte de "La Procesión Puppet Club" en su ciudad. Le gusta pintar, cuidar a su perro y leer cómics, además de trabajar en su casa rodeada de música y de sus familiares.

Propósito de la autora

¿Por qué la autora escribió estas peripecias imaginarias de Colón con la estructura de una obra de teatro?

Respuesta a la lectura

Resumir

Usa detalles importantes de la obra de teatro *Colón agarra viaje a toda costa* y describe el proceso por el que pasó Colón para tomar su decisión de viajar. Incluye información de tu tabla de causa y efecto.

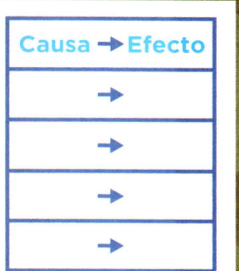

Evidencia en el texto

1. ¿Cómo sabes que *Colón agarra viaje a toda costa* es una obra de teatro? Incluye detalles de la obra para sustentar tu respuesta. **GÉNERO**

2. ¿Por qué Colón quería ir más allá del mar? **CAUSA Y EFECTO**

3. El hombre necio quiere desanimar a Colón diciéndole que "más allá del mar no hay ni un pepino". Utiliza las claves de contexto de la página 390 para determinar el significado del homógrafo *pepino*. **HOMÓGRAFOS**

4. Escribe acerca de por qué Colón quería realizar un viaje. **ESCRIBIR SOBRE LA LECTURA**

Haz conexiones

Comenta cómo explica Colón su deseo de emprender un viaje para ver qué hay más allá del mar. **PREGUNTA ESENCIAL**

Los viajes a través del océano que emprendieron los europeos en los siglos XV y XVI eran muy difíciles en su época. ¿Cuáles fueron algunas de las razones por las que estas personas decidieron hacer esta travesía tan complicada y larga? **EL TEXTO Y EL MUNDO**

Género · Cuento exagerado

Compara los textos

Lee acerca de los motivos que tuvieron Fermín y Alicia para mudarse a Valle del Sol.

El Valle del Sol

Marcela Romero Calderón

Fermín y Alicia habían prometido cavar tanto tiempo como fuera necesario para llegar al valle que quedaba dentro de la Tierra y que pensaban que albergaba otro Sol. Allá no iban a padecer el frío de su **territorio**. Sus **visionarios** antepasados habían buscado esa ruta al Sol, pero no la encontraron y debieron adaptarse al frío y a la oscuridad del subsuelo. Sus padres, sus abuelos y los abuelos de sus abuelos habían desistido de buscar el valle, pues les había parecido que era una tarea imposible.

Por otro lado, como eran tan diminutos, vivir sobre la tierra era muy arriesgado. Hasta las hormigas podían aplastarlos. Por esto solo les habían quedado dos opciones: vivir debajo de la tierra o buscar el Sol que las leyendas decían que estaba dentro de la Tierra. Finalmente habían decidido **asentarse** en el subsuelo.

Los problemas que los llevaron a buscar el camino hacia Valle del Sol comenzaron cuando descubrieron que había una tristeza general entre sus vecinos. Unos años antes, habían sido muy felices. Todos sonreían, jugaban, bailaban y cantaban. Sin embargo, los humanos habían hecho construcciones gigantescas tan artificiales que la tierra se fue volviendo gris, dura y seca. Y lo mismo comenzó a suceder con los corazones de los pequeñines.

Cuando Fermín y Alicia conversaron sobre el asunto, llegaron a la conclusión de que todo se debía a la falta de luz y a vivir en una tierra que ahora era infértil. A los amigos se les ocurrió que necesitaban cambiar esa constante oscuridad por luz y calor. Por tanto, prometieron encontrar la ruta a Valle del Sol y no descansarían hasta lograrlo. Querían volver a ver colores por todas partes y que todos volvieran a sonreír, jugar, cantar y bailar. Empezaron su tarea con la construcción de caminos nuevos. Después de semanas, encontraron la ruta que sus antepasados habían construido alguna vez.

Después de tanto excavar, los demás decidieron ayudarlos. Un día, Alicia vio un rayo de sol que se colaba por debajo de unas piedras. Llamó a Fermín y le preguntó:

—¿Crees que llegamos? ¿La movemos juntos?

—Por supuesto que sí —le respondió Fermín muy emocionado.

Los dos apartaron una gran roca que esperaban fuera la que separaba el subsuelo de Valle del Sol, el valle que estaba dentro de la Tierra.

¡Por fin lo habían logrado! Era hermoso, tenía una rosa muy bonita en la entrada y un arroyo de agua cristalina en medio de unos árboles frondosos. Había animales que eran de su mismo tamaño. Y el sol cubría todo el lugar.

Después de Fermín y Alicia, entraron los otros pequeñines. No podían creer lo que sus ojos veían. El sol parecía estar a solo pasos de distancia. Era como si lo pudieran tocar. Y fue como si sus corazones comenzaran a alegrarse. Todos sonreían y se abrazaban. Reconocían los colores que tanto habían extrañado.

Así terminaron su mudanza al anhelado Valle del Sol. Dividieron el terreno, construyeron casas y comenzaron a disfrutar la vida allí. Finalmente la alegría estuvo completa cuando comenzaron a cultivar y de esa prolífera tierra comenzaron a crecer los frutos y los cultivos más deliciosos y variados que jamás hubieran probado.

Haz conexiones

¿Por qué Fermín y Alicia quisieron mudarse a Valle del Sol? **PREGUNTA ESENCIAL**

Compara la mudanza de los pequeñines con las de otras personas que se hayan mudado. **EL TEXTO Y OTROS TEXTOS**

Género • Biografía

Cómo Ben Franklin se robó el rayo

ROSALYN SCHANZER

Pregunta esencial

¿Cómo pueden los inventos solucionar problemas?

Lee sobre un gran inventor que solucionó problemas.

¡**E**s verdad!

¡El gran Benjamin Franklin en realidad le robó el rayo al cielo mismo! Y luego se propuso domesticar la bestia. Y era de esperarse, pues él era un hombre que podía hacer casi cualquier cosa.

Y es que Ben Franklin podía nadar más rápido, dar mejores argumentos y escribir relatos más divertidos que prácticamente cualquier persona durante la colonia en Estados Unidos. Era músico, tipógrafo, caricaturista y ¡un trotamundos! Es más, era propietario de un periódico, era tendero, soldado y **político**. ¡Incluso ayudó a escribir la Declaración de Independencia y la Constitución de Estados Unidos!

Ben también inventaba siempre formas vanguardistas para ayudar a las personas. Fue quien inició la primera biblioteca que hacía préstamos en América. Su oficina de correos fue la primera en entregar la correspondencia directamente en la casa de la gente.

Además, escribió almanaques que daban consejos **divertidísimos** sobre la vida y decían cuándo se debían plantar los cultivos, si habría un eclipse y cuándo estaría alta o baja la marea.

¡Y ayudó a fundar un hospital!

¡Y una academia gratuita!

¡Y un cuerpo de bomberos!

En tiempos de la colonia, el fuego estallaba en cualquier momento. Y los rayos causaban algunos de los peores incendios. Siempre que se avecinaban tormentas eléctricas, hacían sonar las campanas de la iglesia a más no poder, pero en realidad eso no le servía de nada a nadie.

Por supuesto, después de que Ben se robó el rayo, los bomberos no tenían tantos incendios que apagar. "Bueno, ¿y por qué?", te escucho preguntarte. "¿Y, primero que todo, cómo se robó el rayo?". Pues bien, es una larga historia. Pero antes de llegar a la respuesta, aquí te va una pista: una de las cosas que más le gustaba a Benjamin Franklin era inventar objetos.

AHORA COMPRUEBA

Resumir Lee las páginas 411-412 para resumir los logros de Ben Franklin.

Por supuesto, Ben fue un inventor nato. Le encantaba nadar con rapidez, pero quería hacerlo incluso más rápido. Así que un día, cuando era apenas un muchacho de once años, consiguió madera e inventó unos remos para las manos y aletas para nadar para los pies. Logró ir más rápido, y lo hizo bien, pero la madera era bastante pesada y sus muñecas quedaron totalmente agotadas.

Por eso, su segundo invento fue una forma mejorada de ir más rápido. Se recostó sobre su espalda, se sujetó de la cuerda de una cometa y dejó que esta lo arrastrara a través de un estanque grande en menos de lo que canta un gallo. (Tal vez quieras recordar después que a Ben siempre le gustaron las cometas).

Ben siguió inventando mejores formas de hacer las cosas durante el resto de su vida.

Hablemos de los libros, por ejemplo. Ben leía tantos libros que algunos de ellos estaban en los estantes más altos cerca del techo. Entonces, inventó la silla para biblioteca. Si levantaba el asiento, aparecían unas escaleras que lo ayudaban a alcanzar cualquier libro de los estantes superiores. Y en caso de que subir las escaleras lo hiciera sentirse **mareado**, inventó un brazo de madera largo que también agarraba sus libros.

Además, inventó un odómetro que indicaba qué tanto había cabalgado para entregar el correo, y el primer reloj con una segunda manecilla e incluso ideó el horario de verano. Luego inventó los lentes bifocales para que las personas mayores pudieran ver tanto de lejos como de cerca sin cambiar de anteojos.

Todos, incluidos su hermano y su hermana, debían encontrar mejores formas de calentar sus casas durante el invierno, así que a Ben se le ocurrió crear una estufa estilo Franklin que podía calentar las habitaciones frías más rápidamente y usaba mucha menos leña que las estufas y las chimeneas anticuadas.

En toda Europa y Estados Unidos, a las personas les encantaba la armónica de cristal de Ben. Este instrumento hacía girar copas de vidrio húmedas para producir música que sonaba como si viniera del cielo mismo. Mozart y Beethoven escribieron música para este instrumento e incluso fue tocado en una boda real italiana.

Aunque las estufas más calientes y las armónicas de cristal fueron populares, no son tan reconocidas en ningún lugar como lo es **actualmente** el invento que Ben logró después de robar el rayo.

Otra pista acerca del invento más famoso de Ben es que ayudó a facilitar la vida de todas las personas. Sus ideas científicas también fueron útiles y con frecuencia estuvieron muy adelantadas a su tiempo. Por ejemplo, tenía muchas ideas con respecto a la salud. Decía que el ejercicio y el levantamiento de pesas ayudaban a mantener a las personas en forma, pero que tenían que entrenar lo suficiente como para sudar si querían lograr algún beneficio.

Escribió que respirar aire fresco y tomar mucha agua era bueno para ti. Fue el hombre que dijo: "una manzana al día del médico te libraría".

Y antes de que alguien hubiera escuchado acerca de la vitamina C, él escribió que las naranjas, las limas y las toronjas ayudan a tener encías y piel saludables. Pronto, los marineros se enteraron de la idea y comenzaron a comer tantas limas para evitar enfermarse de escorbuto en el mar que se les comenzó a llamar *limeys* en inglés.

¿Este hombre nunca descansaba? Incluso cuando salía, Ben seguía experimentando.

Por ejemplo, con frecuencia navegaba a Inglaterra y Francia para hacer negocios en nombre de Estados Unidos y mientras cruzaba el océano Atlántico, trazaba el mapa de la corriente del golfo tomándole la temperatura. Una vez que los marineros conocieron la ruta de este rápido "río" cálido en el frío océano, pudieron viajar entre América y Europa en menos tiempo que nunca.

Probablemente, también fue la primera persona en hacer pronósticos del tiempo atmosférico. Una vez persiguió a caballo un torbellino incontrolable por las colinas y bosques de Maryland, solo para descubrir cómo funcionaba.

Ben tenía un viejo truco científico que le gustaba mostrar siempre que tenía la oportunidad. Solía guardar un poco de aceite dentro de un bastón de bambú y cada vez que derramaba unas gotas sobre las olas furiosas en un estanque o en un lago, ¡el agua se calmaba y se veía como cristal!

Mientras tanto, en Europa, los llamados "electricistas" habían comenzado a hacer algunos trucos por su propia cuenta. Uno era levantar a un muchacho cerca del techo con un montón de cuerdas de seda, frotar sus pies con un "tubo eléctrico" de vidrio y así conseguir que salieran disparadas chispas de sus manos y su rostro.

Otro truco, que parecía una **travesura**, hacía que el rey de Francia se riera tanto que apenas si podía parar. El electricista de su corte enviaba una carga eléctrica a los 180 soldados de la guardia, quienes con una sacudida se ponían firmes más rápido que nunca en toda su vida.

Pero, aunque la gente estuviera haciendo muchos trucos con electricidad, nadie tenía idea de por qué o cómo funcionaba. Así que Benjamin Franklin decidió descubrirlo y le pidió a un amigo británico que le enviara un tubo eléctrico para poder hacer algunos **experimentos**.

En uno de ellos, construyó una "araña eléctrica" de corcho con patas de hilo que saltaba hacia adelante y hacia atrás entre un cable y un tubo eléctrico, tal como si estuviera viva.

En otra ocasión, les pidió a una dama y a un caballero que se pararan sobre cera. Ella sostenía un tubo eléctrico, y él un cable, y cuando trataban de besarse, quedaban impactados con las chispas que saltaban entre sus labios.

Ben incluso se las ingenió para iluminar el retrato de un rey en un marco de oro. Cualquiera que intentara quitarle la corona de papel dorado al rey ¡se llevaría una buena descarga!

Todos estos trucos le dieron a Ben la idea de robarle el rayo al cielo. Él creía que el rayo era, ni más ni menos, electricidad pura y se propuso demostrarlo.

Primero construyó una cometa de seda con un cable en la parte superior para atraer algún rayo. Luego le agregó una cuerda de cometa, amarró una llave en la parte inferior y anudó una cinta de seda debajo de la llave. Ben y su hijo William se cubrieron de la lluvia detrás de la puerta de un cobertizo en un lado de un prado. Para evitar electrocutarse, Ben se agarró de la cinta de seda seca y elevó su cometa directamente hacia una gran nube de lluvia.

Durante un rato que fue eterno, no sucedió nada.

Y justo cuando Ben y William estaban a punto de darse por vencidos, los pelos de la cuerda de la cometa mojada comenzaron a elevarse y a erguirse. Ben puso su nudillo cerca de la llave y ¡¡AYAYAY!! ¡Saltó una chispa brillante de electricidad **verdadera**!

¡El rayo verdadero había recorrido toda la cuerda de la cometa hasta abajo! Ben acababa de robarle el fuego eléctrico a los cielos y había probado que estaba en lo cierto.

(Por supuesto, ahora sabemos que si la tormenta hubiera sido un poco más fuerte, el gran inventor habría sido historia).

¡Por fin! Esta es la parte de la historia en la que la costumbre de Ben de inventar cosas le fue muy útil. Si recuerdas, volviendo atrás, los rayos siempre incendiaban los barcos, las casas y las torres de las iglesias. Ni siquiera el mejor cuerpo de bomberos podía evitar que pueblos enteros se volvieran cenizas. Así que Ben decidió hacer su invento más famoso: ¡el pararrayos!

La idea consistía en atraer del cielo los rayos en forma segura, antes de que causaran algún daño. Ben le explicó a la gente cómo poner una barra de hierro puntiaguda en la parte más alta de un techo o en el mástil de los barcos y conectarla a un cable dirigido bajo tierra o al agua. Así, el rayo podía seguir un camino seguro sin incendiar nada.

AHORA COMPRUEBA

Resumir ¿Cómo se robó Ben Franklin el rayo del cielo? Resume la información de las páginas 420 y 421.

Este invento sencillo, pero brillante, funcionaba de maravilla. Salvó más vidas de las que se puedan contar e hizo de Ben Franklin un gran héroe.

Científicos de todo el mundo hacían fila para otorgarle medallas y reconocimientos. Pero durante su larga vida, llegó a ser mucho más que el amo del rayo. Pues, cuando Estados Unidos luchó contra Gran Bretaña por el derecho de convertirse en una nación libre, Ben convenció a Francia de venir y ayudarles a ganar la guerra, y cuando esta terminó, ayudó a convencer a Gran Bretaña de que firmara la paz. Había ayudado de tantas maneras que el pueblo de Francia lo honró con un hermoso medallón que decía: "Arrebató el rayo al cielo y el cetro a los tiranos".

Y es verdad.

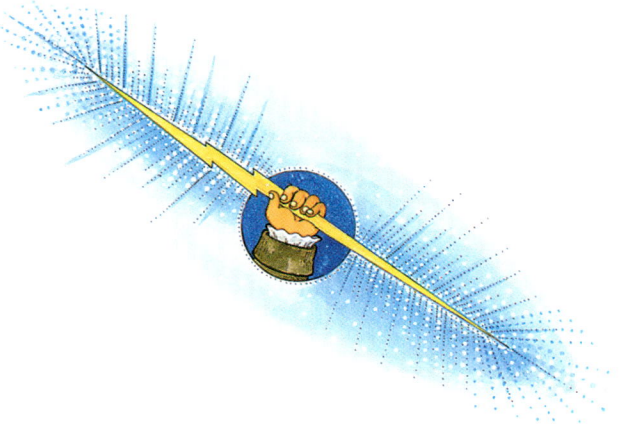

AHORA COMPRUEBA

Volver a leer ¿Por qué Ben Franklin fue premiado con tantas medallas y reconocimientos? Vuelve a leer para encontrar la respuesta.

La autora nos enseña sobre los inventos

ROSALYN SCHANZER

Al igual que Ben Franklin, **Rosalyn Schanzer** es una persona con muchos intereses. Además de ser artista, fotógrafa y escritora, Schanzer disfruta de la natación. Mientras crecía, le encantaba hacer dibujos. Estudió arte en la universidad y su primer trabajo fue ilustrando tarjetas de felicitación. Luego se dedicó a ilustrar revistas y libros para niños. Su interés en personas famosas y sucesos históricos la llevó a asumir el reto de ser escritora. Ahora sigue fiel a sus intereses al ilustrar los libros que escribe.

Propósito de la autora

El invento del pararrayos de Ben Franklin fue el tema principal de esta selección. ¿Por qué la autora decidió mencionar tantos de sus demás inventos?

Respuesta a la lectura

Resumir

Resume *Cómo Ben Franklin se robó el rayo*. La información de tu cuadro de problema y solución te puede ayudar.

Problema	Solución

Evidencia en el texto

1. ¿Cómo sabes que *Cómo Ben Franklin se robó el rayo* es una biografía? Señala ejemplos del texto para sustentar tu respuesta. **GÉNERO**

2. Nombra tres inventos de Ben. ¿Qué problema solucionó cada uno de ellos? **PROBLEMA Y SOLUCIÓN**

3. ¿Cuál es el significado de *odómetro* en la página 414? Explica cómo conocer la raíz griega *metron* (o "medir") te ayuda a descubrir el significado de la palabra. **RAÍCES GRIEGAS**

4. Escribe sobre las cualidades que hicieron que Ben Franklin fuera bueno para resolver problemas. **ESCRIBIR SOBRE LA LECTURA**

Haz conexiones

¿Cómo el invento del pararrayos resolvió un problema? **PREGUNTA ESENCIAL**

Piensa en algunos inventos modernos. Describe un invento que resuelve un problema en nuestro mundo actualmente. **EL TEXTO Y EL MUNDO**

Género · Cuento de hadas

Compara los textos
Lee acerca de cómo un invento ayudó a resolver el problema de los gnomos.

El sueño que salva la aldea de los gnomos

Yan Martínez

Federico era un joven gnomo del bosque. Siempre se caracterizó por su inteligencia e ingenio. Desde pequeño reparaba cualquier aparato o mueble roto de la aldea. Uno de sus primeros inventos fue una máquina de riego para llevar agua al cultivo de frambuesas.

Los inventos de Federico han resuelto muchos problemas en la aldea. Así que un día, el rey gnomo lo mandó llamar para resolver una **verdadera** catástrofe.

—Desde hace algunas semanas —dijo el rey gnomo—, se han presentado varios problemas en el bosque debido a olvidos inexplicables. Por ejemplo, primero, Gonzalo, el gnomo encargado de ayudar a las lechuzas del bosque, pasó todo el día buscando el árbol en el que anidan estas aves, sin conseguirlo. Al día siguiente, su esposa no pudo encontrar la sartén en la que cocinan los huevos para el desayuno. Y después, de igual manera, todos los gnomos han empezado a olvidar pequeñas cosas que les impiden cumplir con sus actividades diarias. Como ves, Federico, esto es un gran problema que se está extendiendo a todas las aldeas del reino.

Federico salió muy preocupado del castillo del rey gnomo rumbo al bosque. En el camino, se puso a pensar en un **procedimiento** que le permitiera resolver el problema.

Cuando llegó a la aldea confirmó lo que le había contado el rey. Los gnomos olvidaban detalles sobre lo que debían hacer. Sabían, por ejemplo, que debían recoger algunos frutos del bosque. Sin embargo, no recordaban en dónde debían almacenarlos, a quién entregarlos y, ni siquiera, cómo recolectarlos.

Pasó todo el día observando a los gnomos ir y venir. A la mañana siguiente, libreta en mano, se fue a entrevistar a los gnomos para descubrir la causa. Le sorprendió la cantidad de detalles que pudo reunir. Al revisar sus apuntes, se dio cuenta de una cosa. A las preguntas relacionadas con sus hábitos de sueño, todos respondieron vagamente.

Decidió hacer esta pregunta a Alba, la gnomo doctora, quien hizo un gesto de disgusto.

—¿Qué te pasa, Alba? —dijo Federico sorprendido.

—Pues… —contestó Alba—, desde hace unas semanas no recuerdo mucho sobre mis hábitos de sueño. Lo poco que recuerdo es que dormir se ha convertido en un problema. No duermo como antes: descanso, pero no recuerdo lo que sueño. Es más, creo que no sueño. Al levantarme, siempre tengo un sentimiento de disgusto.

Después de hablar con Alba, Federico recordó que había leído en un libro que los gnomos no pueden vivir sin soñar, pues cuando no sueñan pierden sus recuerdos. ¡Lo había encontrado! Esa era la causa de los problemas, ya nadie soñaba. Gracias a ese hallazgo, Federico comenzaría a hacer **experimentos** para crear una máquina y salvar la aldea.

Tres días estuvo encerrado en su casa diseñando una máquina que hiciera que los gnomos pudieran volver a soñar. Cuando terminó, fue al castillo del rey con la máquina.

—Una máquina para recuperar los sueños es un aparato muy complejo —dijo Federico—. Los gnomos deben anotar en una hoja de trébol una actividad fuera de lo común que quieran realizar y una esperanza que tengan. Introducen por un extremo de la máquina la hoja con las anotaciones y por el otro extremo saldrá una nube de colores que hará realidad las actividades. En cuanto a las esperanzas que introducen allí, estas son la carga que hace funcionar la máquina.

Después de unas semanas de que la máquina comenzara a funcionar, los gnomos recuperaron la capacidad de soñar y con esto volvieron los recuerdos que habían perdido.

¿? Haz conexiones

Comenta cómo el invento de Federico ayuda a los gnomos del bosque a resolver su problema. **PREGUNTA ESENCIAL**

¿Por qué son importantes los inventos?
EL TEXTO Y OTROS TEXTOS

CCSS **Género** • Texto expositivo

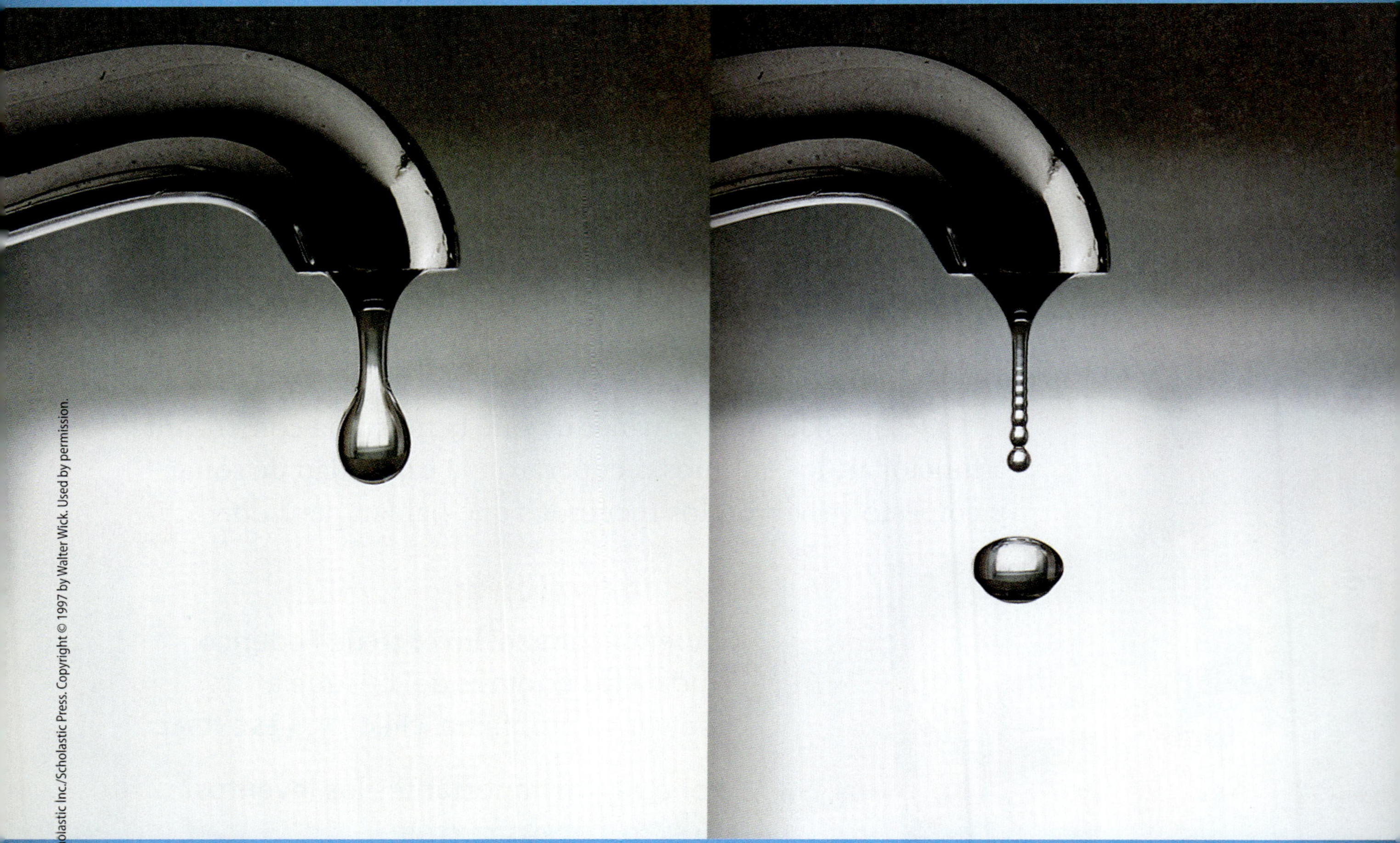

Pregunta esencial
¿Qué puedes descubrir cuando miras algo de cerca?

Lee sobre las moléculas de agua y cómo cambian.

UNA GOTA

DE AGUA

WALTER WICK

MOLÉCULAS EN MOVIMIENTO

Si se añade una gota de agua a un frasco de agua sin gas, y si no se revuelve esa agua, ¿adónde irá la nueva gota? ¿Se quedará cerca de la superficie o se hundirá hasta el fondo? Un sencillo experimento revela la respuesta.

Se agrega una gota de agua azul a un frasco de agua cristalina. La gota empieza a dividirse, algunas partes se hunden y se arremolinan en diferentes direcciones. Al final, la gota de color se divide en tantos fragmentos que se hace parte de todo el frasco de agua.

Las moléculas de un líquido se mueven todo el tiempo, empujándose y jalándose unas a otras, uniéndose a y separándose de las moléculas vecinas. Las moléculas de la gota azul se separan porque las otras moléculas de agua las empujan y las jalan por todo el frasco. La energía que mantiene a las moléculas en movimiento es el calor. Este puede venir del sol o de la habitación en la que se encuentra el frasco. Sin calor, el agua no permanecería líquida.

EL HIELO

Cuando el agua se enfría, pierde energía. Las moléculas se desaceleran y finalmente dejan de arremolinarse y empujarse. Cuando se congela, las moléculas se quedan bloqueadas y unidas hasta formar una estructura rígida. Una gota de agua azul ya no se mueve. El agua ha cambiado de estado líquido a sólido, ahora es hielo.

El hielo es un sólido, como el metal o la roca. Pero, a diferencia de estos, es sólido solo a temperaturas de 32 grados Fahrenheit (0 grados Celsius) o menos. A temperatura ambiente, el hielo se derrite y regresa a su estado líquido.

AHORA COMPRUEBA

Resumir Explica cómo se forma el hielo. Incluye detalles del texto.

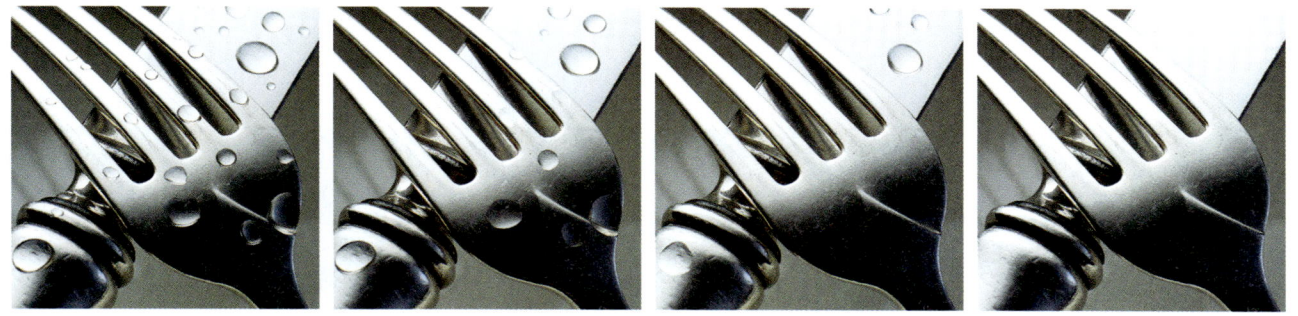

EL VAPOR DE AGUA

Por lo visto, el agua siempre desaparece de la ropa mojada sobre una cuerda, de los charcos en el suelo y de los platos sobre un escurridor de platos. Decimos que estos se han secado, pero ¿adónde se fue el agua?

Así como el agua puede ser un líquido o un sólido, también puede ser un gas. El agua de los platos mojados se *evapora*. Es decir, se convierte en un gas llamado *vapor de agua*. Molécula a molécula, el agua de las gotas en los platos mojados flota, se dispersa invisiblemente en el aire.

Hervir agua en una tetera acelera la evaporación. El calor de la estufa hace que el agua se convierta en vapor, que es un vapor de agua extremadamente caliente. Cuando este golpea el aire más frío, se forman pequeñas gotitas y vemos una nube saliendo del pico de la tetera. Casi de inmediato, las gotitas se evaporan y se vuelven de nuevo vapor invisible. Luego las moléculas de agua se mezclan con otras moléculas que constituyen el aire.

LA CONDENSACIÓN

El aire que nos rodea siempre contiene algo de vapor de agua. Las moléculas de agua se mueven con rapidez en el aire y golpean todo lo que esté en su camino; rebotan sobre las superficies más calientes, pero se pegan a las superficies frías. En estas fotografías, las moléculas de vapor de agua se adhieren a la parte más fría del vaso. Gradualmente, se forman gotitas en el vaso a medida que las moléculas se acumulan. El vapor de agua cambia de gas a líquido, es decir, se *condensa*.

AHORA COMPRUEBA

Resumir ¿Cómo se forma la condensación? Usa detalles del texto para resumir.

LA EVAPORACIÓN Y LA CONDENSACIÓN

En las fotografías de arriba, ¿por qué desaparecen las gotas de agua que están fuera del vaso mientras que las de adentro permanecen?

Fuera del vaso, el agua se evapora y se esparce por todo el cuarto en forma de vapor. Con el tiempo, las gotas desaparecen. Dentro del vaso, el agua también se evapora, pero el vapor queda atrapado. El aire dentro del vaso se vuelve **húmedo**, lo cual significa que el aire está lleno de vapor de agua y que este se condensa de nuevo en gotas de agua con la misma rapidez que las moléculas de agua se evaporan. Por lo tanto, las gotas permanecen.

Si quitas el vaso, el vapor se expandirá por todo el cuarto. La evaporación continúa pero la condensación es más lenta. Al final, las gotas que no están cubiertas desaparecerán.

CÓMO SE FORMAN LAS NUBES

Las nubes están hechas de gotas de agua diminutas, demasiado pequeñas como para verlas sin un microscopio. Si una gotita de nube se va a formar, primero se debe condensar el vapor de agua en una partícula de polvo. Con frecuencia estas partículas de polvo que el viento transporta son trocitos de polen, hollín, tierra o sal.

Este experimento muestra cómo se forman las gotitas de nube. La sal se pone en la tapa de un frasco sobre un plato con agua. Una cubierta de vidrio atrapa el vapor de agua. En minutos, el vapor se condensa sobre la sal y cubre cada grano con agua. Horas más tarde, la sal **se disuelve** en las gotas de agua.

Las nubes se forman cuando el agua se evapora de la superficie de la Tierra y se eleva hacia el aire más frío. Allí, el vapor se condensa en partículas aéreas frías. Cada vez más moléculas **se aferran** a las partículas hasta que se forman gotitas. Se necesita cerca de un millón de gotitas de nube para hacer una gota de lluvia. La lluvia no sabe a sal ni se ve **arenosa** porque, en general, las partículas que permiten la formación de las nubes son tan pequeñas que no son visibles en las gotas de lluvia.

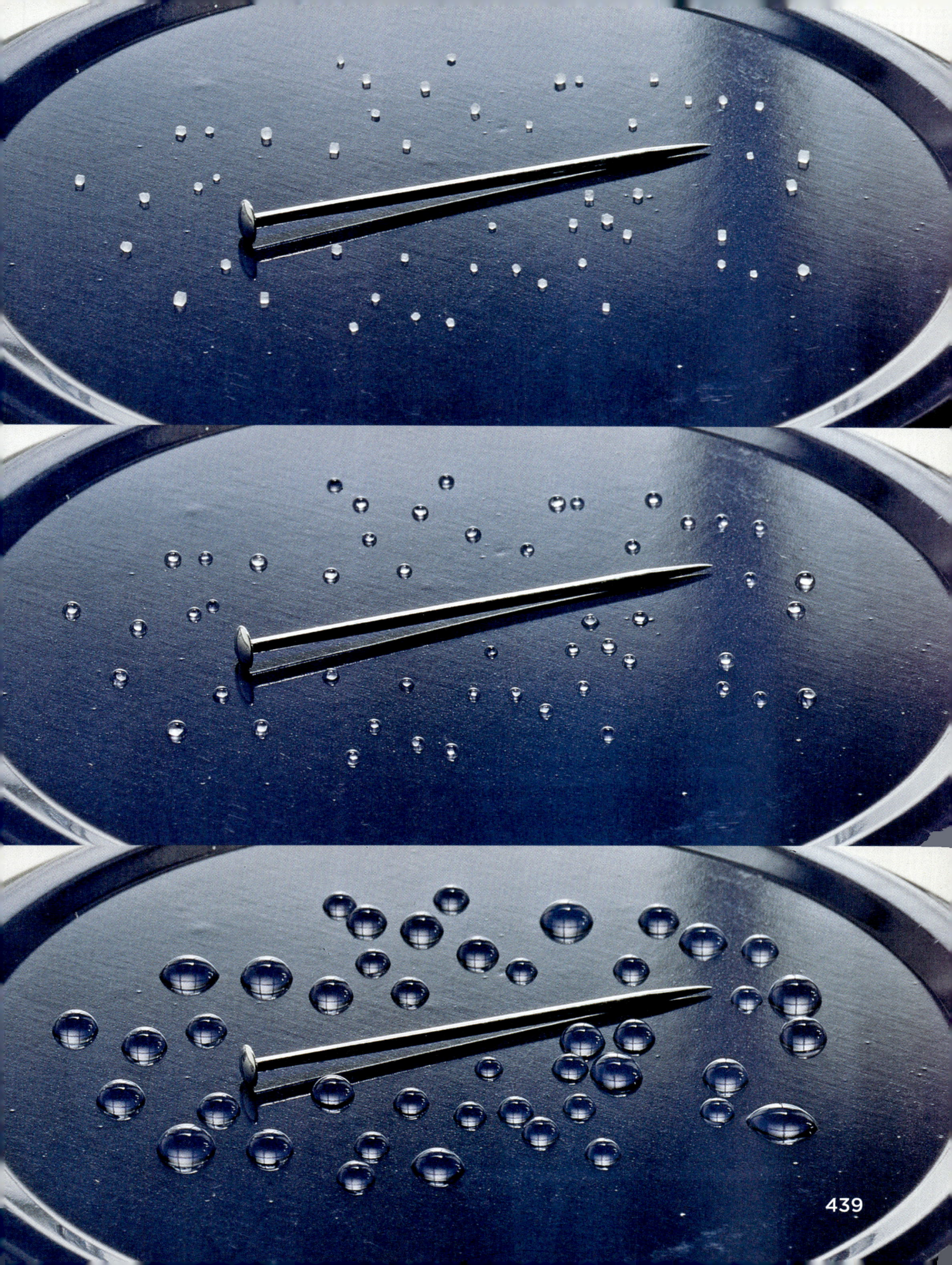

LOS COPOS DE NIEVE

Este copo de nieve se muestra 60 veces más grande que su tamaño real. Los ángulos entre los seis brazos principales se repiten una y otra vez en muchos de los **detalles** más pequeños de esta asombrosa estructura. ¿Cómo se forma en el cielo un objeto tan intrincado?

Las gotitas de nube se forman cuando el vapor de agua se condensa en partículas. Pero en el aire muy frío, las moléculas de agua que se aferran a las partículas forman cristales de hielo diminutos. A medida que más moléculas de agua provenientes del aire se congelan hasta convertirse en cristal, se unen en ángulos que permiten la formación de una estructura de seis lados. Si el cristal crece lo suficiente, caerá al suelo en forma de copo de nieve.

Con frecuencia, las nubes que producen nieve contienen cristales de hielo y gotitas líquidas. En el centro de este copo de nieve, hay una gotita de nube que se congeló y que permite que el copo se forme a su alrededor. Otras gotitas de nube que se congelaron hasta formar el copo de nieve cuando cayeron a través de la nube también están totalmente dispersas.

Algunas veces, la nieve se mezcla con bolitas de aguanieve, que son gotas de lluvia congeladas como las que se muestran abajo. Por el contrario, los copos de nieve son cristales de hielo que se forman cuando el vapor de agua cambia directamente de gas a sólido.

Aguanieve, 15 veces su tamaño real

VARIEDAD INFINITA

Muchos cristales de hielo crecen con formas que son solo astillas, varas o terrones de hielo diminutos. En ellos, la estructura de seis lados que las subyace no siempre es visible. Pero cuando las condiciones del tiempo atmosférico son apropiadas, los cristales crecerán y formarán una asombrosa variedad de elaborados diseños con seis lados.

Todos los copos de nieve de estas dos páginas se fotografiaron el mismo día. Todos comparten los mismos ángulos, pero su diseño varía. Uno tiene seis brazos de diferente longitud, dando la apariencia de ser un copo de tres lados. Otro tiene solo cuatro brazos; al parecer, dos de sus brazos no crecieron. Es **característico** ver variaciones extrañas como estas. Debido a que diferentes condiciones de humedad, viento y temperatura afectaron el crecimiento de cada copo mientras caía, cada diseño guarda secretos de su viaje individual a la tierra.

Cuando un copo de nieve se derrite, su diseño intrincado se pierde para siempre en una gota de agua. Pero un copo se puede desvanecer de otra forma si cambia directamente de hielo a vapor. La siguiente secuencia muestra cómo desaparece gradualmente un copo de nieve.

Copos de nieve, tamaño real

LA ESCARCHA Y EL ROCÍO

Algunos días, cuando el aire está húmedo, una baja de temperatura repentina durante la noche causará que el vapor de agua se condense en las superficies frías. En la mañana, el paisaje estará cubierto de brillantes gotas de agua: el rocío. Si la temperatura cae por debajo del punto de congelación, el pariente de clima frío del rocío aparece: la escarcha.

En el vidrio de las ventanas, la escarcha forma pequeños rasguños e imperfecciones. Al igual que los copos de nieve, la escarcha es el resultado del vapor de agua que cambia de gas a sólido. Es por eso que la estructura angular de los cristales de hielo se hace evidente en los patrones con forma de helecho de la escarcha.

Cuando se forma el rocío, una corta caminata en el pasto mojará tus pies. En las telarañas, las gotas de rocío se ven como perlas relucientes. En la fotografía de la parte superior vemos cómo el agua refleja y distorsiona la luz; en cada gota de agua aparece un paisaje al revés.

> **AHORA COMPRUEBA**
>
> **Hacer y responder preguntas** ¿Cómo se forma la escarcha? Lee de nuevo el texto para encontrar la respuesta.

EL AGUA Y LA LUZ

Si miras con cuidado este rayo de luz, verás la forma misteriosa en la que la luz interactúa con el agua.

Parte de la luz se refleja, lo que significa que rebota contra la superficie del agua. Pero parte de ella la atraviesa. Cuando la luz entra en el agua, las moléculas la tuercen o la *refractan*. Los rayos torcidos de luz blanca se transforman en todos los colores del arcoíris.

¿Cómo es posible esto? La luz blanca está conformada por ondas de diferentes tamaños o *longitudes de onda*. La más corta, que vemos de color violeta, es la que más se dobla. La roja, la longitud de onda más larga, es la que menos se dobla. Todos los demás colores están dentro de este rango.

El sol que brilla a través del agua rociada por una manguera de jardín forma un arcoíris. La manguera crea gotas de agua que curvan la luz y destellan colores brillantes cuando se les ve desde el ángulo correcto. Los arcoíris naturales funcionan exactamente igual. El sol debe estar detrás de ti y abajo en el cielo. El brillo del sol sobre miles de millones de gotas esféricas de lluvia que llenan el cielo produce el arcoíris.

EL CICLO DEL AGUA

El calor del sol y la gravedad de la Tierra mantienen el agua en movimiento constante. El agua se evapora de charcos, estanques, lagos y océanos, de las plantas y los árboles, e incluso de tu piel. El vapor de agua se mueve en el aire de forma invisible, pero siempre está listo para condensarse en una brizna de pasto fría o en la superficie de un estanque. Se forman grupos de nubes cuando el vapor se condensa en partículas diminutas de polvo en el aire. Solo entonces, el agua cae del cielo como lluvia, volviendo a llenar lagos, ríos y océanos. Aunque sea difícil de predecir e imposible de controlar, el agua continúa su ciclo alrededor de la Tierra.

Y el agua es muy valiosa. Sin ella, ningún ser vivo podría sobrevivir. Ninguna planta crecería, ni siquiera una brizna de pasto. Ningún animal recorrería la tierra, ni siquiera una araña. Pero en alguna parte del mundo, en este mismo instante, la nieve se amontona en la cima de una montaña y la lluvia cae en un valle. Y todo a nuestro alrededor nos recuerda el viaje interminable de una gota de agua.

El autor que valora el agua

Walter Wick es un autor y fotógrafo para niños. Es mejor conocido por la serie de libros *I Spy*, que creó con la autora Jean Marzollo.

Walter dice que trata de "hacer que la experiencia de mirar mis creaciones sea tan emocionante para otros como lo es para mí". Como resultado, sus fotos usualmente resultan siendo frescas y diferentes. Invierte mucho tiempo en montar fotografías que tienen diferentes partes. Sus fotos tan detalladas sirven para iniciar a los niños en cosas complicadas, ¡como las moléculas de agua!

Las fotografías en los libros de ciencias de Walter explican temas en formas inesperadas e inusuales. Muchos lectores estarán de acuerdo en que en sus libros, las fotos son tan importantes como las palabras.

PROPÓSITO DEL AUTOR

¿De qué manera las fotos de alta tecnología de Walter Wick te ayudan a entender conceptos difíciles?

Respuesta a la lectura

RESUMIR

Usa detalles importantes de *Una gota de agua* para resumir la selección. La información de tu tabla de secuencia te ayudará.

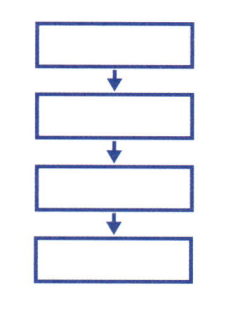

EVIDENCIA EN EL TEXTO

1. ¿Cómo sabes que *Una gota de agua* es un texto expositivo? **GÉNERO**

2. ¿Qué pasa después de que el agua se evapora y se eleva al cielo? Usa detalles del texto en tu respuesta. **SECUENCIA**

3. Encuentra la palabra *acumulan* en la página 436. Usa claves de contexto para comprender su significado y encontrar un antónimo. **ANTÓNIMOS**

4. Escribe una explicación de cómo se crea un arcoíris. Usa detalles del texto en tu respuesta. **ESCRIBIR SOBRE LA LECTURA**

 Haz conexiones

¿Cuáles son algunas de las diversas formas en las que las moléculas de agua cambian? **PREGUNTA ESENCIAL**

¿De qué manera mirar algo de cerca cambia la forma en que las personas piensan sobre el mundo? **EL TEXTO Y EL MUNDO**

CCSS Género • Fantasía

Compara los textos
Lee sobre dos niñas que obtienen una nueva perspectiva mientras intentan salvar a sus compañeros de clase.

La increíble poción de encogimiento

Todo empezó como un sencillo proyecto de ciencias. Hace apenas una semana Isabel, Mariela y Héctor trabajaban en una poción de encogimiento que asombraría a todos en la feria de ciencias. Mariela e Isabel habían perfeccionado la poción, pero había sido Héctor quien había creado el antídoto. Desde su descubrimiento, Héctor había perdido interés en ganar el premio de la feria de ciencias y se había interesado más en ver cómo este experimento aumentaría su popularidad. Su corta estatura lo hacía prácticamente invisible para todos en la escuela primaria Washington.

Pero ese ya no era el caso, ahora toda la clase levantaba la vista para mirarlo. Había llegado al laboratorio de ciencias con unos pastelillos "especiales" que le habían hecho fácil encoger a toda la clase, incluyendo a su maestra de ciencias, la señorita Sampson. Héctor sonreía con satisfacción mientras ponía a sus compañeros miniatura dentro del tanque de Rambo, la mascota de la clase.

Richard Johnson

450

Isabel y Mariela escucharon por casualidad los chillidos encogidos de sus compañeros desde el otro lado de la puerta del salón. Habían llegado tarde al laboratorio de nuevo. Echaron un vistazo adentro y rápidamente comprendieron que tenían que hacer algo. Mariela vio que Rambo, equipado con un chaleco de tubos diminutos, olfateaba feliz fuera de su tanque.

—¡Rambo tiene el antídoto! —le susurró Mariela a Isabel—. Tendremos que encogernos para entrar a escondidas y tomarlo. ¡Luego podremos ayudarlos a todos a salir del tanque!

Con sus manos temblorosas, Isabel sacó una ampolleta. Respiraron profundo y tomaron un sorbo de la poción de encogimiento. El mundo a su alrededor comenzó a crecer…

Cuando Isabel y Mariela pasaron por debajo de la puerta del salón, todo se veía **ampliado** al extremo. Las sillas y los escritorios se alzaban a su lado, incluso los detalles complejos de cada tuerca y tornillo se volvían más claros, como si los vieran bajo un **microscopio**. Caminaron hasta el otro lado del salón, esquivando migas de pastelillos gigantescas y montones de goma de mascar pegajosa.

Lo siguiente era que tenían que trepar hasta la mesa sin que las vieran. Isabel se agarró de un cable enchufado a un tomacorriente y, una mano tras otra, se impulsaba hacia adelante por el cable que descendía, hasta que vio la parte de atrás del tanque. Luego, balanceándose como una gimnasta olímpica, se lanzó sobre la mesa. Dio unos pasos sobre la superficie **arenosa**, esquivando las amplias estrías de la madera que nunca había notado. Al sentirse más ligera que el aire, se dio cuenta de que la gravedad funcionaba de forma diferente con su nuevo tamaño.

A Mariela le pareció una tarea titánica alcanzar a Isabel arriba de la mesa.

—¿Cómo llegaste hasta allá? —susurró Mariela—. ¡Me caeré si trato de saltar!

Isabel sonrió.

—La gravedad no funciona de igual forma cuando eres pequeña. Si fallas, puedes subir caminando por un lado, ¡como una hormiga!

Balanceándose con las manos sudorosas, Mariela se lanzó con todas sus fuerzas. La falta de gravedad le hizo perder velocidad y sintió que empezaba a flotar suavemente y de a poco hacia abajo sin alcanzar la mesa. Sintió pánico y se lanzó hacia adelante usando sus piernas para **aferrarse** a la pata de madera.

—¡Lo lograste! —gritó la vocecita de Isabel. Su emoción duró poco, pues un hámster gigantesco las acorraló a ella y a Mariela. Y su problema aun mayor, Héctor, parecía darse cuenta de que algo estaba ocurriendo detrás del tanque.

—¡Rápido! ¡Agarra el antídoto! —dijo Mariela. Sacó de su bolsillo una bolsa de semillas de girasol y le ofreció unas a Rambo mientras Isabel desataba una de las ampolletas. Por poco la deja caer al escuchar unas gigantescas pisadas que se dirigían hacia ella, seguidas de la voz de su profesora.

—Niñas, llegaron tarde —dijo la señorita Sampson mientras agarraba la ampolleta. Isabel y Mariela respiraron aliviadas cuando bebió un sorbo y se preparó para poner a Héctor en su lugar.

Mariela le sonrió a Isabel.

—¿Creen que nuestro proyecto de ciencias será un gran éxito después de todo esto?

Los compañeros diminutos compartieron una carcajada enorme.

Haz conexiones

¿Qué descubrieron Mariela e Isabel después de tomar la poción de encogimiento? **PREGUNTA ESENCIAL**

¿De qué manera mirar algo de cerca ayuda a las personas a entender el mundo que los rodea? **EL TEXTO Y OTROS TEXTOS**

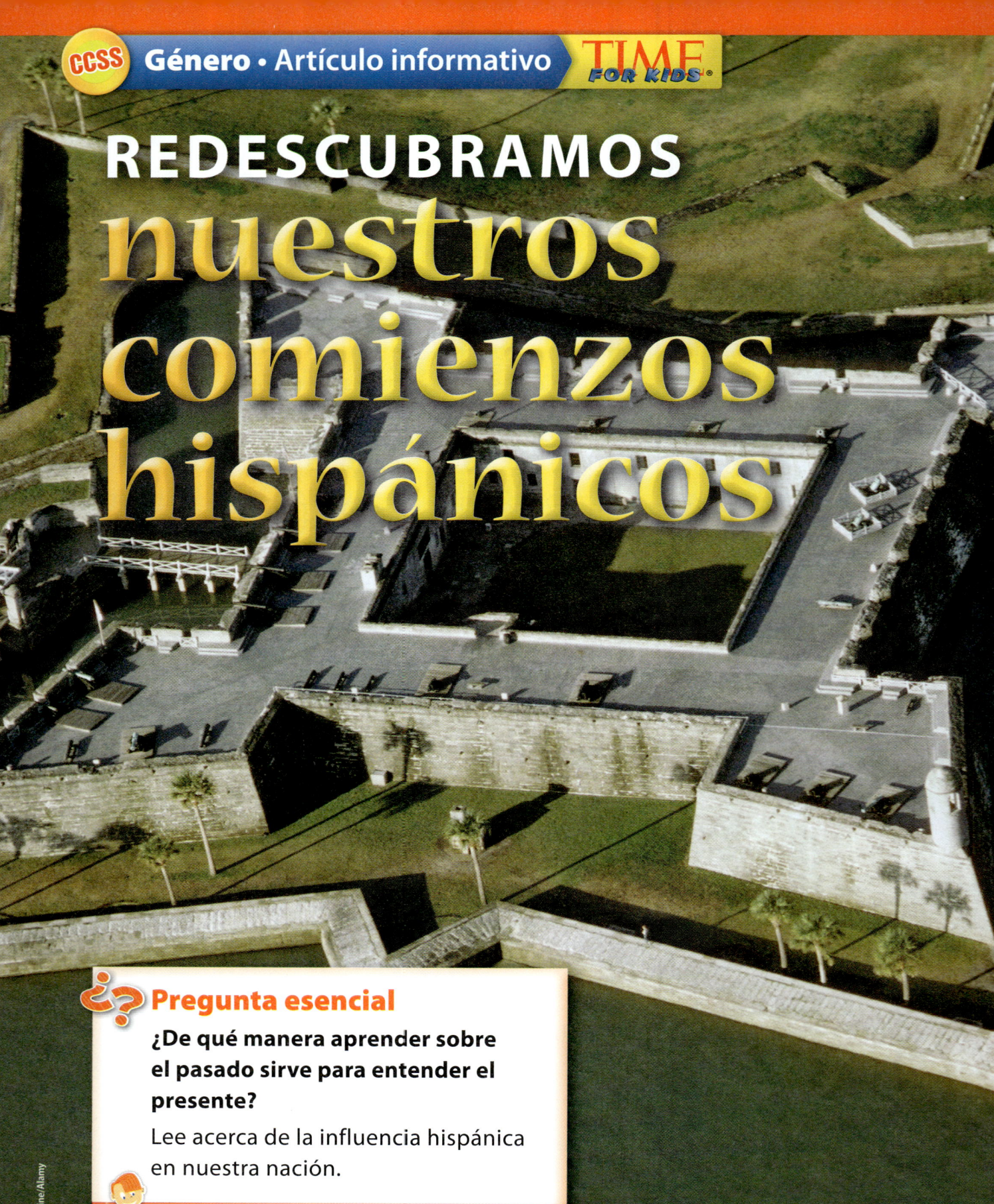

CCSS Género • Artículo informativo TIME FOR KIDS

REDESCUBRAMOS nuestros comienzos hispánicos

Pregunta esencial

¿De qué manera aprender sobre el pasado sirve para entender el presente?

Lee acerca de la influencia hispánica en nuestra nación.

¡Conéctate!

San Agustín (Florida) es la ciudad más antigua de Estados Unidos. Su historia comienza con el descubrimiento de Florida por parte del conquistador español Juan Ponce de León.

En 1493, Ponce de León comenzó su carrera como integrante de la segunda **expedición** de Cristóbal Colón. Después de servir como gobernador en República Dominicana y Puerto Rico, partió por su cuenta en busca de la legendaria fuente de la juventud, pero su expedición de 1513 concluyó con el descubrimiento de Florida. Él reclamó la península para España y la llamó *La Florida* en conmemoración de una fiesta española de las flores.

El baluarte de España

Establecer una colonia en *La Florida* era más fácil de decir que de hacer. Después del descubrimiento de Ponce de León, se emprendieron seis expediciones más. Todos los intentos de colonización fracasaron. Como los cultivos europeos no prosperaron, los colonos tendrían que depender de los suministros de España para sobrevivir. Los exploradores **documentaron** que el **permanente** calor, la humedad, las tormentas tropicales y tribus nativas hostiles fueron argumentos para no asentarse. Florida era considerada un riesgo y fue ignorada por años.

En 1564, Francia estableció el **Fuerte** Caroline, 35 millas al norte del lugar donde Ponce de León había desembarcado. El rey español desaprobó este hecho y un año después envió al almirante Pedro Menéndez de Avilés a colonizar y gobernar Florida. Él y sus soldados destruyeron la colonia francesa. El 28 de agosto de 1565 fundaron el asentamiento español San Agustín.

Pedro Menéndez de Avilés fundó San Agustín.

San Agustín se convirtió en el principal puesto de avanzada septentrional del Imperio español. También fue el centro de las misiones españolas en la región. Ya que era blanco de ataques enemigos, el asentamiento fue forzado a reubicarse varias veces en los siguientes seis años. Además, las malas relaciones con los nativos timucuanes dificultaron la vida de los primeros colonos. Antes de regresar a España, en 1567, Menéndez ayudó a establecer tres fuertes. Su sobrino regresó y gobernó Florida hasta 1589.

En poco tiempo, los ingleses se convirtieron en una amenaza para la Florida española. Después del establecimiento de Jamestown, en 1607, los ingleses continuaron colonizando la parte superior e inferior de la costa este. Los colonos españoles también debían sufrir el ataque constante de los piratas y barcos enemigos. Finalmente, el dinero de España permitió que se construyera una gigantesca fortaleza de piedra: el Castillo de San Marcos. Este fuerte continúa siendo el monumento de mayor importancia histórica de San Agustín.

Un fuerte temible

Así como Roma no se construyó en un día, el Castillo de San Marcos se edificó durante años, entre 1672 y 1695. Era el décimo fuerte que se había construido para proteger la ciudad de San Agustín. Los nueve fuertes anteriores se habían hecho con madera. El Castillo de San Marcos se construyó con la casi indestructible piedra caliza o coquina. Sus **tremendos** muros excedían los 33 pies de altura y medían 12 pies de ancho. ¡El fuego enemigo era incapaz de derribar estas murallas!

Aprender del pasado en el presente

San Agustín ha sido parte de Estados Unidos desde 1821, cuando Florida se convirtió en un territorio estadounidense. Aún puedes apreciar indicios permanentes de la **época** española en la ciudad. Muchas calles llevan nombres españoles y algunas edificaciones conservan el aspecto de los tiempos coloniales.

Hoy día, parte de la ciudad es como **arqueología** viviente. Los visitantes pueden ir a San Agustín a descubrir **evidencias** acerca de la vida en el pasado. Muchos lugares españoles coloniales han sido restaurados y los museos de la ciudad documentan su historia. Quienes visitan el barrio colonial español aprenden cómo vivían los colonos españoles siglos atrás. Mucha de la información proviene de los hallazgos de los arqueólogos, entre ellos, botones, cuentas, platos y herramientas. Más de un millón de artefactos se han desenterrado desde 1930.

AHORA COMPRUEBA

Resumir ¿De qué forma San Agustín es como arqueología viviente?

¿Qué hay en un nombre?

¿Algunos de tus amigos saben español? ¡Tal vez sí, y quizás no lo sepan! Con el paso de los años muchas palabras del español se han introducido en la lengua inglesa. En Estados Unidos, los nombres de muchos lugares provienen del idioma español, entre ellos, California, Nevada y Los Ángeles.

Otras palabras que llegan al país provenientes de los colonos españoles son burrito, cafetería, cañón, fiesta, mosquito, patio, plaza, rodeo y tango.

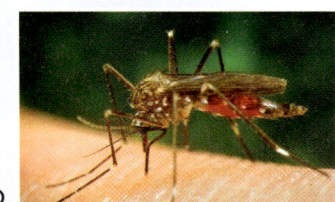

Respuesta a la lectura

1. ¿Por qué "Redescubramos nuestros comienzos hispánicos" es un artículo informativo? **GÉNERO**

2. ¿Qué sucedió después de que Francia fundó el Fuerte Caroline? **SECUENCIA**

3. Busca el refrán "Roma no se construyó en un día" en el recuadro "Un fuerte temible". Usa claves de contexto para establecer el significado. **PROVERBIOS Y REFRANES**

4. Escribe acerca de la influencia española en Estados Unidos. **EL TEXTO Y EL MUNDO**

Género • Artículo informativo

Compara los textos
Lee acerca de dos colonias que desaparecieron.

LOS MISTERIOS DE LA historia

La arqueología es el estudio de reliquias, artefactos y restos que nos ayuda a reconstruir el pasado. Lee para conocer dos misterios de la historia.

Desaparecidos sin dejar rastro

En 1587, un colono inglés de nombre John White y una pequeña tripulación zarparon hacia Inglaterra desde la diminuta isla de Roanoke, en la costa de Carolina del Norte, dejando atrás más de 100 personas. White regresó con provisiones a Roanoke tres años después. No encontró más que un **fuerte** abandonado. En un poste estaba escrito "Croatan". ¿Cómo desapareció la colonia entera sin dejar rastro? ¿Y qué significaba *Croatan*? El misterio sigue sin resolverse.

Sin embargo, hay muchas teorías. Algunos historiadores creen que tribus hostiles de indígenas americanos aniquilaron a los colonos. Otros piensan que simplemente abandonaron la colonia para vivir con las tribus vecinas.

El arqueólogo Jeffrey Brain (a la derecha) y su equipo de colegas y voluntarios excavaron durante diez años en busca de indicios relacionados con la colonia de Popham. El descubrimiento de una chimenea (a la izquierda) confirmó que el sitio de excavación había sido alguna vez una casa.

Es posible que las enfermedades, la sequía o el hambre también hayan diezmado el asentamiento. Los arqueólogos encontraron un anillo de oro, pipas, monedas, cuentas y aros de hueso en el asentamiento de Croatan. Aunque estos objetos evidencian que hubo un contacto temprano entre las tribus nativas y la primera colonia inglesa, no son suficientes para saber qué les pasó a los colonos.

El hallazgo de Popham

En 1607, una tripulación de 125 colonizadores ingleses salió en una **expedición** que arribó a la costa de Maine. Allí erigieron una pequeña colonia a la cual dieron el nombre de su patrocinador, Sir John Popham y su sobrino George. Pero la colonia de Popham, el primer intento de Inglaterra de establecer una colonia en Nueva Inglaterra, no sobrevivió.

Un año después, abordaron su barco y regresaron navegando a su hogar.

Durante siglos, nadie supo con exactitud dónde había estado la colonia. Entonces, en 1994, el arqueólogo Jeffrey Brain comenzó a excavar el área. Después de 10 años de excavación, Brain y su equipo descubrieron restos del depósito de la colonia, un fogón (o piso de una chimenea) y fragmentos de cerámica. Su trabajo ha ayudado a desenterrar indicios acerca de cómo era la vida durante la colonia.

¿? Haz conexiones

¿Qué reveló la arqueología acerca de estas dos primeras colonias? **PREGUNTA ESENCIAL**

¿Cómo desenterrar el pasado nos ayuda a entender el presente? **EL TEXTO Y OTROS TEXTOS**

Bemberecua
Honorio Robledo

Género · Fantasía

¿ Pregunta esencial
¿Cómo conectan las tradiciones a las personas?

Lee acerca de cómo una comunidad se reúne alrededor de la música para cantar y bailar.

¡Conéctate!

Hace muchos años, cerca del río Papaloapan, vivía una iguana que se llamaba **Bemberecua,** porque tenía una boca enorme y era bastante **comunicativa**. Lo que más le gustaba era corretear por la sabana, como un verdadero ventarrón. Así engañaba a los pobladores quienes, al ver la hierba agitarse, pensaban que iba a entrar un norte, y se resguardaban en sus casas.

En uno de esos paseos, mientras descansaba en una piedra, le aconteció un milagro. La brisa le trajo un dulce murmullo más armónico y más dulce que el rumor de un panal de abejas. Curiosa, **Bemberecua** atravesó el río, persiguiendo las voces del viento.

Así llegó hasta el pueblo y, brincando de rama en rama, de palo en palo, de barda en barda y de tejado en tejado, llegó a una plazuela donde un contingente de jaraneros tocaba alegres sones jarochos alrededor de una tarima, mientras las parejas de bailadores se disputaban el turno para taconear. Para *Bemberecua* el fandango fue toda una revelación. ¡Jamás había presenciado nada tan maravilloso!

Permaneció horas en la contemplación, **hipnotizada** por el repiqueteo de los requintos y de las jaranas e impactada por el **percutir** de los danzantes sobre la madera. Poco a poco la concurrencia se fue disolviendo. Por la **madrugada**, cuando ya todos se habían ido a dormir, *Bemberecua* se trepó al tablado para imitar el tangueo de los danzantes. Pero, claro, sus pezuñas no le ayudaban, sólo arañaban las tablas, mientras daba tremendos coletazos. Por suerte era invierno y nadie se asomó a ver quién causaba *tanta bulla.*

Al día siguiente, al ver la tarima astillada, la gente comentaba:

—¡"Mirá nomá", parece que subieron un toro a taconear! ¿Quién será el chistoso que vino a dejar "lah uñah" en la tarima?

Pero nadie se preocupó de que la madera, madrugada tras madrugada, tuviese más rayones y más raspaduras. Y *Bemberecua* pudo proseguir con sus bamboleos nocturnos.

Llegó la Fiesta Mayor del pueblo, que era la más afamada de toda la región. Para festejar el fandango más grandioso del año, los jaraneros construyeron un tablado nuevecito, y lo acomodaron en la plazoleta para recibir a los jaraneros *y bailadores.*

AHORA COMPRUEBA

Volver a leer ¿Por qué los jaraneros, a quienes les gusta la música y el baile, construyeron un tablado nuevo? Vuelve a leer para encontrar la respuesta.

En cuanto **Bemberecua** vio la tarima pensó que la habían construido para ella y de inmediato se trepó a darle su estrenada, pero la dejó toda raspada y arañada con sus brincoteos. Al día siguiente que los vecinos constataron los daños se enojaron muchísimo. ¡Faltaban algunos días para la fiesta y ya algún ocioso había estropeado el tablado nuevo!

Al mediodía llegó el carpintero a reparar la tarima. Aunque no se usaba, en un arrebato perfeccionista, hasta la barnizó. Esa noche, impulsada por su gran amor al baile, **Bemberecua** regresó al tablado. Con el barniz le fue peor que nunca, pues se la pasó cayéndose y levantándose. Al amanecer, la tarima se encontraba ya en un estado lamentable.

A la mañana siguiente, al contemplar los rayones y las rajaduras en su tarima, los vecinos se pusieron furiosos y nombraron una comisión para descubrir al culpable. Uno por uno revisaron a todos los habitantes del pueblo (no se salvaron ni los pollitos).

Pero, como todos tenían intactos los pies, las patas y las garras, concluyeron que algún envidioso de otro pueblo quería perjudicar la fiesta. Entonces resolvieron instalar rondas de **vigilancia**.

Esa madrugada, Bemberecua volvió al pueblo muy ajena al revuelo que había ocasionado. Sin percatarse de la intensa vigilancia, trepó al tablado y comenzó a ensayar sus pasos, que no eran sino remolinos de volteretas, maromas, caídas y coletazos.

Con el ruido, los adormilados vigilantes despertaron, pero con tanta neblina no conseguían ver quién era el causante del escándalo. Algunos hasta llegaron a pensar que se trataba de un chaneque. Pero, al acercarse, quedaron inmovilizados por la sorpresa. ¡Era el colmo: una *¡iguana bailando!*

AHORA COMPRUEBA

Volver a leer ¿Por qué se sorprendieron los vigilantes? Vuelve a leer para encontrar la respuesta.

Bemberecua, al darse cuenta de que tenía público, comenzó a sacar lo mejor de su repertorio y a inventar nuevos giros y atrevidas marometas. Unos le salieron y otros no, pero sus contorsiones eran tan divertidas que los vecinos se olvidaron de los rayones y comenzaron a aplaudirle. Uno de los vigilantes fue corriendo a casa del **requintero** y, a los jalones, lo llevó hasta la plazuela, para que diera testimonio del increíble suceso.

El músico, al ver los desmañanados intentos de la iguana, comenzó a acompañar sus atravesados y enredosos pasitos con la jabalina.

Bemberecua se desbarataba en el tablado y ya no sabía ni qué inventar, pero le echaba todas las ganas a su contoneo. Los vecinos improvisaron enseguida un coro, que fue el remate perfecto para los esfuerzos de la iguana y *del requintero.*

Así, entre tantos coros, palmas y marometas, transcurrieron varias horas. Finalmente, al amanecer, el músico y **Bemberecua** quedaron tan agotados y ampollados que ya no podían, ni querían más. Entonces el público ofreció a los ejecutantes un entusiasta y prolongado aplauso. Y no era para menos: ¡había nacido el Son de la *iguana*!

Desde esa mañana, **Bemberecua** ya no tuvo que esconderse para practicar su zapateo. Y menos aún teniendo un son en su honor. Se cuenta que, en el transcurso de su larga y fecunda vida, siempre estuvo presente en el fandango, echando disparejos brincos y agitando la cola al *son del Son.*

AHORA COMPRUEBA

Hacer y responder preguntas
¿Por qué la iguana pudo dejar de esconderse para bailar? Vuelve a leer para encontrar la respuesta.

Veamos al autor que nos enseña tradiciones

La infancia de **Honorio Robledo** estuvo llena de maravillas gracias a las historias relatadas por los ancianos. Nació en el estado de Tenancingo (México) en el año 1954 y desde que era niño vivió en pequeños pueblos de Veracruz y Chiapas. Como allí no había electricidad, su infancia giró en torno a una hoguera cercada por piedras que él y sus amigos recolectaban durante el día. Por la noche encendían la hoguera y todos sentados alrededor de esta escuchaban atentos las distintas narraciones que los cuenteros les relataban.

Estudió Literatura, pero combina su profesión con las artes visuales, creando pinturas, máscaras, esculturas y cerámicas, que ha expuesto en varios países del mundo.

En sus obras, Honorio retrata el mundo en el que creció, donde los campesinos trabajaban la tierra, la selva o el océano con sus manos y utensilios artesanales, y donde por la noche estas mismas personas tocaban sus instrumentos y componían canciones o relataban historias asombrosas a todos los demás.

Propósito del autor

¿Por qué el autor escribe tan fielmente las expresiones orales de los campesinos? ¿Cuál es su propósito?

Respuesta a la lectura

Resumir

Usa solo los detalles más importantes de *Bemberecua* para resumir el cuento. La información de tu tabla de tema te puede ayudar.

Evidencia en el texto

1. ¿Por qué *Bemberecua* es un ejemplo de fantasía? Usa detalles del cuento para explicar tu respuesta. **GÉNERO**

2. ¿Por qué Bemberecua había quedado tan maravillada con el fandango? ¿Qué pasó cuando por fin pudo bailar frente a todos? **TEMA**

3. ¿Cuál es la connotación de la palabra *desbarataba* en la frase: "Bemberecua se desbarataba en el tablado y ya no sabía ni qué inventar"? **CONNOTACIÓN Y DENOTACIÓN**

4. Escribe acerca de la importancia de la música y el baile en la comunidad de Bemberecua. Usa detalles del cuento para sustentar tu respuesta. **ESCRIBIR SOBRE LA LECTURA**

Haz conexiones

Comenta cómo la iguana influyó en las costumbres de los jaraneros. **PREGUNTA ESENCIAL**

Las fiestas inspiradas en bailes típicos son tradicionales en los pueblos latinoamericanos. ¿Qué tradiciones similares existen en otros países? ¿De qué forma estas tradiciones conectan a las personas? **EL TEXTO Y EL MUNDO**

CCSS Género • Texto expositivo

Compara los textos
Lee cómo los indígenas americanos han luchado por mantener vivas sus tradiciones.

Indígenas americanos:
ayer y hoy

Los indígenas americanos de antaño

Mucho antes de que vivieras en tu ciudad, los indígenas americanos cazaban, pescaban y cultivaban allí. Vivían de la tierra al igual que sus ancestros lo habían hecho durante siglos, dependiendo del clima y los recursos naturales.

Esta forma de vida cambió con la llegada de los europeos. Los académicos creen que quizá millones de indígenas americanos perecieron a causa de las enfermedades que trajeron los colonos blancos en el siglo XVIII. Mientras Estados Unidos se expandía, estallaron guerras entre los colonos y las tribus. Muchos de los indígenas americanos que sobrevivieron abandonaron sus tierras. Los colonos y soldados blancos forzaron al resto a irse al Oeste. El Acta de Remoción de los Indios de 1830 reubicó a las tribus al oeste del río Mississippi y estableció 25 millones de acres para los asentamientos. Mientras se adaptaban a nuevos entornos, las tribus luchaban por conservar sus tradiciones.

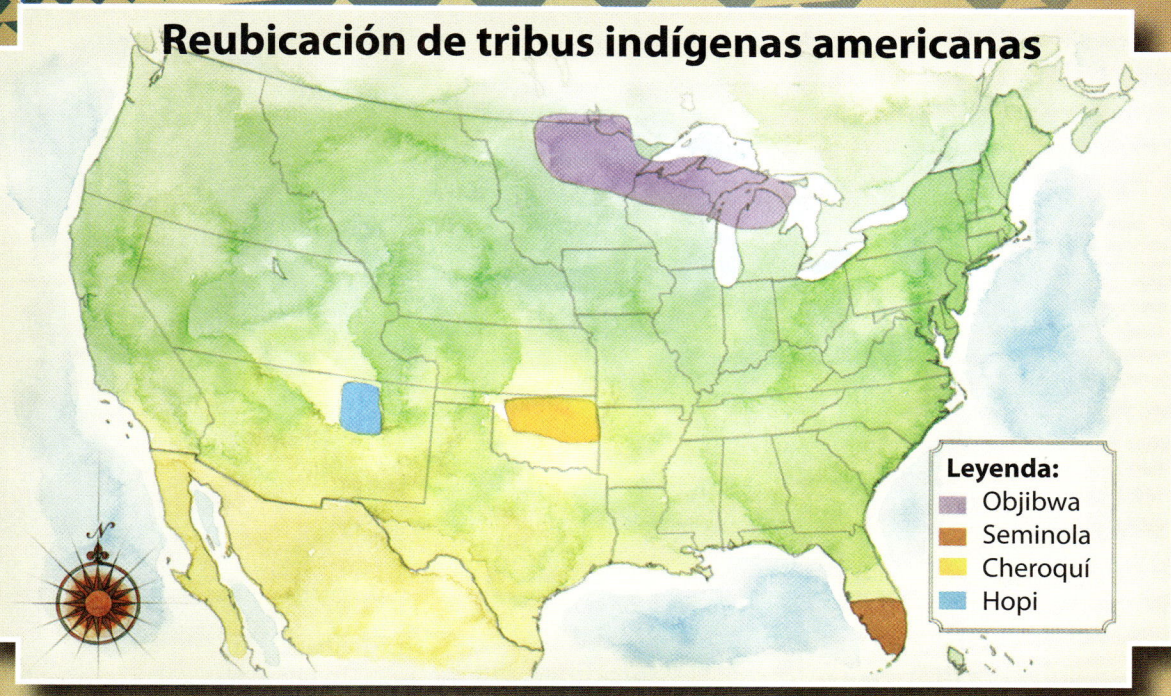

El anterior mapa muestra la reubicación de las tribus objibwa, seminola, cheroquí y hopi a mediados del siglo XIX.

Al Norte: los objibwas

Las tierras de los objibwas o chippewas cubrían lo que ahora son los estados de Michigan, Wisconsin, Minnesota y Dakota del Norte. Ellos construían refugios con corteza llamados "wigwams". Y usaban la de los abedules para hacer canoas. Cazaban animales salvajes y cultivaban maíz, calabacín y arroz silvestre, un grano que crece en los lagos de las regiones septentrionales. A medida que los colonos se extendían por el norte de EE. UU., los objibwas eran expulsados de sus tierras ancestrales a pequeñas reservas en estos cuatro estados.

Al Sur: los seminolas

En el siglo XVIII, los seminolas se asentaron en lo que hoy es el centro de Florida, un territorio bajo el dominio de España. Construían cabañas y vestían ropa similar a la de los colonos. Muchos se dedicaron a la cría de caballos y ganado vacuno.

Después de que Estados Unidos ganó el control de Florida, de 1830 a 1840, forzaron a los seminolas a reubicarse. Estallaron guerras entre los seminolas y el ejército de Estados Unidos. Algunos seminolas huyeron hacia los Everglades para oponerse a la reubicación. Allí cazaban, pescaban y comerciaban aislados.

Representación hecha por un artista de "El sendero de lágrimas" que ilustra la difícil travesía de los cheroquíes.

Al Este: los cheroquíes

El pueblo cheroquí habitaba en las tierras que hoy conforman los estados del sureste, entre Carolina del Norte y Georgia. Los cheroquíes construían refugios con madera, enredaderas y barro llamados "asi", los cuales techaban con pasto y corteza. Cultivaban maíz, calabacín y frijoles. En el siglo XIX, Sequoyah, un jefe cheroquí, inventó un alfabeto escrito para la lengua cheroquí.

Cuando se descubrió oro en las tierras cheroquíes, los colonos blancos ansiaban vivir allí. Esto resultó en la expulsión forzosa de los cheroquíes de su tierra natal impuesta por el gobierno. Más de 4,000 cheroquíes murieron en la travesía hacia Oklahoma. Este suceso se conoce como "El sendero de lágrimas". Para los cheroquíes se llama "El camino donde ellos lloraron".

Al Oeste: los hopis

Los hopis se asentaron en la elevada región desértica de lo que ahora es Arizona y Colorado. En esta área con poca lluvia, cultivaban maíz y otros productos mediante una técnica conocida como agricultura de secano. Esta utiliza diques y canales diminutos para regar los cultivos. Los hopis cultivaban un maíz de raíces largas que alcanzaban el agua subterránea. Construían sus viviendas con ladrillos hechos de una mezcla de barro y paja llamada adobe.

Los indígenas americanos de hoy

Actualmente, los indígenas llevan vidas distintas a las de sus ancestros. Algunos de los grupos que viven en reservas afrontan la pobreza, pero otros han prosperado. El arroz silvestre que compramos hoy proviene de la reserva objibwa. La minería y el turismo le han dado sustento al pueblo hopi. Los cheroquíes de Oklahoma han hecho hoteles, hospitales y centros de entretenimiento. El turismo es una fuente importante de ingresos para los seminolas.

A pesar de lo que han soportado, los indígenas americanos de la actualidad conservan formas para **honrar** su cultura e historia. Los bailes o "powwows" les permiten celebrar tradiciones antiguas. Compartir relatos con cada nueva generación también ayuda a mantener vivo el pasado indígena en el presente.

Actualmente los indígenas americanos trabajan en toda clase de profesiones.

Niños indígenas americanos de hoy participan en "powwows" para honrar la historia de su tribu.

Haz conexiones

¿Cómo honran los indígenas americanos actualmente su pasado? **PREGUNTA ESENCIAL**

¿Cómo las tradiciones conectan a las personas a través del tiempo? **EL TEXTO Y OTROS TEXTOS**

Género • Texto expositivo

El árbol del tiempo:
¿Para qué sirven las genealogías?

Armando Leñero Otero

Ilustraciones de Ixchel Estrada

Pregunta esencial

¿Por qué es importante mantener un registro del pasado?

Lee y aprende cómo hacer un árbol genealógico.

¡Conéctate!

Desde hace mucho tiempo, en **diversas** culturas y por diferentes motivos, a las personas les ha interesado saber quiénes fueron sus antepasados remotos o qué tan antiguos y numerosos son sus parientes.

Entonces investigaban y reconstruían su árbol genealógico.

En el México antiguo, los pueblos mesoamericanos registraban los principales acontecimientos históricos en los **códices**, donde los gobernantes ocupaban un lugar central: las pinturas nos hablan de su **origen**, su educación y las ceremonias que practicaban, con quiénes se casaban, las guerras en las que habían estado y su descendencia. Algunos códices eran únicamente genealógicos y servían para saber con quién era conveniente casarse y seguir formando familias de nobles.

Hoy en día los árboles genealógicos nos pueden servir para conocer los nombres de nuestros parientes más lejanos en el tiempo o los menos conocidos por nosotros; para imaginar cómo vivieron la época que les tocó; o bien, para apreciar el paso del tiempo, el pasado, el presente y el futuro.

Por ejemplo, una fecha como 1880, es decir, la penúltima década del siglo XIX, parece a primera vista muy lejana para nosotros: ¡eso fue hace 120 años! Sin embargo, es *apenas* la época de los tatarabuelos de quienes nacieron en el año 2000 y, entre esa antigua fecha y esta más actual, *solo* hay una distancia de cinco generaciones. Lo mismo sucede hacia adelante, ya que los tataranietos de esta quinta generación nacerán alrededor del año 2120.

Pero vamos por partes…

> **AHORA COMPRUEBA**
>
> **Volver a leer** ¿Para qué sirven los árboles genealógicos? Vuelve a leer para encontrar la respuesta.

¿Qué es un árbol genealógico?

Es una representación o un esquema de las personas que forman una familia. Se le llama *árbol* porque en el esquema podemos identificar algo así como un *tronco* con *ramas*, de las que a su vez salen más *ramas*.

Los árboles genealógicos nos sirven para observar cómo se va multiplicando una misma familia y el tipo de parentesco que van adquiriendo sus miembros entre sí a lo largo del tiempo.

Una palabra relacionada con el árbol genealógico es *generación*: sucesión de descendientes en línea recta, pero también, conjunto de todos los que viven en una misma época o conjunto de personas que, por haber nacido en fechas próximas y más o menos compartir la misma cultura, se comportan de una manera afín o semejante.

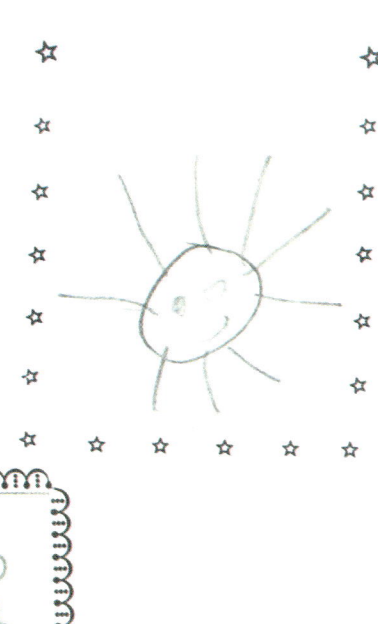

Pero ¿por qué genealógico?
Porque esta palabra está relacionada con otras, como:

Génesis
Origen o principio de una persona o cosa.

Genealogía
Conjunto de *progenitores* y *ascendientes* de una persona.

Estas dos palabras y su significado ayudan a definir la palabra *genealógico* como:

Perteneciente o relativo a la genealogía, y también, estudio del origen o principio de una familia y su descendencia.

En relación con el árbol genealógico, una generación es un espacio temporal de treinta años, porque ese es el tiempo aproximado en que una persona tiene hijos o descendencia.

Descendencia
Descender quiere decir bajar. Los descendientes son las personas que provienen de nosotros, es decir, los hijos, nietos, bisnietos, tataranietos…

Ascendencia
Ascender significa subir. Los ascendientes son las personas de quienes nacimos, es decir, nuestros padres, abuelos, bisabuelos, tatarabuelos…

Linaje
Está formado por los ascendientes o descendientes de cualquier familia.

Los ascendientes y los descendientes de un mismo linaje van formando familias que tienen un parentesco.

Parentesco
Vínculo por consanguinidad o afinidad.

Consanguíneo
Persona que tiene parentesco de consanguinidad con otra.

Consanguinidad
Unión, por parentesco natural, de varias personas que descienden de una misma raíz o tronco.

Afinidad
Proximidad o semejanza de una cosa con otra.

De los árboles, esas plantas de tronco leñoso y elevado, que se **ramifica** a cierta altura del suelo, el árbol genealógico toma prestadas:

La raíz
Parte de las plantas que crece en dirección inversa a la del tallo, carece de hojas, e introducida en la tierra absorbe de ella las materias necesarias para el crecimiento y desarrollo de la planta y le sirve de sostén.

El tronco
Tallo fuerte y macizo de los árboles y arbustos.

Las ramas
Cada una de las partes que nacen del tronco o tallo principal de la planta y en las cuales brotan por lo común hojas, flores y frutos.

El árbol genealógico representa, primero, la historia de una familia; pero las familias se ramifican y su composición cambia tanto en el transcurso del tiempo, que después este árbol puede formar una historia más amplia, aquella que nos da nuevos **indicios** (o pistas) del pasado, de un tiempo que se ha ido, pero del que podemos encontrar huellas en nosotros mismos.

AHORA COMPRUEBA

Volver a leer ¿Qué elementos de los árboles toma prestado el árbol genealógico? Vuelve a leer para encontrar la respuesta.

Actualmente, existen diversos tipos de familias cuyos lazos entre padres e hijos no se establecen necesariamente por relaciones de parentesco consanguíneo sino por vínculos afectivos, de tal manera que podríamos hablar, por ejemplo, de parentesco por adopción.

Antes de continuar es muy importante comentar algo: como has visto, casi todos los términos relacionados con los ascendientes y descendientes están escritos con género masculino. Sin embargo, debes tomar en cuenta que estos términos también se refieren a las mujeres.

¿Quiénes forman parte del árbol genealógico?

El árbol crece en diferentes direcciones…

- **Hacia arriba con nuestros ascendientes:** Padres, abuelos, bisabuelos, tatarabuelos…

- **Hacia abajo con nuestros descendientes:** Hijos, nietos, bisnietos, tataranietos y choznos.

- **A los lados** con nuestros hermanos, sobrinos, primos y las ramas que forman cada uno.

Veamos una representación en línea recta de un árbol genealógico:

	Generación
Tatarabuelos	1ª
Bisabuelos	2ª
Abuelos	3ª
Padres	4ª
Hijos	5ª
Nietos	6ª
Bisnietos	7ª
Tataranietos	8ª
Choznos	9ª

¿Por qué las generaciones se separan en 30 años?

Supongamos que nacimos en el año 2000 (todavía en el siglo XX). Nuestros padres pudieron haber nacido aproximadamente en 1970, nuestros abuelos en el año de 1940, los bisabuelos en 1910 y los tatarabuelos allá por 1880, en el siglo XIX. Por otra parte, si nacimos en el 2000, nuestros hijos pueden nacer en el año 2030, nuestros nietos —o sea los hijos de nuestros hijos— en el 2060, los bisnietos en 2090 y los tataranietos en 2120, en pleno siglo XXII.

¿Qué necesitamos para hacer un árbol genealógico?

Conocer los nombres y apellidos de nuestros padres, nuestros abuelos paternos (hombre y mujer, papás de tu papá) y hasta donde puedas averiguar. También hay que saberse los nombres de los abuelos maternos (hombre y mujer, papás de tu mamá), de tus bisabuelos maternos y hasta donde puedas averiguar.

Esta primera genealogía está en línea recta, pero también puedes agregar los nombres de los hermanos y hermanas de tu papá y de tu mamá, de sus esposos y esposas y de sus hijas e hijos, es decir, de tus tíos, tías y tus primas y primos.

¿Qué pasos hay que seguir para hacer un árbol genealógico?

Para hacer un árbol genealógico en línea recta tienes que apuntar los nombres y apellidos de tus padres y hermanos, de los padres de tu papá y de los de tu mamá y luego los nombres de sus abuelos y abuelas. Por ejemplo:

Mi papá: Juan **Pérez** López
Mi mamá: Guadalupe **González** Martínez
Mi hermana: Ana **Pérez González**
Mi hermano: Juan **Pérez González**
Mi nombre es María **Pérez González**

Los padres de mi papá se llaman:
Abuelo paterno: Antonio Pérez Fernández
Abuela paterna: Josefina López Maldonado

Los padres de mi mamá se llaman:
Abuelo materno: Pedro González García
Abuela materna: Guadalupe Martínez Lira

Los abuelos paternos de mi papá se llaman:
Bisabuelo paterno: Antonio Pérez Calderón
Bisabuela paterna: Trinidad Fernández Sánchez

Los abuelos paternos de mi mamá se llaman:
Bisabuelo materno: Pedro González Ramírez
Bisabuela materna: Laura García Flores

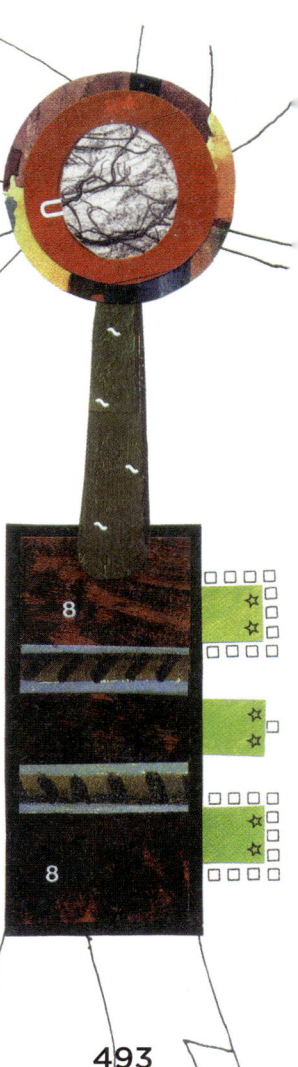

Luego puedes representarlos en un árbol genealógico en el que puedes anotar las fechas de nacimiento o calcularlas de acuerdo con los 30 años de diferencia entre cada generación y te quedaría más o menos así:

Bisabuelos paternos
Antonio Pérez Calderón (1908)
Trinidad Fernández Sánchez (1910)

Bisabuelos maternos
Pedro González Ramírez (1912)
Laura García Flores (1915)

Abuelos paternos
Antonio Pérez Fernández (1938)
Josefina López Maldonado (1940)

Abuelos maternos
Pedro González García (1939)
Guadalupe Martínez Lira (1942)

Padres
Juan Pérez López (1968)
Guadalupe González Martínez (1970)

Nosotros
Ana Pérez González (1994)
Juan Pérez González (1998)
María Pérez González (2000)

En el árbol genealógico que acabas de ver hay dos cosas que resaltan. La primera es que los segundos apellidos, es decir, los apellidos maternos, se van perdiendo, pero son importantes para poder saber cómo se llamaban los padres y las madres; y la segunda es que tus padres son a la vez hijos y a la vez nietos, todo depende de la *generación de referencia*. Esa generación se llama generación *ego*, que en el caso de este ejemplo es la que nació en el año 2000, o sea, la generación de María Pérez González.

Con las fechas aproximadas y la averiguación de lo que sucedía en esas épocas ya puedes empezar a imaginar las vidas que vivieron tus antepasados y las que podrían vivir tus descendientes y así iniciar un gran relato histórico o imaginario.

> **AHORA COMPRUEBA**
>
> **Hacer predicciones** ¿Qué nombres crees que tendrán tus descendientes?

Aprende con este autor y esta ilustradora sobre nuestras raíces

Armando Leñero Otero

Armando Leñero nació en Ciudad de México en el año 1929. Estudió Administración y ha sido parte del comité directivo de varias organizaciones de su país, entre ellas el Centro Juvenil de Promoción Integral. Además, por el profundo conocimiento que tiene de la historia de su país y casi todos sus rincones, ha colaborado en varias investigaciones sobre México. Y tal vez por este apasionamiento, decidió mostrarnos en *El árbol del tiempo* que todas las familias tienen un pasado y un presente que, a la vez, forman parte de una historia más amplia, la de un pueblo o la del mundo.

Ixchel Estrada

La ilustradora mexicana, nacida en 1977, amante de los *collages* imposibles, es licenciada en Diseño Gráfico de la Escuela Nacional de Artes Plásticas de la UNAM y diplomada en Ilustración. Ixchel ha colaborado como ilustradora para varios medios impresos y editoriales reconocidos. Sus ilustraciones han sido seleccionadas para formar parte del Catálogo de Ilustradores de Publicaciones Infantiles y Juveniles. En la actualidad trabaja en su proyecto de traducir sus imágenes bidimensionales en juguetes hechos a mano.

Propósito del autor
¿Por qué el autor decidió escribir un texto sobre los árboles genealógicos?

Respuesta a la lectura

Resumir

Usa los detalles más importantes de *El árbol del tiempo* para resumir el texto. La información de tu tabla de tema puede ayudarte.

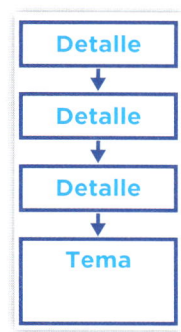

Evidencia en el texto

1. ¿Cómo sabes que *El árbol del tiempo* es un texto expositivo? **GÉNERO**

2. ¿Cómo te ayuda la información que da el autor a aprender sobre tus antepasados? **TEMA**

3. ¿Qué homófonos hay en la frase "qué tan antiguos y numerosos son sus parientes" de la página 481? Usa claves de contexto para explicar cómo se usa la palabra en la frase. **HOMÓFONOS**

4. Escribe acerca de lo que has aprendido sobre los árboles genealógicos. **ESCRIBIR SOBRE LA LECTURA**

¿? Haz conexiones

¿Por qué un árbol genealógico es una buena forma de saber más sobre tus antepasados? **PREGUNTA ESENCIAL**

Comenta por qué es importante mantener un registro del pasado. **EL TEXTO Y EL MUNDO**

CCSS Género · Ficción histórica

Compara los textos
Lee y descubre cómo Eleu ayuda a conservar la historia de su aldea.

Para que no olvides que eres maorí

Yolanda Martínez

Aroha siempre se había sentido muy orgullosa de ser maorí. Por eso siempre intentó conservar sus tradiciones y costumbres indígenas enseñándoselas a su hijo Eleu. Sin embargo, las cosas han cambiado mucho en los últimos años en la aldea, pues las personas que han decidido tener una vida urbana han comenzado a olvidar las tradiciones, las costumbres y el idioma de sus antepasados. Muchos ya lo han olvidado por completo y en las escuelas de Nueva Zelanda no se enseña ni es permitido hablar en él.

—Cada vez veo más cambios en todo el pueblo maorí —dice Aroha a Eleu—. No estoy diciendo que todos hayan sido malos, pero si continuamos por este camino perderemos nuestra identidad.

—Madre, tú sabes cómo te respeto y que con obediencia acepto tus consejos —responde Eleu a su madre—. Pero las cosas han cambiado y lo que el pueblo maorí ha hecho es adaptarse a las épocas.

—¡Eso lo sé, Eleu! ¿Pero cuánto estamos sacrificando a cambio? —pregunta Aroha—. ¿Hace cuánto tiempo los jóvenes no participan en las reuniones del consejo? Ahora los únicos que vamos somos los adultos. Los jóvenes ni siquiera hablan nuestro idioma, no lo conocen.

Después de pensarlo un rato y de mirar todas las fotos de sus ancestros, Eleu comenzó a entender que eso sí era preocupante.

—Tienes razón. ¿Qué crees que debemos hacer, madre? ¿Cómo podemos ayudar?

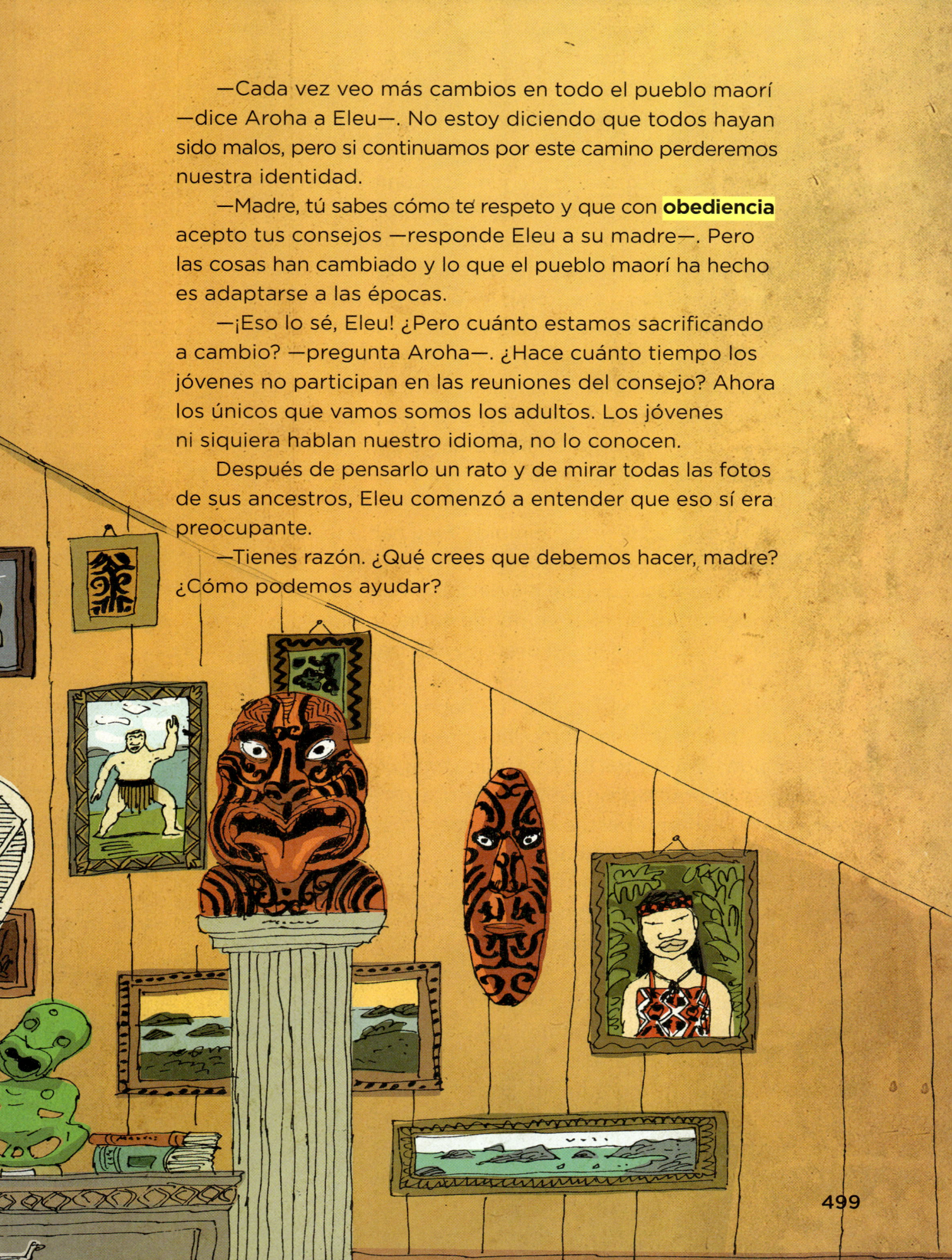

Ahora Eleu tenía la misma preocupación que su madre y hablaba con sus amigos sobre ese tema constantemente. Logró que todos comenzaran a preguntarse cómo conservar sus valiosas tradiciones ancestrales. Y siguieron pensando en ello hasta que escucharon hablar de un grupo llamado "Nga Tamatoa" (los guerreros) que había presentado una petición al parlamento para promover el idioma maorí.

Así que tomaron la decisión de formar parte de ese grupo que compartía sus preocupaciones por la conservación de su **origen**. Y su lucha rindió frutos, pues en 1975, el gobierno constituyó el día de la lengua maorí, que luego se convirtió en toda una semana. Esto también trajo muchos más cambios en la sociedad en pro de la conservación de sus tradiciones y costumbres.

Pero para conseguir estos cambios, Eleu había tenido que viajar mucho e irse de su comunidad por algún tiempo. Y lo hizo hasta que un día decidió implementar todos estos cambios en el lugar donde había crecido.

Por fin regresó un día para presentar su propuesta frente al consejo.

—Queridos ancianos, después de haber conseguido con mi grupo que se crearan muchos programas de recuperación en distintos lugares y de ver la creación de escuelas bilingües desde 1978, creo que es necesario implementar estos cambios para los jóvenes de nuestra comunidad.

Después de escucharlo, el *ariki rangi*, o jefe de la aldea, pidió la opinión del consejo de ancianos acerca de la propuesta que Eleu les había hecho.

—La idea es muy buena, *ariki rangi* —respondió uno de los miembros del consejo al jefe de la tribu—. Es preocupante ver cómo los jóvenes se han deslumbrado por otras culturas, los objetos de consumo masivo que producen sus **industrias** y sus costumbres, olvidando su origen.

—Pues si todos estamos de acuerdo —dijo el *ariki rangi* a todo el consejo—, aceptamos la propuesta de Eleu. Crearemos una escuela bilingüe dirigida a educar en la cultura e idioma maorí a los niños más pequeños y a los jóvenes de nuestra aldea.

—Me parece bien. Que así sea —dijo el jefe—. Eleu será el encargado de enseñar nuestra cultura para que no se pierda y para que nuestros niños nunca olviden que son maoríes.

Y no solo se crearon escuelas donde se enseñaba maorí, sino que después de la creación de la primera estación de radio en maorí en 1983 en Nueva Zelanda, también se creó una en la comunidad de Aroha y Eleu.

Haz conexiones

Comenta cómo Eleu ayuda a preservar la historia del pueblo maorí. **PREGUNTA ESENCIAL**

¿Por qué es importante conservar el idioma de una cultura? **EL TEXTO Y OTROS TEXTOS**

CCSS Género • Narrativa de no ficción

Pregunta esencial

¿Cómo han cambiado nuestros recursos energéticos a través de los años?

Lee cómo una comunidad usó recursos energéticos renovables.

¡Conéctate!

La isla de la energía

Cómo una comunidad aprovechó el viento y cambió su mundo

ALLAN DRUMMOND

¡Bienvenidos a la Isla de la Energía! El nombre real de nuestra isla es Samsø, pero nos gusta llamarla la "Isla de la Energía".

Hasta hace poco éramos gente corriente que vivía en una isla corriente en el centro de Dinamarca. En muchos aspectos, Samsø era, y sigue siendo, bastante parecida al lugar donde vives. Tenemos muchos campos y granjas, donde los granjeros crían vacas y ovejas, y cultivan productos como papas, guisantes, maíz y fresas. También hay un puerto donde llegan los ferris y barcos pesqueros.

Recientemente nuestro pequeño hogar se volvió muy famoso y ahora vienen científicos de todas partes del mundo solo para hablar con nosotros y aprender sobre lo que hemos hecho. ¿A qué se debe esto? Pues bien, es una historia interesante…

¡Vamos! ¡Sujeten sus sombreros!

Nuestra isla queda en el centro de Dinamarca… y en medio del mar. ¡Por eso siempre hace tanto viento aquí! ¡Ups!

En el verano nos divertimos en la playa, y en el invierno jugamos bajo techo. Tenemos pueblos y escuelas. Los niños juegan fútbol y los adultos van a la tienda de comestibles. Todo es bastante corriente aquí, excepto el viento.

La forma en que utilizábamos la energía también era bastante corriente: en las oscuras noches de invierno encendíamos muchísimas luces y subíamos la calefacción para mantenernos calientes. Usábamos agua caliente sin siquiera pensarlo. La gasolina llegaba en buques y camiones cisterna, y la usábamos para nuestros automóviles y sistemas de calefacción. Y la electricidad llegaba de la parte continental del país por cables submarinos.

Hace algunos años, la mayoría de nosotros no pensaba mucho de dónde provenía nuestra energía o cómo se generaba. Eso fue antes de que nuestra isla ganara un concurso muy inusual en el que el Ministerio de Medioambiente y Energía danés eligió a Samsø como el lugar ideal de Dinamarca para independizarse de la energía no renovable.

Seleccionaron a un maestro llamado Søren Hermansen para liderar el proyecto de independencia energética. Él también era una persona bastante corriente...

Energía renovable

La energía renovable proviene de recursos que nunca se agotarán o que pueden reemplazarse. El viento, por ejemplo, es un recurso renovable, porque siempre soplará. Los molinos de viento se inventaron para capturar su energía.

Los ríos fluyen durante todo el año, por lo tanto, son una fuente de energía renovable. Las personas han usado presas, molinos de agua y otros medios para aprovechar la energía hidráulica durante miles de años.

La luz del sol, que se puede **convertir** en energía solar, es otro ejemplo de un recurso renovable. Al igual que las plantas que se cosechan, se convierten en *biocombustibles* y que luego se vuelven a sembrar.

Los científicos incluso están buscando formas de producir energía ¡a partir de basura quemada y aguas residuales!

> **AHORA COMPRUEBA**
>
> **Hacer y responder preguntas**
> ¿Cuáles son algunos ejemplos de energía renovable?

505

No tan corriente, él tocaba el bajo en una banda. Pero su materia favorita era estudios ambientales; además, la independencia energética lo entusiasmaba mucho.

—Díganme, niños, ¿de qué maneras podríamos producir nuestra propia energía aquí en la isla?

¡Al montar en bicicleta en vez de conducir autos!

¡Al capturar calor del sol!

¡Al usar combustible de cultivos!

¡Al quemar paja y leña!

—¡Imagínense si realmente pudiéramos producir suficiente energía a partir del sol y de nuestros cultivos, y hasta de nuestras propias piernas, para darle energía a toda la isla! Entonces no necesitaríamos que los buques cisterna vinieran acá. Dejaríamos de preocuparnos por el agotamiento mundial de petróleo y no necesitaríamos que nos enviaran electricidad del continente. Los recursos renovables son mucho más limpios. ¡Y piensen en el dinero que ahorraríamos! Solo debemos pensar en grande.

—¿Pero usted cree que realmente podamos producir tanta energía nosotros mismos? —preguntó Naja—. ¿Solo a partir del sol, de nuestros cultivos y de nuestras piernas?

—Bueno —dijo Kathrine—, ustedes saben que si algo abunda en nuestra isla es ¡viento! Quizá deberíamos comenzar con la energía del viento.

—¡Qué idea tan maravillosa! —dijo el Sr. Hermansen—. ¿Quién me apoya?

—¡Sujeten sus sombreros! —dijimos todos.

El problema de la energía no renovable

El carbón, el petróleo y el gas natural son fuentes extraordinarias de energía. Han contribuido a crear el mundo moderno, lleno de autos, plástico y electricidad. Pero este progreso ha tenido un precio, el CO_2.

El dióxido de carbono, CO_2, es un gas que se produce en la combustión de **combustibles** fósiles para obtener energía. El CO_2 se produce de forma natural, de hecho, ¡tú produces un poco cada vez que respiras! Pero cuando producimos cantidades enormes de CO_2 se puede convertir en un problema grave para el planeta.

Cuando se liberan en la atmósfera terrestre gases como vapor de agua, metano, ozono y dióxido de carbono, estos retienen calor. El calor atrapado en la atmósfera es el *efecto invernadero*. Cuando la temperatura promedio del planeta aumenta por causa del efecto invernadero, esto se denomina *calentamiento global*. El calentamiento global es un tipo de *cambio climático*.

Todos los niños estábamos muy entusiasmados con todas las ideas nuevas. Pero los adultos… Bueno, les tomó algún tiempo hacerlo.

—¡Costará millones! —dijo Jørgen Tranberg—. ¡Todas estas vacas ya me mantienen suficientemente ocupado!

—¿Calor del sol? —dijo Peter Poulen—. ¿Para qué molestarnos? Mientras pueda mantener mi casa caliente y ver televisión, soy feliz. No necesito un cambio.

—¿Bicicletas? —dijo Mogens Mahler—. Por supuesto que no. ¡Me encanta mi camión!

—¿Por qué nosotros? —dijo Dorthe Knudsen—. Dejen que otra isla asuma el reto.

—¿Energía renovable? —dijo Jens Hansen—. Soy muy viejo para todo eso.

—Samsø es solo un lugar corriente —dijo Ole Jørgense—. ¿Qué diferencia haríamos en el mundo?

—¿Independencia energética? ¡Ni lo sueñen! —dijo Petra Petersen.

El calentamiento global

El calentamiento global puede tener **consecuencias** graves para todos los seres vivos. Los científicos predicen que en los años venideros los veranos serán más calientes, los inviernos más fríos y las tormentas más fuertes.

Muchos científicos también creen que el calentamiento global es el responsable del derretimiento gradual de las capas de hielo de los polos Norte y Sur, el cual altera el nivel del agua en el océano y afecta a los osos polares y los pingüinos, sin mencionar a las personas que habitan en las costas de todo el mundo.

Por este motivo, los científicos se esfuerzan tanto por usar cada vez menos energía no renovable. Una forma de hacerlo consiste en utilizar más energía renovable, que, por lo general, libera menos CO_2.

¡Pero los científicos no pueden hacerlo solos! Hoy en día todos deberíamos reflexionar acerca del problema de la energía no renovable, como lo hicieron los isleños de Samsø.

Pero Søren Hermansen no se iba a rendir. Convocó a muchísimas reuniones locales.

—¡Hay energía a todo nuestro alrededor! —les dijo a los isleños—. Solo debemos trabajar juntos y pensar en grande para usarla de la mejor manera.

Habló con todos… El equipo de fútbol, los granjeros del mercado, todos los profesores, la policía, los pescadores, el capitán del puerto, el vigía y el dentista.

¡Enseñen a los niños a hacerlo!

¿Y si construyo una pequeña turbina eólica para mi familia?

Solo somos una pequeña isla. ¿Cómo podríamos marcar la diferencia?

Brian, no hables de "pequeño". ¡Debes pensar en grande!

Así siguieron por varios años. Las personas escuchaban e incluso muchas estaban de acuerdo con lo que Søren Hermansen decía, pero no pasaba nada. ¿Alguien estaba dispuesto a hacer un cambio?

Un día el electricista Brian Kjær llamó a Søren Hermansen para decirle: "Estoy pensando en pequeño. Me gustaría instalar una turbina eólica usada junto a mi casa".

Jørgen Tranberg pensó en grande: "Quiero una turbina eólica inmensa. Invertiré mi dinero y luego venderé la electricidad que produzca".

El Sr. Hermansen estaba emocionado. Habían comenzado dos proyectos de energía renovable: uno muy pequeño… y otro, ¡muy grande!

Mientras Brian Kjær les pidió a sus familiares y amigos que lo ayudaran a instalar su turbina eólica… ¡se tuvo que emplear un gran barco, algunos camiones gigantes y dos grúas enormes para construir la de Jørgen Tranberg! El proyecto en Samsø había comenzado, pero todavía utilizábamos mucha energía no renovable. Parecía que nunca lograríamos nuestro sueño. Hasta que una oscura noche de invierno…

La cellisca y la nieve azotaron la isla. ¡De pronto, toda la isla se quedó sin electricidad! Todo estaba a oscuras.

Todo, excepto la casa de Brian Kjær.

—¡Electricidad gratuita! —gritó el Sr. Kjær—. ¡Mi turbina funciona! Esta noche soy independiente energéticamente.

Ciertamente, las aspas de la nueva turbina del Sr. Kjær silbaban y zumbaban en el viento.

—¡Sujeten sus sombreros! —gritó Søren Hermansen.

> **AHORA COMPRUEBA**
>
> **Hacer y responder preguntas** ¿Por qué esta tormenta de nieve en Samsø es tan significativa para la comunidad?

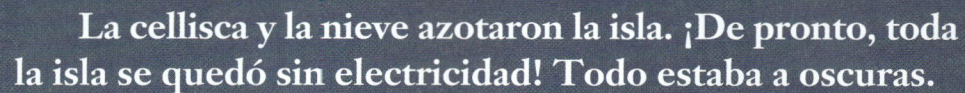

Las noticias viajan rápido en una isla pequeña como Samsø.

Después de esa noche, todos se preguntaban cómo podrían producir su propia energía.

De repente, Søren Hermansen estaba más ocupado que nunca ayudando a la gente a comenzar nuevos proyectos energéticos. Toda la isla puso manos a la obra. Algunas personas tenían ideas grandes y, otras, ideas pequeñas, pero todas eran importantes para alcanzar nuestro objetivo.

La familia Holm **instaló** paneles solares en su granja. En la actualidad, sus ovejas pastan mientras los paneles absorben energía solar. Ingvar Jørgensen construyó una caldera de biomasa que quema paja en vez de petróleo, y ahora calienta su casa y también las de sus vecinos. De hecho, hay tanta biomasa en Samsø que pueblos enteros se calientan ahora quemando la leña y la paja de la isla. Erik Andersen produce combustible para tractores con su cultivo de canola. La esposa de Brian Kjær, Betina, anda en su carro eléctrico. Y su molino de viento le carga la batería.

Hoy incluso tenemos bicicletas eléctricas que se cargan con energía eólica. Cada uno de nosotros tiene una historia de independencia energética, razón por la cual personas del mundo entero quieren escuchar las últimas noticias de la "Isla de la Energía".

Veamos si Jørgen Tranberg nos llevará hasta arriba de esta escalera a la cima misma de su fabulosa turbina para observar cómo se ve Samsø hoy.

La energía eólica

Los molinos de viento se inventaron hace más de 1,000 años en el territorio que ahora es Irán. En ese entonces, los molinos de viento se usaban para moler maíz y bombear agua. Es una extraña **coincidencia** que Irán sea hoy uno de los lugares de donde se extraen del suelo enormes cantidades de petróleo, un combustible fósil, que se envían a todas partes del mundo.

Los molinos de viento se utilizan aún en el mundo actual y pueden hacer mucho más que moler maíz. De hecho, la turbina eólica, un tipo moderno de molino de viento, produce energía eléctrica.

Cuando el viento sopla a través del aspa de una turbina eólica, esta gira y, al hacerlo, consigue que el eje principal mueva un generador, el cual produce energía eléctrica. Cuanto más viento sople en el exterior, más rápido girarán las aspas y más energía se producirá.

Antes de construir una turbina, los científicos hacen mediciones para descubrir los lugares donde hace más viento. Hoy día hay turbinas en las colinas, en las azoteas de los edificios ¡y hasta en el océano! La electricidad que estas generan se puede usar para encender una sola casa o edificio, o se puede conectar a una red eléctrica para abastecer a toda una comunidad.

Como puedes ver, ¡es mucho lo que está sucediendo! Ahora tenemos montones de turbinas eólicas. Allá abajo se encuentra el nuevo centro de aprendizaje de Samsø, la Academia de Energía, donde niños y adultos de todo el mundo vienen a aprender sobre lo que hemos logrado y a conversar acerca de nuevas ideas para producir, compartir y ahorrar energía. Adivina quién es el director de la academia, se trata de un maestro extraordinario llamado Søren Hermansen.

La energía en el mundo

Cuanto más combustible fósil usa un país, más CO_2 produce. Estados Unidos genera aproximadamente seis mil millones de toneladas métricas de CO_2 por año. ¡Eso pesa más que ochocientos millones de elefantes!

A medida que países de todo el mundo se vuelven más desarrollados y consumen más energía, producen cada vez mayores cantidades de CO_2. Cada día el calentamiento global adquiere una perspectiva más aterradora.

Pero hay noticias buenas. En el mundo actual, podemos compartir ideas y trabajar juntos más fácilmente que en el pasado. Los científicos trabajan para crear formas nuevas e increíbles de usar los recursos renovables y ahorrar energía.

En algunos lugares hace viento, algunos lugares son soleados, algunos son cálidos y otros son fríos. Cada país o comunidad debe considerar los recursos especiales que tiene a su disposición para evitar depender de los recursos no renovables en el futuro.

La Academia de Energía de Samsø es un lugar donde personas de todas las edades pueden compartir ideas relacionadas con la energía y la manera de producirla y usarla.

En los últimos años las cosas ciertamente han cambiado en nuestra pequeña isla. Ya no necesitamos que los buques cisterna nos traigan petróleo y no necesitamos electricidad del continente. ¡De hecho, los días que hace mucho viento, tenemos tanta energía que enviamos nuestra electricidad a través del cable submarino para que otras personas de Dinamarca la utilicen! Puede que Samsø sea una isla pequeña, pero hemos marcado una diferencia en el mundo al reducir nuestras emisiones de carbono en un 140 por ciento en solo diez años. Y lo logramos trabajando juntos.

Cómo ahorrar energía

Algo que ayudará a aliviar nuestra necesidad de energía, tanto renovable como no renovable, consiste simplemente en hacer un esfuerzo por ahorrarla.

Despilfarramos enormes cantidades de energía para mantenernos calientes en el invierno y frescos en el verano. Las puertas, ventanas y paredes mal diseñadas hacen que nuestros sistemas de calefacción y refrigeración trabajen más de lo que deberían y produzcan demasiado CO_2. La fabricación de calentadores y refrigeradores más eficientes, junto con edificaciones diseñadas más eficientemente, nos ayudaría muchísimo a reducir los problemas del calentamiento global.

También podemos ahorrar combustible fabricando máquinas, autos y camiones nuevos que gasten menos energía. Tomar el autobús o el tren es otra buena manera de reducir el gasto energético. ¡Y montar en tu bicicleta es incluso mejor! Para ahorrar energía, debemos reflexionar acerca de la forma en que la usamos diariamente.

¡Y así fue como recibimos el nombre "Isla de la Energía"! ¿Y qué puedes hacer para marcar la diferencia en *tu* isla? ¿Qué dices? ¿No vives en una isla? Bueno, quizá *pienses* que no vives en una isla, pero realmente *sí* lo haces, como todos. Todos somos isleños de la isla más grande de todas, el planeta Tierra, así que de nosotros depende pensar en cómo salvarla.

Hay energía renovable a todo nuestro alrededor, solo debemos trabajar juntos para usarla de la mejor manera. ¡Sujeten sus sombreros!

AHORREMOS ENERGÍA CON ALLAN DRUMMOND

Si hay algo que le sobra a Allan Drummond es energía. Es ilustrador, diseñador, escritor y, al igual que Søren Hermansen en "La isla de la energía", es maestro. Drummond creció en el Reino Unido y estudió arte en Londres. Antes de convertirse en ilustrador trabajó como periodista para un periódico. Las personas que viajan a diario a su trabajo ven sus murales en la estación Holborn del metro de Londres. Drummond también diseñó la estampilla especial del milenio para el Correo Real. Hoy enseña a estudiantes universitarios en Georgia sobre ilustración de libros infantiles. Drummond ha escrito e ilustrado más de 25 libros para jóvenes, entre ellos *Solar City*, en el que narra acerca de una comunidad que funciona con energía proveniente de la luz solar.

Propósito del autor

¿Por qué el autor usa notas al margen en "La isla de la energía"?

Respuesta a la Lectura

Resumir

Usa los detalles más importantes de *La isla de la energía* para resumir cómo una comunidad aprovechó la energía eólica. La información de tu tabla de idea principal y detalles clave te puede ayudar.

Idea principal
Detalle
Detalle
Detalle

Evidencia en el texto

1. ¿Cómo sabes que *La isla de la energía* es narrativa de no ficción? **GÉNERO**

2. ¿Cuál es la idea principal de "El problema de la energía no renovable" de la página 507? Identifica los detalles que sustentan esta idea principal. **IDEA PRINCIPAL Y DETALLES CLAVE**

3. Ubica la palabra *biomasa* en la página 514. Usa claves de contexto para descifrar su significado. Explica cómo conocer el prefijo griego *bio-* te ayuda. **PREFIJOS LATINOS Y GRIEGOS**

4. Escribe acerca de las diferentes formas en que podemos ayudar a ahorrar energía. **ESCRIBIR SOBRE LA LECTURA**

Haz conexiones

¿Cómo hicieron los habitantes de Samsø que los recursos de energía renovable fueran útiles? **PREGUNTA ESENCIAL**

Comenta acerca de algunos lugares del mundo que se pueden volver energéticamente independientes con el uso de los recursos de energía renovable disponibles. **EL TEXTO Y EL MUNDO**

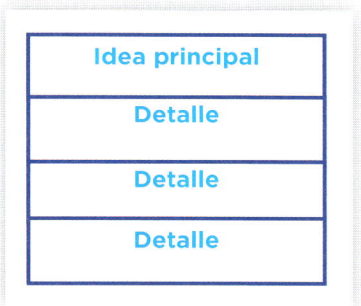

CCSS Género • Mitos

Compara los textos
Lee acerca de la función de los recursos en la mitología griega.

Del fuego y el agua

En la antigüedad, las personas explicaban nuestro mundo con mitos. Con los siguientes mitos podemos dar un vistazo a la manera en que los antiguos griegos percibían dos recursos renovables vitales: el fuego y el agua.

El regalo del fuego

Hace mucho tiempo, surgieron problemas en el Monte Olimpo, donde vivían los dioses griegos. Zeus, el gobernante de los dioses, se enfureció con Prometeo, un titán. Después de crear a los seres humanos con arcilla, Prometeo les dio tres regalos muy **interesantes** que Zeus deseaba reservar solo para los dioses: la sabiduría, que Atenea le había otorgado a Prometeo; la habilidad de andar erguido; y el **potencial** de ser noble. Gracias a esto, los seres humanos serían más inteligentes que los animales y cazarían para obtener alimento, vestido y refugio. Para calmar al enfurecido Zeus, los seres humanos le ofrecían abundantes sacrificios y guardaban poco para ellos.

Prometeo pensaba que esto no era correcto y engañó a Zeus para que escogiera un plato sacrificial disfrazado en vez del suculento plato de su ofrenda. El plato que Zeus escogió se veía delicioso por fuera, pero por dentro era grasa y huesos. Cuando Zeus se dio cuenta del ardid, le arrebató el fuego a los humanos.

Prometeo le rogó a Zeus que cambiara de parecer, pero Zeus le prohibió que les llevara fuego. Prometeo veía cómo su creación comía carne cruda y tiritaba en el frío y la oscuridad. Acudió a Atenea en busca de ayuda, quien lo llevó al Monte Olimpo donde capturaría fuego para los seres humanos.

Cuando el carruaje de Helios, el dios del sol, pasó por allí, Prometeo le robó una chispa y la escondió dentro de un tallo de hinojo, luego salió a hurtadillas y les dio fuego a las personas.

La furia se apoderó de Zeus cuando se enteró de lo que Prometeo había hecho. Ordenó que encadenaran al titán a una roca para que, todos los días, un águila picoteara su hígado, el cual volvería a crecer todas las noches. Prometeo sufrió por generaciones. Hércules lo liberó al dispararle una flecha envenenada al águila.

A partir de ese momento, como recordatorio, Zeus obligó a Prometeo a llevar en su dedo un pedazo de la roca a la cual había estado encadenado. Desde entonces los seres humanos han usado anillos como un símbolo de su gratitud por el regalo del fuego.

Agua contra sabiduría

Mientras Zeus gobernaba el mundo desde lo alto del Monte Olimpo, su hermano Poseidón regía los mares. Atenea había hecho enfadar a su padre, Zeus, al ayudar a Prometeo. Ahora se atrevía a disputar con su tío, Poseidón, quién gobernaría la acrópolis de Ática.

El rey de Ática, Cécrope, era mitad humano y mitad serpiente, y aceptó dirimir la contienda entre Atenea, la diosa de la sabiduría, y Poseidón, el dios de los mares. El ganador tendría templos y la ciudad llevaría su nombre. A cada uno se le pidió que ofreciera un regalo especial que fuese de utilidad para los ciudadanos.

Poseidón ofreció un obsequio. Alzó su tridente sobre su cabeza, le asestó un poderoso golpe a la pedregosa colina. Admirado, Cécrope vio cómo el hueco se llenaba de agua. En la calurosa y seca tierra de Grecia, el agua era un recurso precioso.

Los habitantes de Ática estaban maravillados y parecían listos para fallar a favor de Poseidón hasta que Atenea le dijo a Cécrope que probara el agua. Un sirviente le trajo un vaso al rey, quien, al probarla, la escupió. ¡Era agua salada! En Ática resultaba inservible.

Entonces, Atenea se aproximó portando la rama de un árbol que ningún ser humano había visto antes. Plantó la rama en el suelo y en el lugar brotó un olivo. El rey asintió complacido. Su pueblo tenía ahora una fuente de alimento, madera y aceite. Las hojas del árbol sugerían un mundo en paz.

Cécrope eligió a Atenea como la diosa principal de la ciudad, la cual llamó Atenas en su honor. Poseidón se sintió indignado por el rechazo de su obsequio. Al regresar al mar, maldijo a Atenas y prometió que la ciudad jamás tendría suficiente agua. Desde aquella época, la sequía ha afligido a Atenas, la capital de Grecia.

Haz conexiones

¿Qué función tienen el fuego y el agua en estos dos mitos?
PREGUNTA ESENCIAL

¿De qué manera ha cambiado nuestra apreciación de los recursos naturales desde los tiempos antiguos? **EL TEXTO Y OTROS TEXTOS**

Género · Texto expositivo

El panorama general de la economía

David A. Adler

Pregunta esencial
¿Cuál ha sido la función del dinero a través de los años?

Lee cuántas de nuestras elecciones diarias están determinadas por la economía.

¡Conéctate!

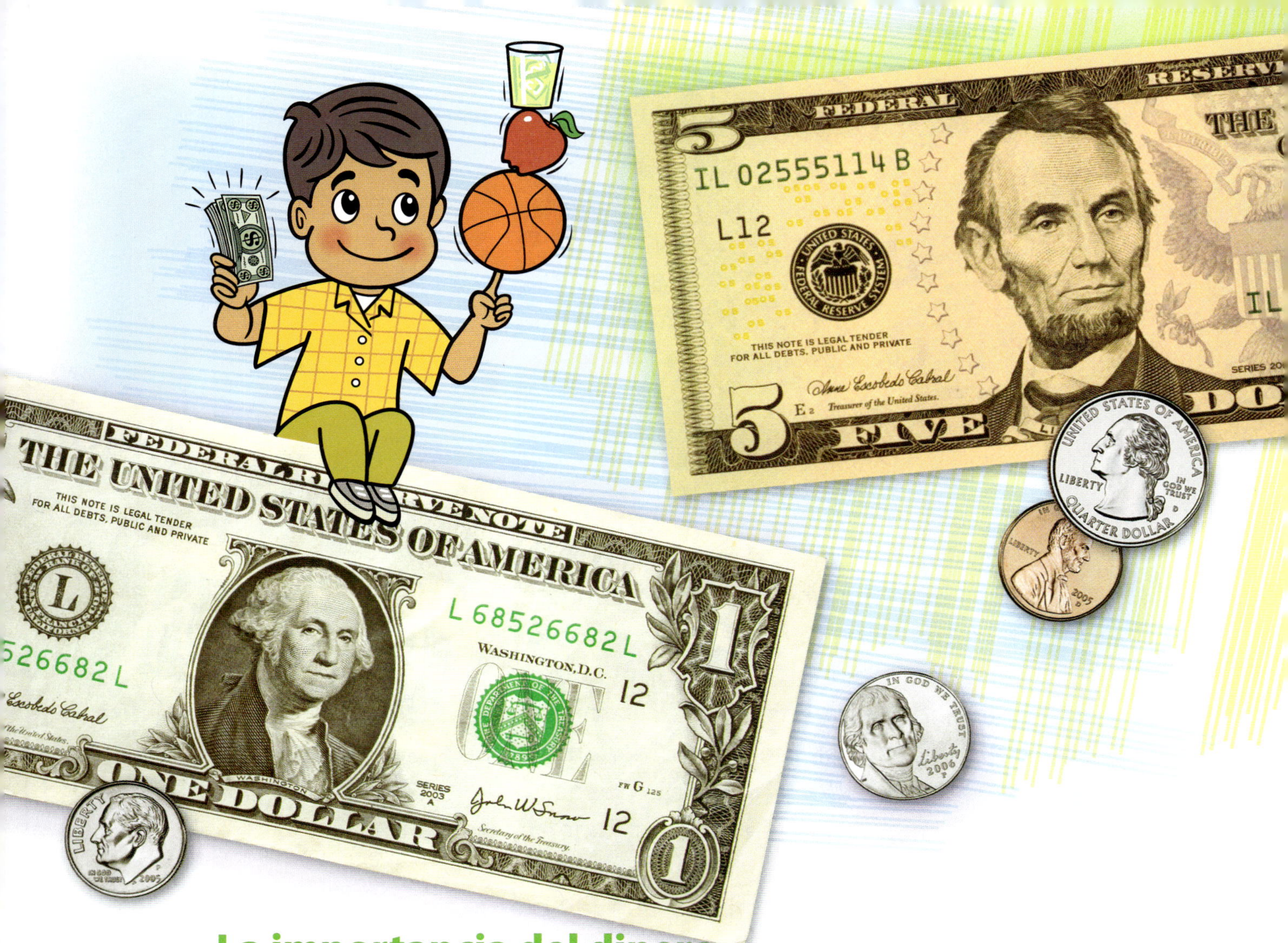

La importancia del dinero

¿Qué es la **economía**? Es el estudio de la forma en que las personas deciden qué producir y vender. También es el estudio de por qué las personas compran ciertas cosas y no otras, y cómo los artículos llegan al **mercado**, el lugar donde las personas compran. El mercado puede ser un almacén de la esquina, un centro comercial grande o un sitio en internet.

Ahora, pon tu mano en el bolsillo y saca una moneda de 5 centavos, una de 25 centavos o un billete de un dólar. Tal vez sea difícil de imaginarlo, pero hubo un tiempo en el que el dinero no existía. También hubo un tiempo en el que las personas no estudiaban economía.

Hace miles de años no había dinero. Las personas eran autosuficientes. En ese entonces recolectaban y cazaban el alimento que necesitaban, hacían sus propias herramientas y construían sus propias viviendas.

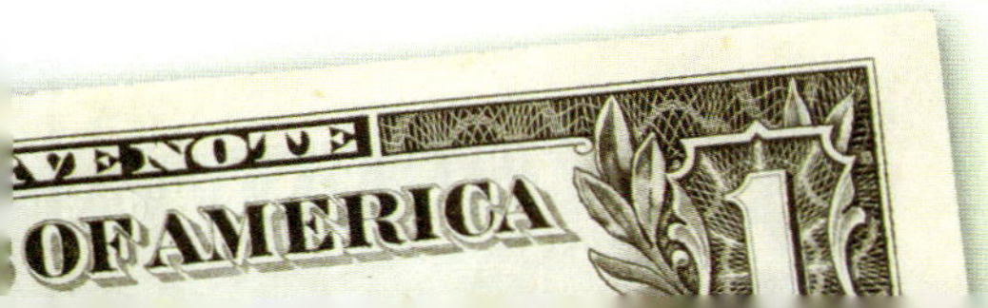

(tl) Eric Larsen; (tr) Georgios Kollidas/Alamy; (cb) Ben Molyneux/Alamy; United States coin images from the United States Mint

Algunas personas eran buenas cazando, otras eran mejores haciendo canastos y garrotes, así que hacían intercambios. Un cazador podía intercambiar el cuero de un animal por algunas bayas. ¿Pero cuántas bayas cuesta el cuero de un animal y qué haría un cazador con tantas bayas?

Las personas necesitaban dinero, algo que todos estuvieran dispuestos a recibir en un intercambio y que también se pudiera usar para conseguir objetos. Los metales preciosos como el oro y la plata servían como dinero. Y ya que las piezas de oro y plata venían en todos los tamaños, podías pesar una para saber su valor. Luego se hicieron las monedas, que no tenían que pesarse, pues todos sabían su peso y su valor.

Un bolsillo lleno de monedas es pesado, así que se inventó el papel **moneda**. El primer papel moneda fue una promesa impresa que se podía intercambiar por monedas de oro o plata. Hoy, pocos países hacen monedas de oro y plata, pero el papel moneda es **valioso** porque lo puedes usar para comprar oro o plata. También lo puedes usar para comprar pan, zapatos, etc.

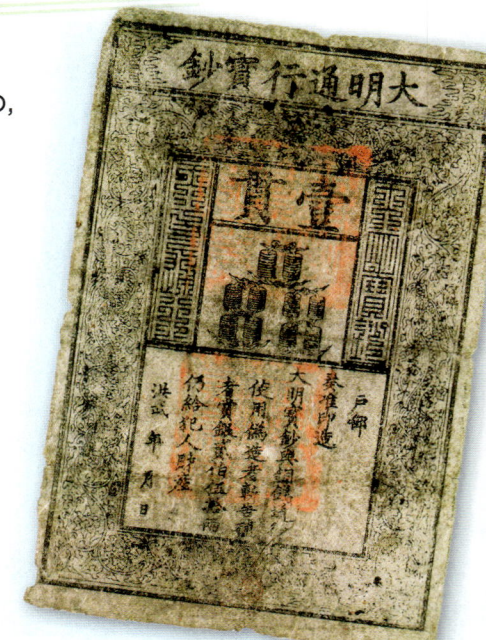

Esta nota china antigua es de la dinastía Ming del siglo XIV.

AHORA COMPRUEBA

Hacer y responder preguntas
¿Por qué las personas intercambian dinero en lugar de bayas o cuero de animal?

Puedes aprender mucho sobre economía en un restaurante

En un restaurante verás un menú variado. Y cada artículo tendrá un precio, lo cual te ayudará a decidir qué comprar.

Tal vez no sabes si quieres una hamburguesa o un sándwich de atún. Si es así, es posible que compres lo que cuesta menos. Mientras mayor sea la diferencia en los precios, mayor es la posibilidad de que compres lo más barato. Si una hamburguesa cuesta un dólar y un sándwich de atún cuesta diez dólares, es probable que compres la hamburguesa.

El precio puede convencer a las personas de comprar algo que realmente no quieren. Supón que estás en un restaurante y quieres un sándwich de atún, miras los precios del menú y ves que si compras la hamburguesa en lugar del sándwich, te sobrará dinero para comprar una ensalada y un pudín. El precio te puede convencer de comprar una hamburguesa en lugar de un sándwich de atún.

Ahora imagina que pasas al frente de un restaurante. No tienes hambre, pero ves un aviso en la ventana que dice que una hamburguesa cuesta solo un dólar. A ese precio es posible que decidas comprar una.

Pero claro, un precio alto tendrá el efecto contrario. Puede convencerte de no comprar algo que realmente quieres. Supón que estás en un restaurante y tienes ganas de comer un sándwich de atún. Ves que el sándwich cuesta diez dólares, y realmente quieres un sándwich de atún y no una hamburguesa. Pero si ves que el sándwich cuesta diez dólares, tal vez decidas salir del restaurante e ir a una tienda de comestibles donde puedas comprar una lata de atún y pan para hacer tu propio sándwich.

AHORA COMPRUEBA

Hacer y responder preguntas ¿Cómo afectan los precios de las cosas que queremos las decisiones que tomamos?

El precio puede ayudar a alguien a decidir qué producir para vender

Imagina que tú y tus amigos caminan por un pueblo y de un momento a otro tienen sed. Buscas y ves que no hay un lugar para comprar bebidas. La escasez conduce a la oportunidad, así que decides comenzar tu propio negocio y convertirte en un **empresario**. Organizas una mesa para vender bebidas. Ahora debes decidir qué vender: té caliente o limonada helada. Es un día caluroso de verano y muchas personas pagarán un dólar por un pequeño vaso de limonada fría. Pocas personas pagarían siquiera 10 centavos por una taza de té caliente. Tal vez decidirás que lo mejor para ti es hacer y vender limonada. Te beneficia producir lo que las personas ansían comprar.

Antes de organizar tu negocio tendrás que **invertir** en limones, azúcar y vasos de cartón. Tendrás que gastar dinero incluso antes de tu primera **transacción**, de tu primera venta. Gastarás tiempo haciendo las bebidas y ese tiempo también es un costo. Es tu costo de oportunidad. Durante el tiempo que haces la limonada, pierdes la oportunidad de hacer otra cosa.

La limonada que haces es tu mercancía. Es tu oferta. Las personas que vienen a comprarla son tu demanda.

Las leyes de la oferta y la demanda

Según un proverbio antiguo: "Lo barato sale caro". En realidad, el valor de tu mercancía está determinado por lo que obtengas por ella en un mercado libre, y esto lo determinan las leyes de la oferta y la demanda. Si esperas que muchas personas sedientas pasen por tu puesto de limonada, lo mejor es que hagas mucha limonada, y si lo haces, tendrás mucha oferta. Pero si pocas personas pasan, tendrás poca demanda. ¿Qué debes hacer? Posiblemente estés ansioso por vender las bebidas y decidas bajar el precio. Hacerlo probablemente aumentará la demanda.

Tal vez pocas personas quieran pagar $2 por un vaso de limonada. Pero es posible que haya más que compren un vaso por $1, y muchas más que lo hagan por solo 50 centavos. A menor precio, habrá mayor demanda, y si el precio es lo suficientemente bajo, alguien que tenía planeado comprar uno podrá comprar el segundo o hasta tres. Incluso alguien que no tenga sed podría comprar uno.

Mientras más bajo sea el precio de tu mercancía, mayor será la demanda.

Si solo compraste unos pocos limones e hiciste una jarra pequeña de limonada, tendrás muy poca oferta. ¿Qué pasa si hay mucha demanda, es decir, muchas personas con sed que quieren comprar? A un dólar el vaso, podrías vender rápido todas las bebidas. Quizás lo mejor es que aumentes el precio, pues a dos dólares el vaso tu oferta no se venderá tan rápido, pero ganarás mucho más dinero por cada vaso que vendas.

En un país con un mercado libre, como Estados Unidos, las personas pueden cobrar lo que quieran por los productos que venden. En un mercado libre, a medida que la oferta sube, los precios bajan, y a medida que la oferta baja, los precios suben. En un mercado libre, a medida que la demanda sube, los precios suben; y a medida que la demanda baja, los precios bajan. Esas son las leyes de la oferta y la demanda.

¿Cuál es el mejor precio para la limonada? El mejor precio será uno tan bajo como para que las personas quieran comprarla y tan alto como para que tú y tal vez otros quieran hacerla y venderla.

Mientras más alto sea el precio de tu mercancía, más baja será la demanda.

El mercado global

En Estados Unidos las personas de un estado compran productos hechos en otros estados, incluso en otros países, y nosotros vendemos cosas a otros estados y países. El mundo en el que vivimos es un mercado **global**.

El bolígrafo que usas para escribir tu tarea se pudo haber hecho en China y las zapatillas que usas para la escuela, en Japón. El durazno que comiste en el almuerzo se pudo haber cultivado en Brasil.

El comercio exterior es el intercambio de productos y servicios entre las personas de aquí y de otros países. Por supuesto, es posible que cuando vendamos productos a personas de otros países no nos paguen en dólares.

En Estados Unidos usamos dólares y centavos para comprar cosas, pero las personas de otros países usan otras monedas, diferente dinero. En México, las personas usan pesos y centavos; en Europa usan euros; en Rusia usan rublos y cópecs; en China, yuanes; en Brasil, reales y centavos; en Japón, yenes y en la India, rupias.

Debido a que vivimos en un mercado global, las cosas que comemos, vestimos y usamos pueden venir de muchos sitios diferentes.

Se dice que "El dinero es poder". Esto nos dice mucho sobre nuestro mercado global. Los países más ricos son los más poderosos. ¿Pero cómo llegaron a ser así? La respuesta es la economía. Entender cómo funciona nuestro mercado global explica por qué tantas personas estudian economía. La economía nos ayuda a entender cómo viven las personas, cómo venden, compran y comercian productos, cómo deciden qué producir en sus tierras y en sus fábricas.

Muchas de las cosas que hacemos nosotros, nuestras familias y nuestros amigos, desde comprar una hamburguesa, tomar unas vacaciones, hasta comerciar con videojuegos, están determinadas por la economía. Muchas de las elecciones que haces hoy y harás en el futuro, incluso qué comprar en un restaurante, estarán determinadas por la economía.

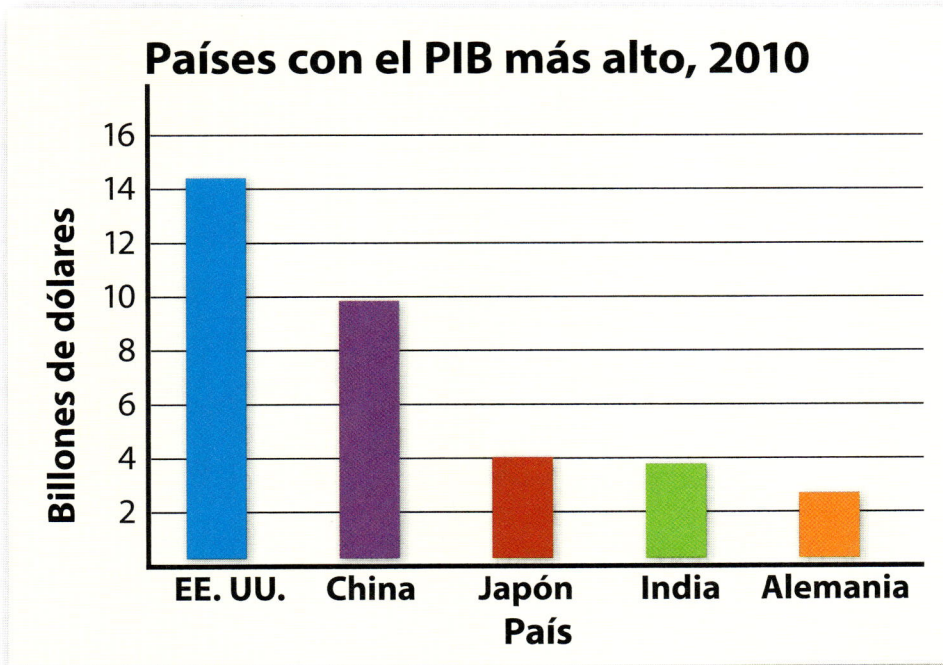

El valor total de los productos y servicios de un país es su PIB, o "producto interno bruto". Usualmente se calcula anualmente.

Aprendamos de economía con este autor

David A. Adler vio el panorama general de la economía en la universidad, ¡fue su especialización! Después de graduarse, enseñó matemáticas por nueve años en el sistema escolar de la Ciudad de Nueva York. Durante este tiempo, ganó algo de dinero dibujando y vendiendo tiras cómicas. Su primer libro, *A Little at a Time,* estaba inspirado en las preguntas de su sobrino de tres años. Desde entonces, ha publicado más de 200 libros, incluyendo la serie popular de Cam Jansen. ¡Si algo le inspira o le fascina a David, es probable que se convierta en su siguiente proyecto de escritura!

Propósito del autor

¿Por qué el autor usa el menú de un restaurante y un puesto de venta de limonadas para explicar ideas importantes sobre la economía?

Respuesta a la lectura

Resumir

Resume "El panorama general de la economía". Usa información de tu tabla de idea principal y detalles clave como ayuda.

Idea principal
Detalle
Detalle
Detalle

Evidencia en el texto

1. ¿Cómo sabes que "El panorama general de la economía" es un texto expositivo? **GÉNERO**

2. Explica cómo ir a un restaurante te ayuda a entender la economía. Usa detalles de la selección para sustentar tu respuesta. **IDEA PRINCIPAL Y DETALLES CLAVE**

3. ¿Qué significa el proverbio "Lo barato sale caro"? Usa claves de contexto de la página 532 para encontrar la respuesta. **PROVERBIOS Y REFRANES**

4. Escribe sobre cómo funciona una economía de mercado libre. **ESCRIBIR SOBRE LA LECTURA**

Haz conexiones

¿Cómo afecta la economía tus decisiones diarias? **PREGUNTA ESENCIAL**

¿Por qué es importante el dinero para las personas? **EL TEXTO Y EL MUNDO**

Género · Cuento folclórico

Compara los textos
Lee cómo un molinero pobre se vuelve rico.

La buena suerte del molinero

Libor y Vidal eran dos amigos ricos que siempre tenían la misma discusión. Se preguntaban si la riqueza viene siempre de la buena suerte o del trabajo duro.

—La suerte es más importante —declaraba Libor, que se había vuelto **empresario** después de ganar dinero en un concurso.

—No, trabajar duro y planear con anticipación es el camino hacia la riqueza —replicó Vidal—. "Si no hay dolor, no hay ganancia", es lo que siempre digo.

Pues él había trabajado duro, ahorrado e invertido sabiamente, y ahora era dueño de una finca extensa.

Los amigos decidieron poner a prueba sus creencias. Un día, mientras iban hacia el mercado a vender sus mercancías, se encontraron con Pedro, un molinero pobre que apenas ganaba suficiente dinero moliendo granos para alimentar a su familia. Le dieron 100 pesos para que los usara como quisiera.

Pedro inmediatamente compró carne para su familia, pero cuando iba camino a casa, un halcón bajó en picada para robarle la carne. Pedro agarró firmemente la comida, pero el halcón escapó volando con una bolsa que contenía el resto del dinero.

Dos semanas más tarde, los hombres visitaron el molino de Pedro y no podían creer lo que le había pasado. Libor le dio a Pedro un trozo pesado de plomo y, mientras reía cruelmente, le dijo:

—Toma este pedazo de plomo que no es para nada **valioso**; nadie te lo robará.

Triste, Pedro le dio la pesa de plomo a un pescador, quien le dio a cambio el primer pez de su pesca. Cuando su esposa abrió el pez para limpiarlo, halló un diamante en su estómago, el cual vendió por una gran suma. Usó este dinero para agrandar su molino. Trabajó tan duro que pronto estaba moliendo granos para toda el área.

Un año más tarde, Libor y Vidal vieron que Pedro se había convertido en un hombre próspero. Cuando el molinero les contó sobre el diamante, Libor asintió.

—Te volviste rico por suerte.

—Pero si no hubiera trabajado del amanecer al anochecer, podría haberlo perdido todo —dijo Pedro.

Vidal asintió.

—Sí, la riqueza es el resultado del trabajo duro y la planeación.

Al final, los dos hombres nunca se pusieron de acuerdo sobre la verdadera clave para ser rico.

Haz conexiones

¿Cómo se volvió rico Pedro? **PREGUNTA ESENCIAL**

¿Por qué es importante el dinero?
EL TEXTO Y OTROS TEXTOS

CCSS Género • Poesía

La cuna

Si yo supiera de qué selva vino
el árbol vigoroso que dio el cedro
para tornear la cuna de mi hijo…
Quisiera bendecir su nombre exótico.
Quisiera adivinar bajo qué cielo,
bajo qué brisas fue creciendo lento,
el árbol que nació con el destino
de ser tan puro y diminuto lecho.

Yo elegí esta cunita
una mañana cálida de enero.
Mi compañero la quería de mimbre,
blanca y pequeña como un lindo cesto.
Pero hubo un cedro que nació hace años
con el sino de ser para mi hijo,
y preferí la de madera rica
con adornos de bronce. ¡Estaba escrito!

¿? Pregunta esencial

¿Qué forma la identidad de una persona?

Lee acerca de cómo los poetas capturan experiencias que marcan y cambian a las personas.

A veces, mientras duerme el pequeñuelo,
yo me doy a forjar bellas historias:
tal vez bajo su copa una cobriza
madre venía a amamantar su niño
todas las tardecitas, a la hora
en que este cedro amparador de nidos,
se llenaba de pájaros con sueño,
de música, de arrullos y de píos.

¡Debió de ser tan alto y tan erguido,
tan fuerte contra el cierzo y la borrasca,
que jamás el granizo le hizo mella
ni nunca el viento doblegó sus ramas!

Él, en las primaveras, retoñaba
primero que ninguno. ¡Era tan sano!
Tenía el aspecto de un gigante bueno
con su gran tronco y su ramaje amplio.

Árbol inmenso que te hiciste humilde
para acunar a un niño entre tus gajos:
¡Has de mecer los hijos de mis hijos!
¡Toda mi raza dormirá en tus brazos!

Juana de Ibarbourou

Bonita lección

—¡Papá, papá! —decía
la tierna Rosa del jardín volviendo—,
la jaula que guardaste el otro día
no seguirá vacía,

porque he encontrado el nido que estás viendo.
¡Mira qué pajaritos tan pintados!
En esa jaula les pondré su nido;
prodigaré solícitos cuidados
a los que aprisionar he conseguido,
y les daré, en constantes ocasiones,
migas de pan, alpiste y cañamones.
Luego, la jaula pintaré por fuera
y mandaré que doren su alambrera...
Pero ¿en qué estás pensando?
¿No me escuchas, papá? ¡Te estoy hablando!
—Sí, querida hija mía;
pensaba, al escuchar esa querella,
que en la cárcel me han dicho que hay vacía
una celda muy bella...
y que te pienso trasladar a ella.
Como allí el reglamento es algo fuerte,
ni tu mamá ni yo podremos verte;
pero te mandaremos cien brocados
que aumenten tu hermosura
y haré dorar cerrojos y candados,
y de bronce pondré la cerradura.
Pero... ¡cómo!... ¿llorando estás por eso?
—Ya no lloro, papá; te he comprendido...
Corro a llevar al árbol este nido
y... vuelvo por un beso.

Carlos Ossorio y Gallardo

Respuesta a la lectura

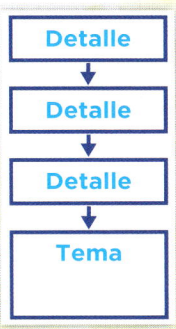

Resumir

Usa detalles importantes de "La cuna" para resumir lo que sucede en el poema. La información de tu tabla de tema puede ayudarte.

Evidencia en el texto

1. ¿"La cuna" y "Bonita lección" son poemas de verso libre? Explica cómo lo sabes. **GÉNERO**

2. Busca un ejemplo de personificación en "Bonita lección". **ELEMENTOS LITERARIOS**

3. ¿Qué metáfora utiliza el poeta en "La cuna"? Explica la comparación que hace el poeta. **METÁFORAS**

4. Vuelve a leer "Bonita lección". Usa detalles del poema para escribir sobre el mensaje que el poeta intenta comunicar al lector. **ESCRIBIR SOBRE LA LECTURA**

 **Haz conexiones**

¿Cómo ayudan las experiencias a formar la identidad de las personas? **PREGUNTA ESENCIAL**

¿Cómo influyen las raíces, costumbres y tradiciones en la identidad de las personas? **EL TEXTO Y EL MUNDO**

CCSS Género • Poesía

Compara los textos
Lee acerca de cómo las raíces y el idioma pueden influir en la individualidad de las personas.

Nuestro idioma

Hallo más dulce el habla castellana
que la quietud de la nativa aldea,
más deliciosa que la miel hiblea,
más flexible que la espada toledana.

Quiérela el corazón como una hermana
desde que en el hogar se balbucea,
porque está vinculada con la idea
como la luz del sol con la mañana.

De la música tiene la armonía,
de la irascible tempestad el grito,
del mar el eco y el fulgor del día,

la hermosa consistencia del granito,
de los astros la sacra poesía,
y la vasta amplitud del infinito.

Bonifacio Byrne

El cedro

Yo con mis propios brazos cavé el pozo.
Yo con mis propias manos planté el cedro.

Y pasarán los años y los años,
siempre tendrá la planta gajos nuevos.

Y pasarán los años y los años
y el cedro sin cesar irá creciendo.

Y pasarán los años y los años
y el cedro estará aún joven y yo viejo.

Y en la paz del hogar, si lo consigo,
al familiar amparo del alero,
en mi chochez ingenua de hombre anciano
contaré sin reposo el mismo cuento:
"Yo con mis propios brazos cavé el pozo".
"Yo con mis propias manos planté el cedro".

Y pasarán los años y los años
y "alguien" quizá repita en su recuerdo:
él con sus propios brazos cavó el pozo;
él con sus propias manos plantó el cedro.

Mario Bravo

Haz conexiones

¿Cuáles son algunas de las maneras en que el idioma y las costumbres impactan la identidad de las personas? **PREGUNTA ESENCIAL**

¿Por qué son importantes las raíces o las tradiciones de las personas? **EL TEXTO Y OTROS TEXTOS**

Glosario

Un glosario te ayuda a entender los significados de las palabras que probablemente no conozcas de un libro. Las palabras del glosario aparecen en orden alfabético.

Palabras guía

Las palabras guía están en la parte superior de cada página, y son la primera y la última palabra de esa página.

abalanzarse/aprobar

- Primera palabra de la página
- Última palabra de la página

Ejemplo de entrada

Cada entrada o palabra está dividida en sílabas. Después encontrarás la parte de la oración (por ejemplo, si aparece *adj.* es adjetivo), seguida de la definición de la palabra y una oración de ejemplo.

- Entrada principal y división en sílabas
- Parte de la oración
- Definición

a·cuer·do *m.* Llegar a una decisión tomada en común por varias personas. *Con mi hermano llegamos al **acuerdo** de que él lavará la loza en las noches.*

- Oración de ejemplo

Abreviaturas usadas en este glosario

adj. adjetivo
adv. adverbio
f. sustantivo femenino
fr. frase

m. sustantivo masculino
m. y *f.* sustantivo masculino y femenino
v. verbo
s. sustantivo masculino o femenino

Aa

a·ba·lan·zar·se *v.* Lanzarse o arrojarse hacia alguien o algo. *El portero **se abalanzó** para atrapar el balón.*

a·bru·ma·dor *adj.* Algo que agobia o preocupa en exceso. *Tengo pendientes varias tareas **abrumadoras**.*

a·ce·le·rar *v.* Dar velocidad o mayor rapidez a algo. ***Aceleré** mi bicicleta más de lo que a mi mamá le gusta.*

a·com·pa·ñar *v.* Estar o ir en compañía de otro. *Voy a **acompañar** a mis amigos al parque.*

ac·ti·tud *f.* Disposición del ánimo. *Ante los problemas hay que tener una **actitud** positiva.*

ac·tual·men·te *adv.* Que sucede en este momento. ***Actualmente** estoy estudiando idiomas.*

a·cuer·do *m.* Llegar a una decisión tomada en común por varias personas. *Con mi hermano llegamos al **acuerdo** de que él lavará la loza en las noches.*

a·do·les·cen·te *s.* Persona que está en la adolescencia. *A los **adolescentes** les gusta la música moderna.*

a·dor·no *m.* Elemento que sirve para decorar a alguien o algo. *Mi mamá ya compró los **adornos** para mi fiesta de cumpleaños.*

a·fe·rrar·se *v.* Agarrarse o sujetarse fuertemente. *Juan **se aferra** a la mano de su papá en el supermercado.*

a·fi·ción *f.* Interés por una actividad o deporte. *Mi **afición** es el fútbol.*

a·gri·cul·tu·ra *f.* Labranza o cultivo de la tierra. *Gracias a la **agricultura** podemos consumir muchos productos de la tierra.*

a·ho·rrar *v.* Reservar parte del dinero del que se dispone. ***Ahorré** todo un mes para comprar un balón.*

a·lia·do *m.* y *f.* Que se une a otros para alcanzar un mismo fin. *En la escuela siempre encuentro **aliados** para trabajar por mi comunidad.*

al·te·rar *v.* Cambiar o modificar. *Mi mamá **alteró** la distribución de la casa.*

am·pliar *v.* Extender, agrandar. *Voy a **ampliar** la foto de mis abuelos.*

a·mu·le·to *m.* Objeto que se lleva consigo y al que se le atribuye buena suerte. *Pedro tiene una herradura que es su **amuleto** de la suerte.*

an·ces·tro *m.* Antepasado o familiar remoto. *Quiero averiguar más sobre mis **ancestros**.*

an·ti·guo *adj.* Algo que sucedió o existió hace mucho tiempo. *En mi viaje a Londres compré objetos muy **antiguos**.*

a·plas·ta·do *adj.* Algo que perdió su forma por haber sufrido mucha presión o por un golpe. *Las flores **aplastadas** ya no se ven tan hermosas.*

a·pro·bar *v.* Calificar algo o a alguien como bueno o suficiente. *La dirección de la escuela **aprobó** la idea de ofrecer frutas en la cafetería.*

a·re·no·so *adj.* Algo que tiene arena o características propias de ella. *El piso estaba un poco* ***arenoso****.*

ar·que·o·lo·gí·a *f.* Ciencia que estudia todo lo que se refiere a las artes y a los monumentos de la antigüedad. *Voy a estudiar* ***arqueología*** *para analizar los restos de la civilización chibcha.*

a·sen·tar·se *v.* Situarse, establecerse o ubicarse en un lugar. *Cuando llegamos al pueblo* ***nos asentamos*** *en la colina.*

as·tró·no·mo *m. y f.* Persona que se dedica profesionalmente al estudio de los astros. *Los* ***astrónomos*** *estudian los movimientos de los planetas.*

au·ro·ra *f.* Claridad y luz sonrosada que precede inmediatamente a la salida del sol. *En las mañanas me gusta ver la* ***aurora*** *desde mi cuarto.*

au·to·es·ti·ma *f.* Consideración, aprecio o valoración de sí mismo. *Tener una buena* ***autoestima*** *te hace más fuerte.*

a·van·ce *m.* Mejora o progreso. *Mi profesora me dijo que tuve un* ***avance*** *significativo en cuanto a la lectura.*

a·ven·tu·re·ro *adj.* Que busca aventuras. *Mi madre me enseñó a ser* ***aventurera*** *y soñadora.*

a·ve·ri·gua·ción *f.* Búsqueda o investigación para encontrar la verdad. *La policía se dedicó a hacer* ***averiguaciones****.*

Bb

ban·que·ta *f.* Orilla de la calle con pavimento adecuado para el paso de los peatones. *Se debe transitar por la* ***banqueta*** *para evitar accidentes.*

ba·ru·llo *m.* Confusión, desorden. *Toda la noche escuché un gran* ***barullo*** *fuera de mi casa.*

ba·su·re·ro *m.* Lugar en el que se pone la basura. *El* ***basurero*** *de mi vecindario queda un poco lejos de mi casa.*

bie·nes·tar *m.* Estado de tranquilidad por buenas condiciones físicas y económicas. *Tuvimos* ***bienestar*** *al mudarnos de ciudad.*

bo·ce·to *m.* Bosquejo o esbozo de un objeto o proyecto. *Tuve la oportunidad de ver los* ***bocetos*** *de la obra de un artista famoso.*

boi·co·te·ar *v.* Impedir que se lleve a cabo un asunto o un proyecto. *Algunos manifestantes* ***boicotearon*** *el discurso.*

Cc

cam·pa·ña *f.* Conjunto de actos que se dirigen a conseguir un fin determinado. *Mis amigos me ayudaron a hacer mi* ***campaña****.*

ca·mu·fla·do *adj.* Que se oculta a simple vista dando el aspecto de otro objeto. *La casa del árbol quedó* ***camuflada*** *por las ramas.*

can·sa·do *adj.* Fatigado, sin energías. *Los corredores lucen **cansados** al final de la competencia.*

ca·pa·ci·dad *f.* Talento o cualidad de una persona. *Mi hermana tiene una gran **capacidad** para aprender idiomas.*

ca·rac·te·rís·ti·co *adj.* Que sirve para distinguir algo o a alguien de los demás. *Nunca he olvidado el ruido **característico** del mar.*

ca·ra·pa·cho *m.* Caparazón de animales, como de las tortugas y los cangrejos. *El **carapacho** protege a la tortuga.*

car·ca·ja·da *f.* Risa estrepitosa y fuerte. *El público estalló en **carcajadas** al ver el acto de los payasos.*

cha·lu·pa *f.* Embarcación pequeña de diferentes formas para diversos usos. *La **chalupa** navega por el río.*

char·co *m.* Agua estancada en la tierra o el piso. *La lluvia formó varios **charcos** en la calle.*

có·di·ce *m.* Manuscrito antiguo de importancia artística, literaria o histórica. *Solo en los museos se pueden ver los verdaderos **códices**.*

co·di·cia *f.* Deseo o apetito ansioso y excesivo de bienes o riquezas. *La **codicia** hace que la gente sea menos solidaria.*

coin·ci·den·cia *f.* Acontecimiento fortuito. *Fue una feliz **coincidencia** encontrarnos en el cine.*

co·lap·sar *v.* Destrucción, ruina de una institución, sistema o estructura. *El edificio **colapsó** después del fuerte temblor.*

com·bus·ti·ble *m.* Sustancia inflamable que produce energía. *La gasolina es uno de los **combustibles** más usados.*

com·pa·ñe·ro *m. y f.* Persona que comparte con otra alguna actividad o tarea. *Este año tengo algunos **compañeros** nuevos en la escuela.*

com·pa·si·vo *adj.* Que siente pena o dolor por el mal de otra persona o de los animales. *Mi abuela siempre ha sido una mujer muy **compasiva**.*

com·ple·men·ta·rio *adj.* Que sirve para completar o perfeccionar alguna cosa. *Voy a realizar algunos cursos **complementarios** en verano.*

com·pro·mi·so *m.* Hacer o contraer una obligación con algo o alguien. *Hicimos el **compromiso** de ir a nadar todos los viernes.*

co·mu·ni·ca·ti·vo *adj.* Persona que tiene facilidad para comunicarse. *Felipe es una persona muy **comunicativa** en el trabajo.*

con·fia·ble *adj.* Cosa o persona en la que se puede confiar. *El cinturón de seguridad es muy **confiable** para evitar accidentes.*

con·se·cuen·cia *f.* Hecho o acontecimiento que resulta de otro. *Las **consecuencias** de no ahorrar agua ahora podrían ser terribles.*

con·si·de·ra·ble *adj.* Grande, cuantioso o importante. *Ya tengo una **considerable** suma de dinero para las vacaciones.*

con·ver·tir *v.* Cambiar o modificar una cosa o a una persona en otra. *El entrenamiento te **convirtió** en un gran deportista.*

cre·a·ti·vo *adj.* Algo que resulta de la inventiva. *Alicia en el país de las maravillas es una obra muy **creativa**.*

cre·cer *v.* Aumentar de tamaño, cantidad o importancia; desarrollarse. *Las plantas **crecen** con la ayuda del agua y el sol.*

cre·cien·te *adj.* Que crece progresivamente. *La **creciente** participación de los jóvenes en la política es evidente.*

cri·sis *f.* Situación complicada o delicada. *La **crisis** económica afecta a muchos países del mundo actualmente.*

cruel·dad *f.* Acción despiadada e inhumana. *No podemos permitir ningún tipo de **crueldad** contra los animales.*

cu·rio·si·dad *f.* Deseo de conocer lo que no se sabe. *La **curiosidad** me llevó a investigar en la biblioteca.*

Dd

de·li·ca·de·za *f.* Ternura y suavidad. *Hay que cargar a los bebés con mucha **delicadeza**.*

de·li·cio·so *adj.* Capaz de causar deleite por ser muy agradable o ameno. *Los mangos estaban **deliciosos**.*

de·men·te *adj.* Persona que carece de juicio. *Hay que ser **demente** para manejar excediendo la velocidad permitida.*

de·mo·cra·cia *f.* Doctrina política en la que el pueblo interviene en la elección de sus dirigentes. *La **democracia** exige participación ciudadana activa.*

de·pre·da·dor *m. y f.* El animal que caza a otros para su alimentación. *El león es un gran **depredador**.*

des·a·cuer·do *m.* Falta de acuerdo entre ideas, acciones, personas, etc. *Resolvimos el **desacuerdo** a través del diálogo.*

des·a·pa·re·cer *v.* Dejar de estar presente en un lugar. *El mago **desapareció** frente a todo el público.*

des·co·no·ci·do *adj.* Algo o alguien que no se conoce. *Mi vecino nuevo es **desconocido** en el vecindario.*

des·crip·ti·vo *adj.* Que describe. *Leí un texto **descriptivo** acerca de la biología.*

des·e·qui·li·brio *m.* Desajuste en el equilibrio. *El **desequilibrio** ecológico llega cuando la naturaleza se ve afectada por diversos factores.*

des·mo·ro·nar·se *v.* Deshacerse y arruinarse poco a poco un cuerpo sólido. *La humedad hará que la pared **se desmorone**.*

des·pe·gar *v.* Apartar, desprender o separar. *La silla se **despegó** porque es muy antigua.*

des·truc·ción *f.* Ruina o daño grande casi irreparable. *El huracán causó una gran **destrucción**.*

de·ta·lle *m.* Parte pequeña o fragmento que forma parte de otra mayor. *Este cuadro tiene muchos **detalles** curiosos.*

dis·cur·so *m.* Exposición oral y pública sobre algún tema. *El **discurso** del presidente fue muy conmovedor.*

di·sol·ver·se *v.* Cuando algo se mezcla o se descompone. *Me gusta ver cómo **se disuelve** el azúcar en el café.*

di·ver·so *adj.* Que es variado o que lo forman características diferentes. *Al recorrer Argentina me di cuenta de que su cultura es muy **diversa**.*

di·ver·ti·dí·si·mo *adj.* Que divierte o entretiene mucho. *La película estuvo **divertidísima**.*

do·cu·men·tar *v.* Registrar o consignar información. *Cuando visité la exposición, **documenté** en un cuaderno la información más interesante.*

Ee

e·co·no·mí·a *f.* Sistema de comercio e industria por medio del cual se produce y usa la riqueza. *La **economía** del país crece diariamente.*

e·co·sis·te·ma *m.* Comunidad integrada por un conjunto de seres vivos relacionados entre sí por el mismo medio en el que habitan. *El **ecosistema** de los bosques templados es muy frágil pues está propenso a la erosión.*

e·fi·cien·te *adj.* Que consigue un propósito determinado empleando los medios idóneos. *Eres un ejemplo en la oficina porque eres un empleado **eficiente**.*

em·bar·ca·de·ro *m.* Lugar que sirve para introducir o bajar personas u objetos de una embarcación. *El buque atracó en un **embarcadero** cercano.*

e·mo·ción *f.* Sentimiento muy fuerte de alegría, placer, tristeza o dolor. *Se puso a llorar de la **emoción**.*

e·mo·cio·nan·te *adj.* Que produce mucha emoción. *La ceremonia de graduación de mi hija fue muy **emocionante**.*

em·pi·na·do *adj.* Que tiene una pendiente muy pronunciada. *Es muy difícil escalar esas montañas tan **empinadas**.*

em·pre·sa *f.* Entidad dedicada a una actividad económica específica. *Mi papá trabaja en una **empresa** que produce automóviles.*

em·pre·sa·rio *m.* y *f.* Persona que crea o dirige una empresa. *Un **empresario** debe tener mucho ingenio y perseverancia.*

en·ca·ri·ñar·se *v.* Despertar cariño por alguien o algo. *Me he **encariñado** mucho con tu gato.*

en·mien·da *f.* Variante, adición o reemplazo de un documento. *La Constitución tiene varias **enmiendas** que han sido necesarias a lo largo de los años.*

é·po·ca *f.* Período o espacio de tiempo. *El mes de enero es una **época** de lluvias.*

es·pe·cí·fi·co *adj.* Que es concreto y preciso. *El lector buscaba un libro **específico** en la biblioteca.*

es·ti·mu·lar *v.* Incitar o animar a alguien para que realice una cosa. *Mi profesor siempre nos **estimula** a leer diferentes libros.*

e·vi·den·cia *f.* Prueba o indicio de algo que es evidente. *El detective buscó **evidencias** en el lugar del incidente.*

ex·cén·tri·co *adj.* Raro, extravagante, fuera de lo común. *Mi hermano usa sombreros que me parecen **excéntricos**.*

ex·cep·cio·nal *adj.* Que es muy bueno o extraordinario. *Logramos una victoria **excepcional** en el juego de hoy.*

e·xi·to·so *adj.* Que tiene éxito. *La abuela es una persona **exitosa** pues logró establecer una empresa sola.*

ex·pe·di·ción *f.* Excursión colectiva a una ciudad o un paraje distante. *Voy a ir con mis amigos a una **expedición** al océano.*

ex·pe·ri·men·to *m.* Prueba para determinar las propiedades de un producto. *En la clase de biología debemos hacer varios **experimentos**.*

ex·tin·to *adj.* Desaparecido, fallecido. *Los dinosaurios están **extintos** desde hace mucho tiempo.*

ex·tra·or·di·na·rio *adj.* Fuera de lo común. *Mi tía tiene una memoria **extraordinaria**.*

Ff

fa·se *f.* Cada uno de los estados sucesivos de una cosa que cambia o se desarrolla. *El proyecto tiene varias **fases**.*

fon·do *m.* Reserva de dinero para un fin específico. *Mi madre creó un **fondo** para mis estudios universitarios.*

frá·gil *adj.* Débil, que tiene poca fuerza o resistencia. *Debemos tener cuidado porque la escultura es muy **frágil**.*

fran·ja *f.* Tira alargada que recorre una superficie. *Una **franja** de terreno quedó libre para construir un parque.*

fre·cuen·te *adj.* Usual, común. *Es **frecuente** que Gloria y yo paseemos a nuestros perros en el parque los domingos.*

fric·ción *f.* Fuerza que se opone al movimiento de un cuerpo cuando su superficie roza contra otra. *La **fricción** del paracaídas con el aire cuando abre hace que me detenga.*

fuer·te *m.* Recinto fortificado. *El **fuerte** Laramie alojó a regimientos de caballería e infantería en el siglo XIX.*

Gg

ge·ne·ro·si·dad *f.* Tendencia a ayudar a los demás y a dar las cosas propias sin esperar nada a cambio. *La **generosidad** es una virtud extraordinaria.*

glo·bal *adj.* Que incluye todo el planeta Tierra. *Internet es una red **global**.*

glo·ria *f.* Honor y admiración que se recibe por hacer algo importante. *La mayor **gloria** para un equipo de fútbol es ganar la Copa Mundial de Fútbol.*

go·ber·na·dor *m. y f.* Persona que gobierna o que tiene un cargo público. *La próxima semana son las elecciones para **gobernador**.*

go·te·ar *v.* Caer un líquido gota a gota. *La llave del lavamanos **goteó** toda la noche.*

gra·ve *adj.* Que es serio o importante. *Mi automóvil tiene un daño muy **grave**.*

gra·ve·dad *f.* Fuerza que ejerce la Tierra sobre todos los cuerpos hacia su centro. *Gracias a la **gravedad** no flotamos por el aire.*

Hh

he·re·dar *v.* Recibir características o rasgos de sus progenitores. *Mi padre **heredó** los ojos azules de mi abuelo.*

hip·no·ti·za·do *adj.* Que queda atraído intensamente por una cosa o persona. *Quedé **hipnotizada** por la belleza del paisaje.*

ho·nes·to *adj.* Persona íntegra, honrada e incapaz de defraudar a alguien. *Fue muy **honesta** la joven que devolvió el dinero que encontró en la calle.*

hon·rar *v.* Enaltecer algo o a alguien por respeto, admiración o estima. *Ayer **honramos** a nuestros abuelos en la escuela.*

ho·ri·zon·te *m.* Línea aparente que separa el cielo y la tierra. *Cuando voy al mar, el **horizonte** se ve muy difuso.*

hú·me·do *adj.* Que está ligeramente impregnado de agua o de otro líquido. *Después de la lluvia de esta mañana, las calles quedaron **húmedas**.*

Ii

i·den·ti·dad *f.* Conjunto de rasgos propios de un individuo o de una colectividad que los caracteriza frente a los demás. *El carisma es parte de la **identidad** de mi maestra.*

i·mi·tar *v.* Hacer algo que se asemeje a otra cosa o a alguien. *Mi hermanito menor **imita** al presidente.*

im·pre·de·ci·ble *adj.* Inesperado, imposible de predecir. *El resultado del partido era **impredecible**.*

i·nau·gu·rar *v.* Abrir al público un establecimiento. *¿Vamos al museo? Ayer **inauguraron** la exposición que quería ver.*

in·di·cio *m.* Aquello que permite conocer o inferir la existencia de algo. *Su forma de escuchar era un **indicio** de su interés.*

in·di·vi·dua·li·dad *f.* Característica particular de una persona que la distingue de los demás. *Algunas personas demuestran su **individualidad** mediante la ropa.*

in·dus·tria *f.* Operaciones desarrolladas para crear, transformar o transportar productos. *Cuando sea adulta me gustaría trabajar en la **industria** cinematográfica.*

in·ge·nie·rí·a *f.* Estudio y aplicación de conocimientos científicos y técnicos. *La obra de **ingeniería** que más me gusta es el puente Tower Bridge de Londres.*

in·jus·ti·cia *f.* Falta de justicia. *La función de las leyes es combatir la **injusticia**.*

in·no·va·dor *adj.* Objeto que presenta novedades en su creación o alteración. *En los últimos desfiles de moda he visto muchos diseños **innovadores**.*

ins·ta·lar *v.* Poner o colocar algo en un lugar. *Nos falta **instalar** el piso de la cocina.*

in·te·re·san·te *adj.* Que atrae la atención o curiosidad. *La obra de teatro resultó muy **interesante**.*

in·te·rrum·pir *v.* Detener la continuidad de una acción. *Tuvimos que **interrumpir** nuestras vacaciones.*

in·ven·ci·ble *adj.* Que no se puede vencer. *Si practico más, seré un ajedrecista **invencible**.*

in·ver·tir *v.* Emplear una cantidad de dinero en algo para obtener ganancias. *Daniel **invirtió** mucho dinero en las acciones de una compañía.*

Jj

jol·go·rio *m.* Diversión muy animada con ruido y desorden. *El día de mis quince años celebramos con un gran **jolgorio**.*

Ll

le·gis·la·ción *f.* Conjunto de las leyes de un Estado. *Todos los países se rigen por su propia **legislación**.*

lo·grar *v.* Conseguir lo que se intenta. ***Logró** todo lo que se propuso de niña.*

llu·via de i·de·as *fr.* Grupo de ideas relativas a un tema. *Gracias a la **lluvia de ideas**, hicimos una muy buena presentación.*

Mm

ma·dru·ga·da *f.* Momento inicial del día. *Las **madrugadas** son muy frías en mi ciudad.*

mal·hu·mo·ra·do *adj.* Que tiene o está de mal humor. *Tu hermano estaba muy **malhumorado** cuando me saludó ayer.*

ma·re·a·do *adj.* Que siente un malestar general o aturdimiento. *Samuel está **mareado** por el viaje en barco.*

me·cer·se *v.* Cuando algo se mueve rítmica y lentamente y siempre vuelve al punto de partida. *La abuela **se mece** en el sillón mientras me lee un libro.*

mer·ca·do *m.* Lugar destinado para vender o comprar alimentos o mercancías. *Me gusta ir a comprar mis alimentos en el **mercado**.*

mi·cros·co·pio *m.* Instrumento óptico formado por un sistema de lentes que permiten la ampliación de la imagen. *Me regalaron un **microscopio** para completar mi laboratorio.*

mo·ho·so *adj.* Cubierto de moho. *El sótano está **mohoso** por la humedad.*

mo·ne·da *f.* Forma de dinero de cada país. *El cambio de **moneda** requiere algunos cálculos.*

mul·ti·co·lor *adj.* De múltiples o variados colores. *Los papagayos son **multicolores**.*

Nn

ne·cio *adj.* Persona terca, obstinada o imprudente. *Mi hermano no toma mis consejos, pues es muy **necio**.*

Oo

o·be·dien·cia *f.* Cumplimiento de lo que se manda. *A los soldados les enseñan que la **obediencia** es importante.*

o·po·si·tor *m. y f.* Persona que se opone a otra en cualquier materia. *Tengo muchos **opositores** en estas elecciones.*

or·ga·ni·za·ción *f.* Formación social o grupo que tiene un fin determinado. *Pertenezco a una **organización** que presta ayuda humanitaria.*

o·rien·tar *v.* Informar sobre un asunto. *Mi colega me **orientó** cuando empecé a trabajar en la compañía.*

o·ri·gen *m.* Lugar de donde procede una persona o cosa. *Estas flores son de **origen** francés.*

o·ri·gi·nal *adj.* Persona o cosa poco corriente que no es copia ni imitación. *Tiene un peinado muy **original**.*

Pp

pa·cien·cia *f.* Tranquilidad para esperar algo que se demora. *Cuando se dañó el tren, tuvimos que apelar a la **paciencia**.*

pan·de·re·ta *f.* Instrumento musical formado por un parche y que tiene sonajas en su contorno. *La **pandereta** produce sonidos muy alegres.*

pa·se·ar *v.* Andar por placer o para hacer ejercicio. *Hugo e Hilda salen a **pasear** al parque todos los domingos.*

pa·tria *f.* Tierra natal o adoptiva que es la nación o el país al que se pertenece. *Siempre me ha gustado cantar el himno nacional de mi **patria**.*

pe·cu·lia·ri·dad *f.* Detalle y signo peculiar o propio. *Una **peculiaridad** del jazmín de noche es su aroma nocturno.*

pe·lón *m.* Sin pelos en la cabeza. *A algunos **pelones** les gusta usar peluca.*

per·cu·tir *v.* Dar repetidos golpes sobre una superficie. *Para que suene la batería debo **percutir** con mucha fuerza.*

per·ma·nen·te *adj.* Que permanece o dura. *Por fin consiguió un trabajo **permanente**.*

per·sis·ten·te *adj.* Que tiene firmeza y constancia para lograr algo. *Tuve que ser muy **persistente** para conseguir un cupo en esta universidad.*

piz·ca *f.* Porción mínima o muy pequeña de una cosa. *Ponle una **pizca** de azúcar al café.*

plá·ci·da·men·te *adv.* De manera calmada o tranquila. *El bebé por fin durmió **plácidamente** toda la noche.*

pla·ne·ar *v.* Volar con las alas quietas y extendidas. *Las ardillas voladoras tienen la habilidad de **planear** de un árbol a otro.*

po·de·ro·so *adj.* Que tiene poder o autoridad. *La gerente de la compañía es una mujer muy **poderosa**.*

po·lí·ti·co *m. y f.* Persona que se dedica a la política. *Los **políticos** siempre deben dar muchos discursos durante sus campañas.*

por·ten·to *m.* Persona que sobresale por tener una cualidad extraordinaria. *El arquero de la selección de fútbol de mi país es un **portento**.*

po·ten·cial *m.* Fuerza o poder disponible para realizar una labor. *Juliana tiene **potencial** para jugar tenis profesionalmente.*

po·ten·te *adj.* Fuerte, poderoso. *Me alegra que el aire acondicionado de mi casa sea muy **potente** en verano.*

pre·cur·sor *m. y f.* Que comienza o introduce ciertas ideas. *Dicen que el escritor Julio Verne fue el **precursor** de los viajes espaciales.*

pre·o·cu·pa·ción *f.* Intranquilidad, inquietud o temor. *Como me demoré, mis amigos me esperaban con **preocupación**.*

pre·sa *f.* Animal o cosa que se puede cazar o pescar. *El tigre atrapó su **presa** después de una larga persecución.*

pre·ten·der *v.* Querer conseguir algo o aspirar a ello. ***Pretende** escribir una novela antes de que termine el año.*

pri·vi·le·gio *m.* Ventaja o derecho especial de que goza una persona. *Las personas que viven en la playa tienen el **privilegio** de ver el mar todos los días.*

pro·ce·di·mien·to *m.* Método o sistema estructurado para realizar algunas cosas. *Debemos seguir el **procedimiento** que nos indica el libro.*

pro·ce·so *m.* Conjunto de las fases o etapas sucesivas de una acción. *La famosa novela de Kafka es sobre un extraño **proceso** judicial.*

pro·cla·ma·ción *f.* Anuncio de un asunto público solemnemente. *¿Escuchaste ayer la **proclamación** del alcalde?*

pro·yec·to *m.* Plan y disposición detallados que se forman para realizar alguna cosa. *Nos costó trabajo crear el **proyecto** para construir este edificio.*

pu·bli·car *v.* Hacer manifiesta una cosa al público. *Los diarios de mañana **publicarán** la noticia.*

Rr

ra•íz *f.* El origen de una cosa o persona. *La **raíz** del español es el latín.*

ra•mi•fi•car *v.* Dividir, segmentar, propagarse. *La familia de mi bisabuelo se **ramificó** por toda América Latina.*

re•com•pen•sa *f.* Compensación, remuneración o premio. *Es bueno recibir una **recompensa** por trabajar tan arduamente.*

re•mo•to *adj.* Lejano, distante. *Los viajeros llegaron de una ciudad **remota**.*

re•quin•te•ro *m. y f.* Persona que toca el requinto (guitarrillo). *Mi abuelo fue un **requintero** famoso.*

re•sis•ten•cia *f.* Capacidad para resistir o aguantar. *Tiene mucha **resistencia** física.*

res•pon•sa•ble *adj.* Obligado a responder por algo o alguien. *Luciana es **responsable** del cuidado de sus mascotas.*

ri•dí•cu•lo *adj.* Que produce burla por ser raro o extravagante. *Lleva un vestido **ridículo**.*

ries•go *m.* Posibilidad de que ocurra un daño o haya un peligro. *Si salgo sin sombrilla, corro el **riesgo** de mojarme.*

ro•tar *v.* Dar vueltas alrededor de un eje. *La hélice del helicóptero **rotaba** rápidamente.*

ru•ti•na *f.* Costumbre, hábito adquirido de hacer las cosas de la misma forma. *Los ejercicios de calentamiento forman parte de la **rutina** del atleta.*

Ss

se•gui•dor *m. y f.* Que sigue a una persona o cosa. *Los **seguidores** del cantante quedaron complacidos con el concierto.*

se•quí•a *f.* Largo período de tiempo seco. *La **sequía** duró más de un mes.*

se•rie *f.* Conjunto de cosas relacionadas entre sí y que se suceden unas a otras. *La **serie** de números naturales es infinita.*

sim•pá•ti•co *adj.* Que inspira simpatía o la muestra. *Es tan **simpático** que no tiene enemigo alguno.*

so•be•ra•no *m. y f.* Persona que posee y ejerce la autoridad más elevada. *El rey es el **soberano** supremo de una monarquía.*

so•cie•dad *f.* Conjunto de personas que se relacionan organizadamente. *En el colegio me inscribí en la **Sociedad** Protectora de Animales.*

so•le•a•do *adj.* Con sol y sin nubes. *Esta tarde está **soleada**.*

son•rien•te *adj.* Que sonríe. *El niño estaba feliz y **sonriente**.*

Tt

tec•no•lo•gí•a *f.* Conjunto de conocimientos o instrumentos específicos de una técnica. *La **tecnología** ha avanzado a pasos agigantados en el siglo XXI.*

te·les·co·pio *m.* Aparato óptico en forma de tubo que permite ver objetos muy lejanos. *Podemos ver las estrellas más de cerca con un **telescopio** especial.*

te·rri·to·rio *m.* Espacio físico determinado. *Los leones que están en la naturaleza tienen un extenso **territorio** de caza.*

tí·mi·do *adj.* Persona que no tiene confianza en sí misma. *Nunca he sido muy **tímido** para hablar en público.*

to·le·rar *v.* Permitir o consentir algo sin aprobarlo expresamente. *Su padre le **tolera** todas sus travesuras.*

tran·sac·ción *f.* Trato, convenio o negocio comercial. *En su viaje de negocios, María cerró varias **transacciones** importantes.*

tra·ve·sí·a *f.* Viaje, particularmente el que se realiza en un barco o en un avión. *Estamos pensando en comenzar una **travesía** por mar.*

tra·ve·su·ra *f.* Acción con la que se causa algún daño o perjuicio de poca importancia. *Es muy inquieto y le gusta hacer **travesuras**.*

tre·men·do *adj.* Muy grande o intenso. *Hoy hizo un frío **tremendo**.*

triun·fal *adj.* Que tiene carácter de triunfo o de victoria. *El equipo ganador hizo su entrada **triunfal** al estadio.*

tro·no *m.* Asiento con ornamentos que usan los reyes, emperadores y papas. *El rey se sentó en su **trono**.*

tro·zo *m.* Pedazo de algo. *Se comió un **trozo** de pastel.*

Vv

va·lio·so *adj.* De mucho valor. *Lo más **valioso** para mí es la amistad.*

ve·ne·no·so *adj.* Que envenena o posee veneno. *No todas las serpientes son **venenosas**.*

ven·ta·ja *f.* Superioridad o beneficio. *Tienes **ventaja** en el baloncesto porque eres más alta.*

ver·da·de·ro *adj.* Que contiene la verdad o que lo es. *El maestro pidió que señalara las respuestas **verdaderas**.*

ve·re·da *f.* Camino generalmente formado por el paso de animales y personas. *Sigue esta **vereda** y llegarás al pueblo.*

vi·bra·ción *f.* Movimiento repetido muy corto, tembloroso y rápido. *La **vibración** constante de la lavadora parece indicar que necesita reparaciones.*

vi·gi·lan·cia *f.* Acción y resultado de vigilar. *Estaba prestando **vigilancia** toda la noche.*

vi·go·ro·so *adj.* Que posee salud y vitalidad. *Mi abuela es una mujer **vigorosa**.*

vi·sio·na·rio *m.* y *f.* Que se adelanta a su tiempo o tiene visión de futuro. *Solo un **visionario** podría haber creado algo como los teléfonos celulares.*